Qualitätsmanagement

Reihenherausgeber: F. Mikosch

Springer

Berlin
Heidelberg
New York
Barcelona
Budapest
Hongkong
London
Mailand
Paris
Santa Clara
Singapur
Tokio

Tilo Pfeifer (Hrsg.)

Wissensbasierte Systeme in der Qualitätssicherung

Methoden zur Nutzung verteilten Wissens

Mit 56 Abbildungen

Springer

Professor Dr.-Ing. Dr. h. c. Tilo Pfeifer –

Lehrstuhl für Fertigungsmeßtechnik
und Qualitätsmanagement
RWTH Aachen
Steinbachstraße 53
52056 Aachen

Dr. Falk Mikosch

Forschungszentrum Karlsruhe
PTF
Weberstraße 5
76133 Karlsruhe

ISBN-13: 978-3-642-80032-0   Springer-Verlag Berlin Heidelberg New York

Die Deutsche Bibliothek - CIP-Einheitsaufnahme
Wissensbasierte Systeme in der Qualitätssicherung: Methoden zur Nutzung
verteilten Wissens / Tilo Pfeifer (Hrsg.)
Berlin; Heidelberg; New York; Barcelona; Budapest; Hongkong; London;
Mailand; Paris; Santa Clara; Singapur; Tokio: Springer, 1996
   (Qualitätsmanagement)
   ISBN-13: 978-3-642-80032-0   e-ISBN-13: 978-3-642-80031-3
   DOI: 10.107/978-3-642-80031-3
NE: Pfeifer, Tilo (Hrsg.)

Satz: Reproduktionsfertige Vorlagen vom Autor
SPIN: 10478069   7/3020 - 5 4 3 2 1 0 - Gedruckt auf säurefreiem Papier

Geleitwort

Gibt es im Bereich des Qualitätsmanagements Themen und Fragestellungen mit großer Bedeutung für die Industrie, die durch Grundlagenforschung von Instituten bearbeitet werden sollten? Diese Frage wurde bei der Vorbereitung des Programms "Qualitätssicherung 1992-1996" von dem Bundesministerium für Bildung, Wissenschaft, Forschung und Technologie und dem mit der Durchführung des Programms beauftragten Projektträger Fertigungstechnik und Qualitätssicherung, Forschungszentrum Karlsruhe, mit Experten aus Industrie, Wissenschaft, Tarifvertragsparteien und Verbänden diskutiert. Dabei wurden folgende acht Fragestellungen gefunden:

Welche Wechselwirkungen bestehen zwischen Qualitätsmanagement und Organisation der Arbeit in den Betrieben? Wie sollten Betriebe organisiert werden, um Qualität zu gewährleisten?

Wie kann die **Qualität logistischer Leistungen in einem Produktionsbetrieb gesichert werden? Wie verknüpft man logistisches und technisches Qualitätsmanagement?**

Können Qualitätsmanagementmethoden durch **wissensbasierte Systeme effizient unterstützt werden? Ist eine Nutzung des im Unternehmen verteilten Qualitätswissens durch eine Verknüpfung dieser Systeme möglich?**

Wie sollte das **Qualitätsmanagement im Dienstleistungsbereich gestaltet werden? Wie können die aus dem technischen Bereich bekannten Qualitätsmanagementmethoden hier eingesetzt werden?**

Welche Informationsflüsse müssen durch ein **Qualitätsinformationssystem unterstützt werden? Wie integriert man ein Qualitätsinformationssystem in das vorhandene Informationssystem des Unternehmens?**

Wie kommt man zu einer **Null-Fehler-Produktion nicht nur bei Einzelprozessen, sondern auch in der Prozeßkette? Welche Möglichkeiten bestehen zur Fehlervermeidung und zur Fehlerkompensation?**

Wie müssen Personalpolitik, Marketing, Kostenrechnung und Controlling verändert werden, um den Anforderungen eines umfassenden Qualitätsmanagements zu genügen? Wie kann **Qualitätscontrolling die Unternehmensleitung bei Entscheidungen über Verbesserungsmaßnahmen unterstützen?**

Wie kann **Qualitätswissen in den Unternehmen besser verwertet und angewendet werden? Welche Schlüsselfaktoren und Erfahrungen bestimmen die innerbetriebliche und die überbetriebliche Umsetzung?**

Zur Bearbeitung dieser Fragen wurden acht interdisziplinäre und überregionale Forschergruppen mit Projektlaufzeiten von etwa drei Jahren gegründet. Insgesamt waren 47 verschiedene Arbeitsgruppen aus wissenschaftlichen Instituten beteiligt, wobei die verschiedensten Fachgebiete aus den Arbeits-, Sozial-, Betriebs-, Ingenieur- und Rechtswissenschaften, aus Psychologie und Informatik vertreten waren. Diese interdisziplinäre Zusammenarbeit hat sich als sehr fruchtbar erwiesen. Die überregionale Zusammensetzung ermöglichte es, daß sich für die verschiedenen Fragestellungen jeweils die geeignetsten Partner finden konnten. Die Arbeiten der acht Forschergruppen hatten viele Berührungspunkte und wurden miteinander abgestimmt. Bei der Koordination der Arbeiten wurde der Projektträger Fertigungstechnik und Qualitätssicherung durch einen Fachkreis von Experten aus Industrie und Wissenschaft unterstützt.

Die einzelnen Forschergruppen haben ihre Forschungsarbeiten bewußt anwendungsorientiert gestaltet und Untersuchungen und Fallstudien in den verschiedensten Unternehmen durchgeführt, wobei sie z. T. von Industriearbeitskreisen begleitet wurden. In der vorliegenden Buchreihe werden diese Ergebnisse zusammenfassend dargestellt. Jeder Einzelband ist ein in sich geschlossener praktischer Leitfaden, der nicht nur den Stand des Wissens übersichtlich und einprägsam vermittelt, sondern auch Wege zur wesentlichen Verbesserung und Weiterentwicklung des Qualitätsmanagements aufzeigt und erläutert.

Allen Autoren möchte ich für Ihren Einsatz und die gute Zusammenarbeit danken. Mein Dank gilt besonders den Bandherausgebern, die als federführende Wissenschaftler für die Erarbeitung einer gemeinsamen Sprache zwischen den beteiligten Fachdisziplinen und für die konsequente Verfolgung der gemeinsamen Ziele verantwortlich zeichneten, sowie den mit der Koordination beauftragten Mitarbeitern, die aus den z. T. sehr heterogenen Kooperationen effektive Teams formten. Ebenso danke ich den Mitgliedern des "Fachkreises Forschergruppen Qualitätssicherung" und dem Springer-Verlag für ihr großes Engagement für die Sache und dem Bundesministerium für Bildung, Wissenschaft, Forschung und Technologie, vertreten durch Herrn Min.Rat Bertuleit und seinen Nachfolger Herrn Min.Rat Dr. Grunau, ohne dessen Unterstützung die Forschergruppen ihre wegweisenden Ergebnisse nicht hätten erarbeiten können.

Karlsruhe, im Frühjahr 1996   Falk Mikosch

Vorwort

Richtige Entscheidungen können nur dann getroffen werden, wenn das nötige Wissen zur Verfügung steht. Diese simple Erkenntnis gilt um so mehr für eine Querschnittsaufgabe, wie sie das industrielle Qualitätsmanagement darstellt. Breites und tiefes Wissen in kürzester Zeit am richtigen Ort und mit dem notwendigen Aufgabenbezug zur Verfügung zu stellen, ist ohne den Einsatz rechnergestützter Informationssysteme kaum vorstellbar. Insbesondere die seit einigen Jahren aus dem Bereich der Informatik zur Verfügung stehenden Ansätzen zur Realisierung "Wissensbasierter Systeme" versprechen hier effiziente Lösungsmöglichkeiten. Offen bleibt allerdings die Frage, ob, auf welchen Gebieten und in welchem Umfang wissensbasierte Systeme zur Generierung und Bereitstellung von qualitätsrelevantem Wissen und zugehörigen Informationen im industriellen Umfeld zu nutzen sind.

An der Beantwortung dieser Frage und zur Entwicklung von problemorientierten Lösungsansätzen hat in den vergangenen drei Jahren eine Forschergruppe aus Produktionstechnikern, Arbeitswissenschaftlern und Informatikern zusammengearbeitet. Die Ergebnisse der noch in starkem Maße grundlagenbasierten Forschungsarbeiten sowie die daraus abgeleiteten Vorgehensweisen und Methoden zur Anwendung des entwickelten Instrumentariums sind im vorliegenden Buch dokumentiert. Sie zeigen deutlich die Machbarkeit und die erzielbaren Vorteile wissensbasierter QM-Systeme auf. Es kommt nun darauf an, die erzielten Ergebnisse in die Praxis zu transferieren. Hierzu sind vor allem Software- und Systemhäuser gefragt, ihre Produktpalette entsprechend zu ergänzen

Ich möchte an dieser Stelle den an der Arbeit der Forschergruppe beteiligten Wissenschaftlern für ihr großes Engagement danken. Nur hierdurch war es möglich, die weit gesteckten Ziele der Forschergruppe zu erreichen. Besonderer Dank gilt Herrn Stefan Scherr, der seitens des Forschungszentrums Karlsruhe die Forschergruppe betreut hat, sowie meinen Mitarbeitern Herrn Robert Grob und Herrn Pavlos Klonaris, die die Forschergruppe koordiniert haben.

Ihnen als Leser wünsche ich, daß Ihnen die Lektüre des Buches Anstöße und Perspektiven für die Gestaltung ihrer Informationssysteme, speziell im Qualitätsmanagement, vermittelt.

Aachen, im Frühjahr 1996   Tilo Pfeifer

Inhaltsverzeichnis

1 Von der Datenverarbeitung zum Wissensmanagement

Matthias Jarke, Peter Peters, RWTH Aachen, Informatik V, Ahornstr. 55, 52056 Aachen

Günter Warnecke, Volker Knickel, Universität Kaiserslautern, Lehrstuhl für Fertigungstechnik und Betriebsorganisation (FBK), Postfach 3049, 67653 Kaiserslautern

1.1 Produktionsfaktor Information

Die Realisierung eines umfassenden Qualitätsmanagements (QM) wird heute weltweit als eine Hauptaufgabe moderner Unternehmensführung angesehen. Doch obwohl die Grundkonzepte und Methoden zur Einführung wirksamer Qualitätsmanagementmaßnahmen schon lange bekannt sind und die DIN ISO 9000 Hilfestellung bei der Bewertung gibt, gelingt es nur selten, das Qualitätsmanagement dauerhaft, effizient und flexibel in die Arbeitsabläufe eines Unternehmens einzubetten.

So ließen sich zwar beispielsweise wegen der Anforderungen der Automobilindustrie viele Zulieferer nach ISO 9000 zertifizieren, doch aufgrund der mangelnden Akzeptanz der installierten QM-Systeme bildeten diese eher einen zusätzlichen Kostenfaktor, als daß sie zur Erhöhung des Qualitätsniveaus und zu Effizienzgewinn führten. Derartige Probleme können vielfältige Ursachen haben: Eine unzulängliche Qualitätspolitik des Unternehmens, fehlende Einsicht in die Notwendigkeit von Präventionsmaßnahmen,

Qualitätsmanagement muß in betriebliche Abläufe eingebettet werden

Viele QM-Probleme
haben ihren Ursprung
im Mißmanagement
des Faktors
Information

Die Querschnitts-
funktion QM basiert
auf Informations-
austausch

Mit der Produkt-
komplexität steigt der
Informationsbedarf

ungenügende Berücksichtigung der wirtschaftlichen Ziele bei der Gestaltung der QM-Systeme, unzureichende Kunden-, Prozeß- und Mitarbeiterorientierung bei der Strukturierung der betrieblichen Abläufe sowie ein den Aufgaben nicht angepaßter technologischer Ansatz.

In der modernen Informationsgesellschaft gruppieren sich derartige Probleme meist um die Begriffe Wissen und Informationsaustausch: Das Know-how zur Durchführung von QM-Maßnahmen ist unzureichend, der Mitarbeiter wird bei der Auswertung der ihm zur Verfügung gestellten Informationen nicht unterstützt oder schlimmer, Daten werden mit hohem technologischem Aufwand erzeugt und fließen dann nur zum Teil in Entscheidungsprozesse ein.

Wie kaum ein anderer Bereich ist aber gerade die Querschnittsfunktion Qualitätsmanagement vom Wissens- und Informationsaustausch zwischen den beteiligten Unternehmensbereichen und der Verwebung mit anderen Arbeitsabläufen des Unternehmens abhängig (vgl. Bild 1.1).

Die wachsende Bedeutung des Produktionsfaktors Information ergibt sich historisch einerseits aus der immens wachsenden Produktkomplexität und andererseits aus der rasanten Entwicklung der Informations- und Kommunikationstechnologien, wobei die Wechselwirkungen zwischen diesen Faktoren vielfältig sind.

Auf organisatorischer Ebene versucht man der Komplexität der Arbeitsvorgänge durch spezialisierte Abteilungen Herr zu werden, in denen das notwendige Know How gebündelt wird. Zur Projektdurchführung im Rahmen des Lebenszyklus des Produkts werden dann abteilungsbezogene und bereichsübergreifende Teams gebildet.

Information ist die
treibende Kraft des
Projektablaufes

Informationsflüsse verbinden diese Teams und werden zur treibenden Kraft des Projektablaufes.

"In der Fabrik von 1999 wird in den Abteilungen darüber nachgedacht, welche Informationen man wem schuldet und welche Informationen man selbst von anderen braucht.

Daher müssen die Informationsflüsse zu einem erheblichen Teil horizontal fließen, über die Abteilungsgrenzen hinweg statt nach oben. Die Fabrik von 1999 ist ein Informationsnetzwerk in dem alle Manager den Gesamtprozeß kennen und verstehen müssen." [DRU91]

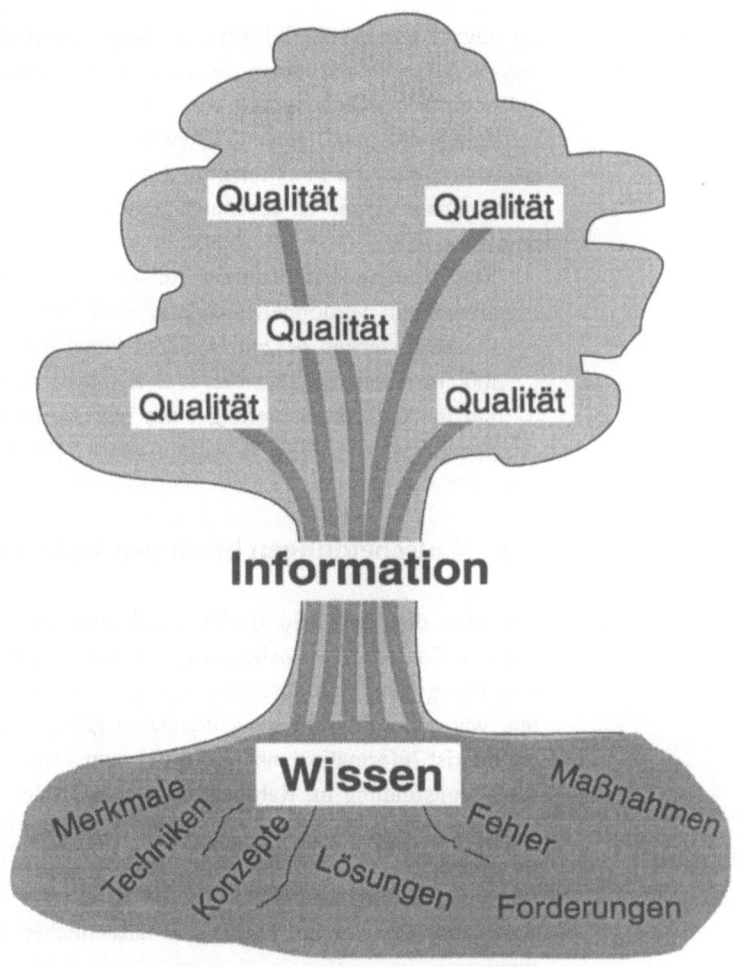

Bild 1.1: Wissen ist Ursprung für Qualität

Die steigende Komplexität der Produkte verlangt im Sinne einer qualitätsorientierten Unternehmenspolitik einen erheblichen Mehraufwand an Dokumentation und erzeugt damit die Notwendigkeit der zuverlässigen technischen Unterstützung bei der Verarbeitung, Interpretation und Kommunikation von anfallenden Daten. Heutzutage wiegt die Dokumentation eines amerikanischen B2 „Stealth" Bombers mehr als das Flugzeug selbst, und für das etwas alltäglichere Produkt „Laptop Computer" gilt typischerweise dasselbe.

*Produkte sind
Informationsträger*

Zu guter Letzt erhöht Information direkt die Komplexität der Produkte, indem sie in die Produkte eingebettet wird. Selbst einfache Küchengeräte wie eine Kaffeemaschine sind heutzutage mit „intelligenten" Chips bestückt, die die Arbeit erleichtern oder die Funktionalität des Produktes verbessern sollen. Dieser Trend ist allerdings gerade erst im Entstehen begriffen.

"Der Umfang fest codierter Anweisungen in Konsumartikeln verdoppelt sich alle zwei Jahre. Grob geschätzt stecken derzeit in einem Fernseher bis zu 500, in einem Elektrorasierer 2 Kilobyte Software und in der Motorsteuerung eines neuen Autos von General Motors 30000 Programmzeilen." [BOU94]

1.2   Entscheidungen benötigen Information

*Information dient der
Entscheidungsfindung*

Die Idee, die Verarbeitung der anfallenden Informationen und den Kommunikationsbedarf als wichtigste Elemente zur Gestaltung von Qualitätsmanagementprozessen zu betrachten, wäre allerdings nicht weitreichend genug, denn letztendlich ist Information nur ein Mittel zum Zweck der Entscheidungsfindung im Rahmen der Aufgaben des QM. Sie hilft zum einen, Entscheidungsräume zu strukturieren, Zusammenhänge zu verstehen und Alternativen zu formulieren; zum anderen unterstützt sie die Bewertung und Auswahl von Alternativen bis hin zur tatsächlichen Entscheidung.

In einer stabilen Umgebung, in der die Dauer von Entscheidungs- und Kommunikationsprozessen nur eine geringe Rolle spielt und in der verantwortungsbewußte Mitarbeiter stets vollständig informiert und streng rational handeln, wäre die Informationsflußmaximierung im Sinne der Entscheidungsoptimierung sicher ein erstrebenswertes Ziel.

Ein turbulentes Umfeld verhindert optimale Entscheidungen

Die ökonomische Wirklichkeit hält sich allerdings nicht an solche Idealbilder und daher ist die Informationsverarbeitung zum Ziele guter Entscheidungsfindung auch im QM mit einer Vielzahl von Problemkreisen verwoben. Qualitätsmanagement fußt auf zuverlässigen Informationen über Forderungen des Kunden sowie Reaktionen des Kunden auf die Leistungen des Unternehmens. Zur kontinuierlichen Verbesserung von Produkten oder Dienstleistungen ist zudem Wissen über neue Produkt- und Prozeßtechnologien erforderlich.

Die Tatsache, daß all diese Informationen aus einem turbulenten Unternehmensumfeld stammen, zwingt zu erhöhten Anstrengungen. Die Fülle an hilfreichen Informationen innerhalb oder außerhalb des Unternehmens muß fortwährend erfaßt, analysiert und in Produkten und Dienstleistungen eingebracht werden. Wo dies unterbleibt, besteht die Gefahr, daß am Markt vorbei produziert wird.

Kontinuierliche Verbesserung erfordert ständigen Wissenserwerb

Es ist absehbar, daß für die skizzierten Aufgaben noch mehr als bisher Spezialwissen aus unterschiedlichsten Bereichen notwendig ist.

Erschwerend kommt hinzu, daß sich die Produktlebenszyklen drastisch verringern werden. Positive Gewinnspannen lassen sich nur noch von Unternehmen realisieren, die in der Lage sind, Produkte mit hoher Geschwindigkeit zur Marktreife zu bringen. Empirische Untersuchungen haben ergeben, daß bei einer Verlängerung der Entwicklungszeit um 6 Monate eine Ergebniseinbuße von bis zu 30 % zu erwarten ist, während eine Erhöhung der Entwicklungskosten um 50% lediglich zu 5 % Ergebniseinbuße führt [SCH88].

Die Geschwindigkeit der Entscheidungen beeinflußt Marktpositionen

Der bereits angeführte Zwang zur Spezialisierung einerseits und der hohe Zeitdruck andererseits führen, aufgrund begrenzter menschlicher Zeit- und Wissenskapazitäten zu einem sehr hohen Grad an Arbeitsteilung. Entwicklungsprozesse in mittelständischen Unternehmen umfassen heute nicht selten Dutzende von Mitarbeitern in Kernteams, Teilprojektteams, anderen Abteilungen oder bei Zulieferern.

Wenn hier die kooperations- und entscheidungsrelevanten Informationen nicht zum richtigen Zeitpunkt am richtigen Ort verfügbar sind, werden Fehler und zeitintensive Iterationszyklen zur Regel. Dabei ergeben sich gerade bei bereichsübergreifender Zusammenarbeit immer wieder Kommunikationsprobleme aufgrund räumlicher Distanzen, unterschiedlicher bereichsbezogener Zielsetzungen, Denkweisen, Persönlichkeitsmerkmalen, Sprachen und Zeithorizonten. Das Marketing will kundengerechte Produkte möglichst schnell. Ein kreativitätsfördernder Umgang miteinander ist hier die Regel. Entwickler sind eher reserviert, sie wollen ihre Entwürfe nur in perfektem Zustand zur Diskussion stellen. Damit hat wiederum die Fertigung ihre Schwierig-

Zeitersparnis durch entscheidungsrelevante Informationen zum richtigen Zeitpunkt am richtigen Ort

keiten. Sie erhält, häufig zu spät, technologische Anforderungen, die aus ihrer Sicht übertrieben sind. Reibungsverluste sind vorprogrammiert.

Die geschilderten Zusammenhänge sind unter anderem dafür verantwortlich, daß in Fertigung und Montage nicht frühzeitig auf fähige und beherrschte Prozesse aufgebaut werden kann.

Regelkreise funktionieren nur durch Information

Die Lernkurve startet auf niedrigem Qualitätsniveau und verharrt dort, weil ein wichtiges organisatorisches Element des Qualitätsmanagements und des Lernprozesses in Unternehmen, der Regelkreis, ohne seinen „Betriebsstoff" Information gelähmt ist (vgl. Bild 1.2). Resultate sind neben negativen Kosteneffekten und verspäteter Marktreife auch ein geringerer Reifegrad der Produkte beim Markteintritt. Wie kritisch dies für ein Unternehmen sein kann, zeigt sich in einer Untersuchung des White House Office of Customer Affairs. Diese belegt, daß jeder Fehler über dem akzeptablen Durchschnitt der Marktführer einen Umsatzrückgang des Verkaufsvolumens um mindestens 3 bis 4% verursacht [PFE93b].

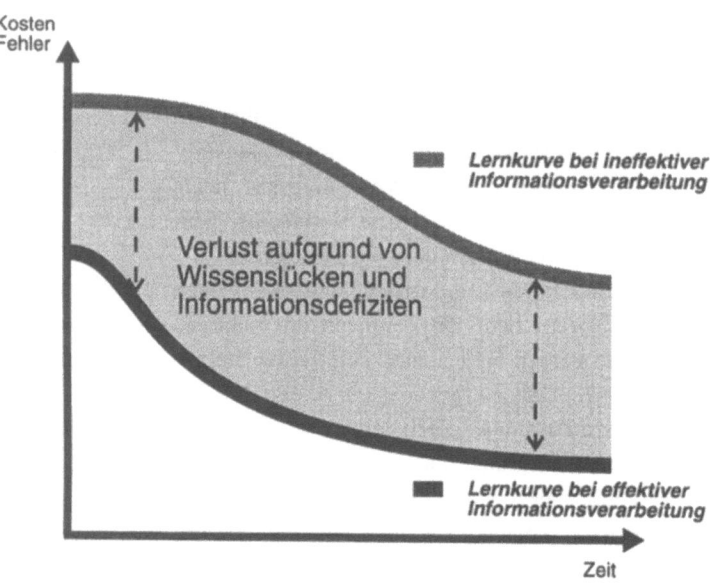

Bild 1.2: Lernkurvenverschiebung durch effektive Informationsverarbeitung

1.3 Rolle des Menschen

Ein intelligenter Umgang mit dem Produktionsfaktor Information im Sinne der Beseitigung oder Vermeidung der geschilderten Probleme muß gewährleisten, daß Information und Informationsverarbeitung unter wirtschaftlichen Gesichtspunkten betrachtet werden.

Im Mittelpunkt dieser Betrachtungen und den daraus resultierenden organisatorischen Maßnahmen zum Erhalt der Wettbewerbsfähigkeit steht der Mitarbeiter bzw. das Team als entscheidungsbefugte, aber nur bedingt informierte und nur teilweise rationale Instanz.

Der Mitarbeiter steht im Zentrum jeglicher Informationsverarbeitung

Die Möglichkeiten der Beseitigung dieser scheinbaren Schwachpunkte durch Entscheidungsautomatisierung stoßen allerdings sehr schnell an ihre Grenzen. Zum einen ist der Mitarbeiter trotz aller Ansätze aus Datenbank- und KI-Technologie die wichtigste Wissensquelle eines Unternehmens. Man stelle sich nur das drastische Beispiel eines Unternehmens vor, bei dem die gesamte Belegschaft innerhalb eines Tages ausgetauscht würde. Das perfekte Chaos wäre die Folge. Zum anderen sind die gegenwärtig verfügbaren technischen Systeme kaum lernfähig und damit in keinster Weise an die erläuterte Wettbewerbssituation angepaßt.

Die Mitarbeiter sind die wichtigste Wissensquelle

Ganz im Gegenteil führt die im ersten Moment effizientere Automatisierung eines wie auch immer gearteten Prozesses meist zur Festschreibung des Ist-Zustandes, was mittelfristig die scheinbar verbesserte Produktionssituation nur noch schwieriger werden läßt. So kann beispielsweise der kurzfristige Wettbewerbsvorteil der effektiven Produktion sehr schnell von langfristigen, kostenaufwendigen Änderungen und Umrüstungen vollautomatisierter, eng miteinander verzahnter Systeme aufgezehrt werden.

Flexibilität steht häufig im Widerstreit mit Automatisierung

Der Mensch ist daher in der Produktion kein notwendiges Übel, kein Hemmschuh, sondern die treibende Kraft. Ihn bei der Informationsverarbeitung und Entscheidungsfindung in einem turbulenten ökonomischen Umfeld zu unterstützen, muß das Ziel jeder Technologie im Bereich des QM sein. Dabei liegen in den Aufgabenfeldern Methodik und Integration große Potentiale.

Ziel der Informationsverarbeitung ist es die Mitarbeiter zu unterstützen

1.4   Wissensmanagement

Seit den Anfängen der Qualitätssicherung in den dreißiger Jahren sind eine Vielzahl von Methoden zur Qualitätsplanung, -lenkung, -sicherung und -verbesserung entwickelt worden, die von Ishikawa's „Sieben Werkzeugen der Qualitätssicherung" über statistische Verfahren bis hin zu teamorientierten Planungsverfahren wie FMEA oder QFD reichen.

Methodisches QM sichert zielorientiertes und transparentes Vorgehen

Durch die Zuordnung dieser Methoden zu den verschiedenen Aufgaben des QM wird eine systematische, zielgerichtete und transparente Vorgehensweise ermöglicht. Allerdings erfordern viele dieser Methoden einen Wissensstand, der an ihrem Einsatzort nicht immer vorhanden ist (Bsp.: Einsatz statistischer Methoden in der Fertigungsüberwachung). Weiterhin ist die Erhebung und Verarbeitung von Information im Rahmen der Methoden häufig sehr komplex und bedarf, insbesondere bei teamorientierten Methoden, einer Strukturierungs- und Planungshilfe. So kann das Quality Function Deployment (QFD) eines neuen Produktes sich über Tage oder Wochen hinziehen, wobei das zugehörige „House of Quality" mehrere Meter der Wände im Planungsraum füllt.

Technische Unterstützung erhöht Akzeptanz und Effizienz von Methoden

Die Automatisierung von algorithmischen Berechnungsprozessen, die Speicherung von Daten, benutzerangepaßte Repräsentation und Erhebung von Daten sowie eine Strukturierung der Vorgehensweise sind daher wünschenswerte Hilfen bei einer effizienten Durchführung von Qualitätsmanagementmethoden.

Da das Qualitätsmanagement als Querschnittsaufgabe alle Abteilungen und alle Mitarbeiter auf allen Ebenen des Unternehmens betrifft und das Wissen um die möglichen Maßnahmen entsprechend verteilt ist, leistet die Integration der durchführbaren Methoden sowohl auf technologischer, als auch auf inhaltlicher und personeller Ebene einen wichtigen Beitrag für ein langfristig erfolgreiches QM.

Methodenintegration unterstützt durchgängige Regelkreise

Eine Vielzahl von teilweise bereichsübergreifenden Regelkreisen beeinflussen die Qualität eines Produktes, einer Produktgruppe bzw. des gesamten Produktspektrums. Der schnelle und zielgerichtete Informationsfluß entlang dieser Regelkreise und die Möglichkeit zur Mitwirkung bestimmen in entscheidendem Maße sowohl die Effizienz als auch die Akzeptanz von Maßnahmen des Qualitätsmanagements.

Die Integration und Beschleunigung von Prozessen wird seit Mitte der achtziger Jahre unter dem Schlagwort CIM technologisch durch den massiven Einsatz von Datenbanken, die Prozeßautomatisierung und die Vernetzung von Computern vorangetrieben. Im Lichte der genannten Probleme der Automatisierung ist es nicht verwunderlich, daß hochtechnologische Lösungen vor allem bei mittelständischen Unternehmen auf immer geringere Akzeptanz stoßen. Wenn sie eingesetzt werden ohne den Mensch als Entscheidungsträger zu berücksichtigen, sind sie zu unflexibel, um sie an geänderte Bedingungen anpassen zu können und ihr tatsächlicher Nutzen ist nur schwer quantifizierbar.

CIM als reine technologische Lösung zu betreiben muß scheitern

Diese Probleme und das Selbstvertrauen der Mitarbeiter, welches auf einem hohen Ausbildungsniveau fußt, hat eine Umkehr bei der Bewertung neuer Ansätze in der Informationstechnologie bewirkt. Software und Hardware werden nicht mehr als prinzipiell innovativ angesehen und unreflektiert vom Markt angenommen, sondern kritisch hinsichtlich ihrer Problemorientierung und ihres Kosten/Nutzen-Verhältnisses bewertet.

Dennoch sind die Vorteile elektronischer Datenkommunikation und Datenhaltung unbestritten und auch mehr oder weniger objektiv meßbar. Mit der Komplexität der zu lösenden Aufgabe und der Leistungsfähigkeit der Hardware verlagert sich das Gewicht aber mehr und mehr von der Menge der Daten und der Geschwindigkeit der Informationsverarbeitung hin zum Informationsgehalt der Daten, der durch subjektivere Aspekte wie die Präsentation und Angemessenheit hinsichtlich der Aufgabenstellung bestimmt wird.

In diesem Sinne bewegt sich der technologische Unterstützungsaspekt von einer Automatisierung des Prozesses hin zu Assistenzsystemen, bei deren Spezifikation Qualifikation und Blickwinkel des Benutzers wachsende Bedeutung zukommt (vgl. Bild 1.3).

Computerbasierte Assistenz statt Automatisierung

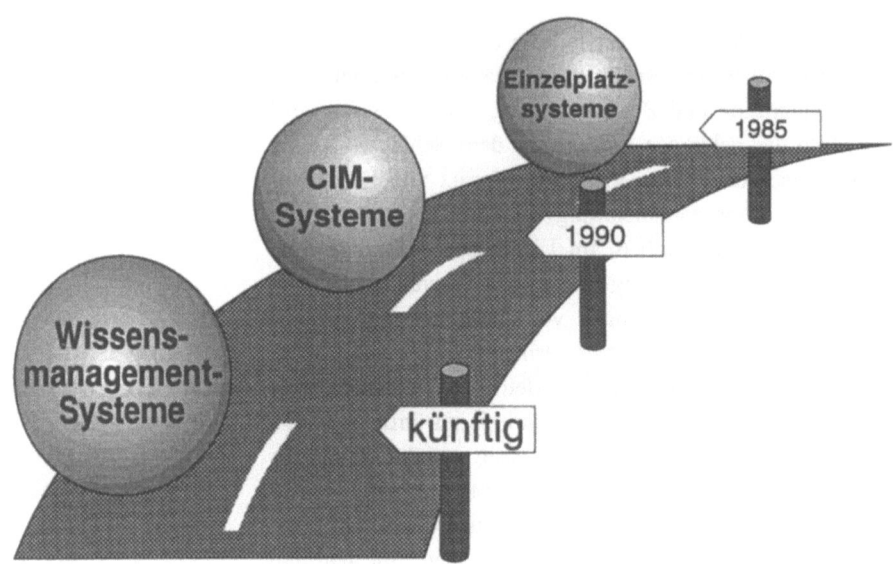

Bild 1.3: Entwicklung der Informationstechnik

Wissen muß systematisch gesammelt und verfügbar gemacht werden

Diese Systeme sollen neben der Dokumentation der Aufgabenausführung und methodischen und organisatorischen Unterstützung im wesentlichen dazu dienen, Wissen, das im Laufe der Zeit gewonnen wird, zu sammeln und im Sinne einer Qualitätssteigerung und Beschleunigung von Prozessen dem Benutzer zur Verfügung zu stellen. Dieses Wissensmanagement betrifft zum einen „Schubladenwissen", d.h., Unterlagen über bereits abgelaufene Produktentwicklungen, die im Rahmen einer Neuentwicklung wiederverwendet werden können. Zum anderen sollen gesammelte Erfahrungen nicht nur in den Köpfen einiger Mitarbeiter existieren, sondern sollen, soweit möglich, als „Organisational Knowledge" im Unternehmen erhalten bleiben und anderen Mitarbeitern zugänglich gemacht werden.

Darüber hinaus gilt es, einen Kompromiß zwischen einer fest durch die Technologie vorgeschriebenen Vorgehensweise und einem vom Prozeß unabhängigen, reinen Dokumentationswerkzeug zu finden. Typischerweise führt eine zu starke Reglementierung zu einem ineffizienten Prozeßverlauf „am System vorbei", da gewachsene Unternehmensstrukturen nicht berücksichtigt werden oder das Werkzeug nicht an veränderte Prozesse angepaßt werden kann. Andererseits ist es hilfreich, wenn für gut befundene Vorgehensweisen als „Organizational Knowledge" erhalten bleiben, indem man sie in die genutzte Software abbildet.

Wichtigste Voraussetzung ist dabei das Vorhandensein von veränderbaren, modular strukturierten Werkzeugen zur Unterstützung von Maßnahmen im QM, in die das Wissen über Prozesse und Produkte eingebettet werden kann. Im Sinne der Maßnahmenintegration muß es den Beteiligten möglich sein, über den Tellerrand ihres Teams oder ihrer Abteilungen hinauszuschauen. Die Schaffung von Nahtstellen zwischen den Abteilungen bedingt zwar auch die Installation von Datenaustauschmechanismen zwischen den verschiedenen Assistenzsystemen verlangt aber vor allem die Etablierung einer Vielzahl von Kommunikationskanälen vom Telephon bis hin zu elektronischen Auftragsvergabesystemen. Dies schafft zunächst einmal die technischen Voraussetzungen für einen reibungslosen Informationsaustausch im Zusammenhang mit den verschiedenen Aufgaben im Rahmen des Qualitätsmanagments.

Wissen plus Methodik bestimmen die Qualität

Diese technischen Mechanismen müssen durch eine aktive Integrationspolitik im Unternehmen unterstützt werden. Dies bedeutet, daß der Entwicklungs- und Fertigungsprozeß als Einheit über den Aufgaben der beteiligten Gruppen steht und die Gruppen diesem Prozeß zuarbeiten. Die Definition gemeinsamer Ziele, Sichtweisen und eines gemeinsamen Vokabulars sind in diesem Zusammenhang ebenso wichtig wie der Einsatz neuer Technologien.

Technologie in Verbindung mit gemeinsamen Zielen und Sichtweisen ermöglicht eine qualitätsorientierte Prozeßintegration

1.5   Zusammenfassung

Das Qualitätsmanagement als Unternehmensquerschnittsfunktion benötigt Wissen aus allen Bereichen des Unternehmens wie auch aus der Unternehmensumwelt. Unterstützt wird eine solche qualitätsorientierte Informationspolitik durch ein Wissensmanagement, das in der Lage ist, Produktdaten und komplexe Zusammenhänge zu sammeln und überall dort verfügbar zu machen, wo sie benötigt werden. Dabei müssen neben dem Einsatz moderner Informationstechnologie traditionelle Formen des Managements und der Logistik von Wissen, wie z.B. Schulungen und Teamar-

Ganzheitliches Informations- und Wissensmanagement ist eine Voraussetzung für umfassende Qualität

beit miteinbezogen und unterstützt werden. Erst die Verbreitung und der Austausch von Information auf Wegen, die der Qualifikation und der Aufgabe des Mitarbeiters entsprechen, ermöglichen den effektiven Einsatz von gesammeltem und gelerntem Wissen.

Der Einsatz integrierter wissensverarbeitender DV-Systeme als Hilfsmittel des Wissensmanagements trägt dazu bei, den ständig steigenden Bedarf an Wissen effizient zu decken. Möglich wird dies durch Technologien, die bereits vorhandenes Wissen für Dritte zugänglich machen und die durch eine zeitliche und räumliche Entkopplung der Wissensquellen eine sinnvolle Gestaltung des Ressourceneinsatzes erlauben. Nur, wenn es auch gelingt, im Sinne umfassender Qualitätskonzepte technische, methodische, organisatorische und personelle Aspekte miteinander wirtschaftlich zu verbinden, gelingt die Einführung des Wissensmanagements im Unternehmen.

Was ist zu tun ?

Nun stellt sich die Frage, was zu tun ist, um im eigenen Unternehmen das Qualitätsmangement durch DV-gestütztes Wissensmanagement zu verstärken.

Die Hürden im Hinblick auf die soft- und hardwaretechnischen Grundvoraussetzungen sind eher gering einzuschätzen. Im Forschungsprojekt, welches dem Buch zugrunde liegt, sind beispielsweise die heterogenen Rechnerwelten (HP, Sun, Siemens, DEC) von Instituten miteinander verknüpft worden, die in der gesamten Bundesrepublik verteilt sind.

Standards sind die Basis für eine Integration

Basis hierfür war die Verwendung von Standards (UNIX auf Betriebssystemebene, SQL-Datenbanken für die Datenhaltung und X-Windows für die graphische Oberfläche) in Client-Server Architekturen.

Entscheidender als diese Grundvoraussetzungen ist jedoch der Gestaltungsansatz, mit dessen Hilfe die qualitätsbezogenen Produkt- und Prozeßinformationen entlang des Produktlebenszyklusses in DV-Strukturen eingebettet werden. Im Forschungsprojekt wurde ein solcher Gestaltungsansatz erprobt. Er erlaubt es, so unterschiedliche Aufgaben wie:

- Qualitätsplanung mit QFD und Statistischer Versuchsmethodik,
- Qualitätslenkung durch Prüfplanung,
- Qualitätssicherung durch die erweiterte SPC und

- Qualitätsverbesserung durch Fehleranalyse und
  Felddatenerfassung- und aufbereitung

zu einem Gesamtkonzept zu integrieren.

Dabei wurde von Beginn an darauf geachtet, daß die Experten aus den genannten Themenbereichen beteiligt waren und daß keine Abstriche an den jeweiligen Einzellösungen vorgenommen wurden. Gleichzeitig konnte mit diesem Ansatz das komplexe Vorgehen in einem Forschungsprojektes unterstützt werden. Diese Tatsachen erlauben den Schluß, daß der Ansatz auch den Problemstellungen einer praxisnahen Realisierung Rechnung trägt. Im folgenden Kapitel wird dieser Ansatz näher beschrieben.

Partizipativer Systementwurf ist der Schlüssel für einen erfolgreichen Einsatz

2 Integrationsbasis - der durchgängige Qualitätskreis

Matthias Jarke, Peter Szczurko, RWTH Aachen, Informatik V, Ahornstr. 55, 52056 Aachen

Tilo Pfeifer, Robert Grob, RWTH Aachen, Lehrstuhl für Fertigungsmeßtechnik und Qualitätsmanagement, Steinbachstr. 53, 52056 Aachen

Qualitätsmanagement als typischer Bereich für die Nutzung von Wissen

Im vorangegangenen Kapitel wurde die These aufgestellt, daß das industrielle Qualitätsmanagement ein typisches Beispiel für einen Bereich ist, in dem der Verarbeitung von Wissen entscheidende Bedeutung zukommt. Diese These soll in diesem Kapitel aufgegriffen und vertieft werden. Hierzu wird zunächst auf die Entwicklung des modernen Verständnisses von Qualitätsmanagement eingegangen, um dann anhand des Qualitätskreises und der Methoden des Qualitätsmanagements ein Modell der heutigen Sichtweise darzulegen.

Die Ressource "Wissen" und der "WibQuS-Ansatz"

Aufbauend auf dem heutigen Verständnis von industriellem Qualitätsmanagement wird dargelegt, welche Bedeutung der Ressource "Wissen" in diesem Kontext zukommt, und wie der spezifische Ansatz der Forschergruppe WibQuS zur Nutzbarmachung des Wissens aussieht.

2.1   Entwicklung des modernen Qualitätsmanagements

In der Praxis wurde früher unter Qualität primär die Fehlerfreiheit des Produktes verstanden. Damit ist gemeint, daß in der Herstellung des Produktes keine Abweichungen von den technischen Spezifikationen auftreten dürfen.

Im heutigen Verständnis geht der Begriff "Qualität" wesentlich tiefer. Qualität wird interpretiert als das Maß der Erfüllung der - auch unausgesprochenen - Kundenwünsche. Diese betreffen nicht nur das Produkt selbst, sondern beziehen auch andere Aspekte, wie etwa Dienstleistungen im Umfeld des Produktes bis hin zu Anforderungen an die Produkterstellung, mit ein.

Qualität ist Erfüllung von Kundenforderungen

Dieser Wandel des Verständnisses spiegelt sich in der Entwicklung des Qualitätsmanagements wieder (vgl. Bild 2.1)

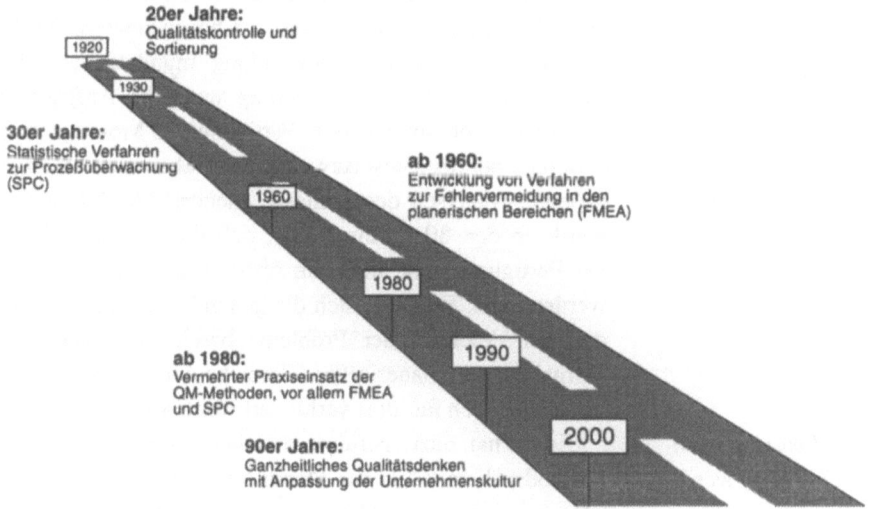

Bild 2.1: Entwicklung des Qualitätsmanagements

In den Zwanziger Jahren war die Sicherstellung der Qualität, d.h. im damaligen Verständnis nahezu ausschließlich der Produktqualität, Aufgabe einer speziellen Abteilung des Unternehmens, der Abteilung "Qualitätskontrolle". Diese

Qualitätskontrolle in den 20er Jahren

*Endprüfung und
Sortierung sind teuer*

*Ab Mitte des Jahr-
hunderts: Lenkung
und Steuerung*

*Die meisten Fehler
werden in der Pla-
nung verursacht...*

*... und müssen auch
dort behoben werden!*

Sichtweise entsprach durchaus dem Tayloristischen Prinzip der Arbeitsteilung und führte in der Folge zu einer polizeiähnlichen Definition der Aufgaben der Qualitätskontrolleure mit einer Vielzahl negativer Begleiterscheinungen.

Realisiert wurde diese Art der Qualitätssicherung durch eine mehr oder minder aufwendige Produktüberwachung meist in Form von Endprüfungen mit nachfolgender Sortierung in Gut- und Schlechtteile. Dieses hat einen vergleichsweise hohen Ausschußanteil zur Folge, welcher noch weiter durch das ebenfalls übliche Prinzip der Akkordarbeit erhöht wurde.

Bei der Weiterentwicklung der Qualitätssicherungs-Methoden fand in immer stärkerem Maße der Herstellungsprozeß Beachtung. Das gilt vor allem für die Massenfertigung, in der - basierend auf den Überlegungen von Shewart u.a. - statistische Verfahren Einzug hielten. Besondere Bedeutung erlangte hier die Statistische Prozeßregelung (SPC), die vor allem in der zweiten Hälfte des Jahrhunderts zu einem breiten Einsatz gelangte. Weitere Schritte waren dann die vermehrte Einführung von beispielsweise Werkerselbstprüfungen. Diese Entwicklung mündete schließlich darin, daß die Qualitätssicherung nunmehr Aufgabe der operativen Abteilungen, d. h. Fertigung und Montage, war.

Bereits bei der Umsetzung der SPC, aber auch durch eingehende Analysen des Fehlergeschehens im Unternehmen wurde in den 80er Jahren klar, daß die Qualitätsfähigkeit der Fertigung nicht allein im operativen Bereich gesichert werden kann. Es setzte sich die generelle Erkenntnis durch, daß eine Vielzahl der Probleme bereits in mangelhaften Vorgaben der planerischen Bereiche ihre Ursache haben und daher auch nur dort verhindert werden können.

Dieses hat dazu geführt, daß heute eine Vielzahl von Methoden bereits bei der Planung von Produkten und Prozessen eingesetzt werden, um im Sinne einer frühzeitigen Vermeidung von Fehlerquellen die Qualitätsfähigkeit sicherzustellen. Genannt seien hier stellvertretend die Fehlermöglichkeits- und Einfluß-Analyse (FMEA) und die verschiedenen Formen von Design-Reviews. Heute geht es darum, im Sinne einer präventiv verstandenen Qualitätssicherung diese Methoden in ihrem praktischen Einsatz zu optimieren.

Parallel zu der beschriebenen methodischen Entwicklung ist inzwischen deutlich geworden, daß das allein nicht ausreicht, um Produkte von hoher Qualität mit ebenso hoher Produktivität herzustellen. Ausgehend von Konzepten wie der Werkerselbstprüfung ist klar geworden, daß der Faktor Mensch bei der Gestaltung eines funktionierenden Qualitätsmanagement-Systems eine entscheidende Rolle spielt. Alle Mitarbeiter müssen in die Lage versetzt werden, die für die resultierende Qualität richtigen Entscheidungen zu treffen und im Sinne des gesamten Unternehmens optimale Arbeitsergebnisse zu liefern.

Der Mensch steht im Mittelpunkt des Qualitätsgeschehens

Derartige Konzepte setzen bei allen Beteiligten ein Bewußtsein für die Qualitätsrelevanz ihrer Arbeit voraus. Entsprechende Einführungsstrategien, die insbesondere die Sensibilisierung und Schulung der Mitarbeiter umfassen, werden in den Unternehmen derzeit zunehmend umgesetzt.

Das ganze Unternehmen muß mitmachen!

Als Fazit dieser Entwicklung ist festzuhalten, daß Qualität und damit Qualitätsmanagement heute Aufgabe aller Mitarbeiter und aller Unternehmensbereiche ist. Um Anforderungen und Lösungen in einem derartigen Qualitätsmanagement angemessen diskutieren zu können, wird ein Unternehmensmodell benötigt, welches es erlaubt, die Aufgaben der Bereiche adäquat zu beschreiben. Dieses Modell muß darüber hinaus genügend allgemein sein, um weitestgehend auf alle Unternehmen übertragbar zu sein. Hier hat sich das Modell des Qualitätskreises bewährt, mittels dessen die Aufgaben des Produktlebenslaufes strukturiert wird. Auf den Qualitätskreis als Modell des Produktlebenszyklus wird im folgenden Abschnitt eingegangen.

2.2 Der Qualitätskreis als Modell des Produktlebenszyklus

Sollen die Anforderungen an das Qualitätsmanagement betrachtet werden, so ist zunächst festzustellen, daß die Qualität eines Produktes während des gesamten Produktlebenszyklus beeinflußt wird. Aus diesem Grund ist es notwendig, den gesamten Produktlebenszyklus zu betrachten. Die einzelnen Phasen dieses Zyklus sind:

Der gesamte Produktlebenszyklus muß betrachtet werden

- Produktplanung und Marketing
- Entwicklung und Konstruktion
- Produktionsvorbereitung
- Beschaffung
- Fertigung und Montage
- Versand, Inbetriebnahme und Service
- Nutzung
- Entsorgung.

In allen Phasen wird die Qualität des Produktes entscheidend beeinflußt. Beispielsweise ist es in Produktplanung und Marketing wichtig, die Wünsche und Forderungen der Kunden bzw. des Marktes möglichst vollständig und korrekt zu erfassen. Nur auf dieser Basis ist es möglich, in den folgenden Phasen, Qualität im Sinne der Erfüllung von Kundenwünschen zu realisieren. Es kommt darauf an, die Kundenforderungen in detaillierte Merkmale des Produktes umzusetzen und diese so zu gestalten, daß das Unternehmen in der Lage ist, diese Merkmale kosten- und termingerecht herzustellen.

Auf Basis der so vorbereiteten Planungsunterlagen, d.h. Konstruktionszeichnungen und Arbeitsplänen, sind dann geeignete Zukaufteile und Rohmaterialien zu beschaffen, sowie in Fertigung und Montage den Unterlagen entsprechende Produkte herzustellen.

Die nächste Phase betrifft den Transfer des Produktes zum Kunden, wobei neben der direkten Produktqualität vor allem die Gestaltung der mit dem Produkt verbundenen Dienstleistungen kundenorientiert erfolgen muß.

Der Qualitätskreis: Das Unternehmensmodell aus Sicht des Qualitätsmanagements

Zur allgemeingültigen Beschreibung der vielfältigen Aufgaben des Qualitätsmanagements ist, wie im letzten Abschnitt dargelegt, eine modellhafte Vorstellung der Aufgaben eines Unternehmens erforderlich. In der Praxis hat sich für das Qualitätsmanagement das Modell des Qualitätskreises durchgesetzt, wie es beispielsweise in der Norm DIN EN ISO 9004 beschrieben ist.

Am Anfang und Ende steht der Kunde

Im Qualitätskreis (vgl. Bild 2.2) wird der Prozeß der Entstehung und Nutzung eines Produktes ausgehend vom und abschließend beim Kunden betrachtet. Die einzelnen Segmente des Qualitätskreises entsprechen den Schritten der Produktentstehung von Produkt- und Prozeßplanung über Beschaffung und Produktion bis hin zum Service. Den einzelnen Segmenten, die in der Norm als QM-Elemente bezeichnet werden, sind jeweils spezifische Aufgaben zugeordnet, die die Produkt- und Prozeßqualität betreffen. Stellvertretend soll nachfolgend für zwei QM-Elemente erläutert werden, welche Anforderungen bzw. Aufgaben definiert sind.

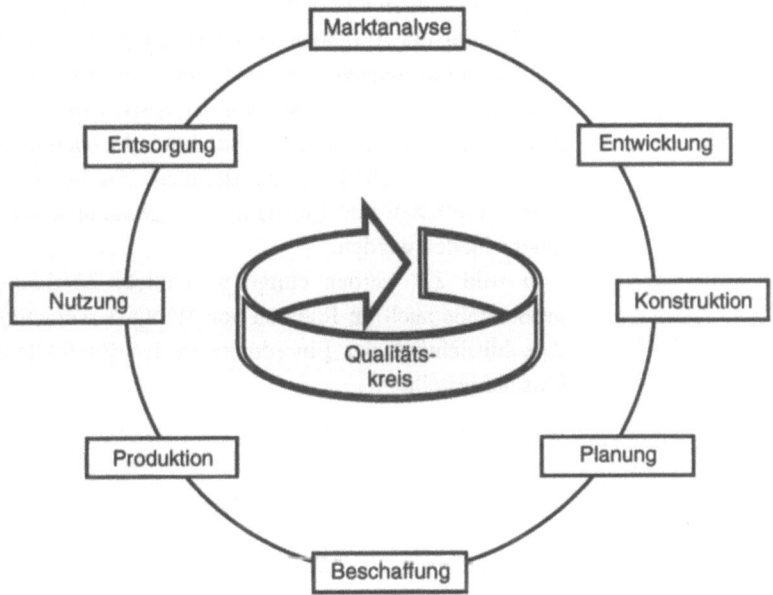

Bild 2.2: Der Qualitätskreis

Das QM-Element „Beschaffung". Aufgabe der Beschaffung ist es, sicherzustellen, daß die benötigten Ausgangsmaterialien, Zulieferteile und Produktionsmittel rechtzeitig in geeigneter Qualität zu günstigen Kosten zur Verfügung stehen. Hierzu gehört als eine wesentliche Teilaufgabe beispielsweise die Bewertung der Zulieferer hinsichtlich ihrer Qualitätsfähigkeit.

Das QM-Element „Produktionsvorbereitung". Im Rahmen der Produktionsvorbereitung ist u.a. dafür Sorge zu tragen, daß die Produktion die beauftragten Teile schnell und mit geringen Kosten erzeugt. Eine Teilaufgabe ist dabei die Überprüfung der Arbeitspläne hinsichtlich potentieller Fehlerquellen.

In analoger Weise sind für alle Segmente des Qualitätskreises sowie einige allgemeinere QM-Elemente in der Norm DIN EN ISO 9001 Anforderungen und aus Qualitätssicht zu erfüllende Aufgaben festgelegt.

Die Normen beschreiben das „Was?" - Die Methoden das „Wie?"

Betrachtet man die beschriebenen Aufgaben genauer, so beschreibt die Norm DIN EN ISO 9001 nicht, wie diese zu bearbeiten sind. Vielmehr werden nur Hinweise gegeben, welche Methoden möglicherweise geeignet sind, um bei der Bearbeitung der Aufgaben zur Anwendung zu kommen.

Im Qualitätsmanagement sind eine Vielzahl von Methoden, die als Operationalisierung der QM-Elemente angesehen werden können, bekannt, d.h. durch die Methoden wird das „Wie" der QM-Elemente definiert. Hierbei kann zwischen etablierten und (noch) nicht angewandten Methoden unterschieden werden.

In Bild 2.3 werden einige wesentliche Methoden, die größtenteils auch im Rahmen von WibQuS betrachtet wurden, hinsichtlich der Einordnung in den Produktlebenszyklus dargestellt.

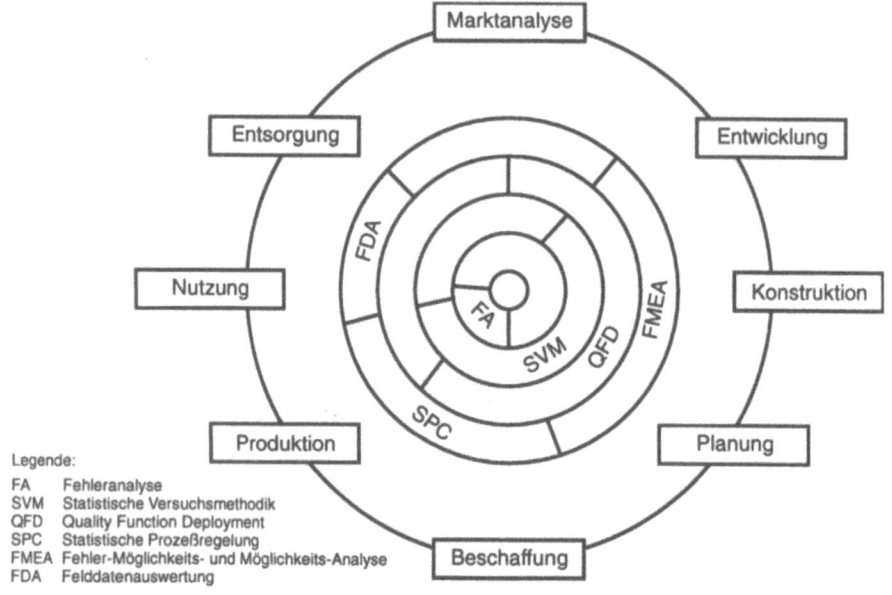

Legende:
FA   Fehleranalyse
SVM   Statistische Versuchsmethodik
QFD   Quality Function Deployment
SPC   Statistische Prozeßregelung
FMEA Fehler-Möglichkeits- und Möglichkeits-Analyse
FDA   Felddatenauswertung

Bild 2.3: Einsatz der QM-Methoden im Produktlebenszyklus

Allen diesen Methoden ist gemeinsam, daß mit ihnen das Wissen des Unternehmens zur Entdeckung und Vermeidung von Fehlern nutzbar gemacht wird. Auf diesen Aspekt der Nutzung von Wissen in den Methoden wird nachfolgend eingegangen.

2.3   Die Bedeutung der Ressource „Wissen"

Zur Lösung von QM-Aufgaben benötigtes Wissen beinhaltet *Kenntnisse*, z.B. über Fertigungsverfahren oder potentielle Produktfehler, und *Informationen*, z.B. über Ergebnisse einer Marktanalyse oder über Meßergebnisse. Während Kenntnisse in der Regel personengebunden vorliegen, sind Informationen meist in Dokumenten enthalten. Hier sollen nur solche Kenntnisse und Informationen betrachtet werden, die direkt zur Bewältigung von QM-Aufgaben benötigt werden, d.h. beispielsweise kein allgemeines Wissen über die Interpretation technischer Zeichnungen, welches sicherlich indirekt benötigt wird.

Wissen sind Kenntnisse und Informationen

Derartiges Wissen wird in den QM-Methoden zur Aufgabenbewältigung angewandt, aber auch niedergeschrieben und dokumentiert. In der Konstruktions-FMEA beispielsweise wird Wissen über den geplanten Aufbau des Produktes, z.B. in Form einer Zeichnung, benötigt und Wissen über kausale Zusammenhänge von Fehlern, Ursachen und Folgen dokumentiert. Für die korrekte Auswertung der statistischen Versuchsmethodik ist Wissen über mögliche Versuchsstrategien, aber auch Wissen über die Vorgänge und Zusammenhänge des betrachteten Fertigungsprozesses vonnöten. Eine funktionierende Prüfplanung setzt voraus, daß Wissen über Möglichkeiten und Beschränkungen von Meßmitteln, aber auch beispielsweise über das Vorhandensein bestimmter Meßmitteltypen im Unternehmen verfügbar ist. Die Verfügbarkeit von Wissen ist daher für die Anwendung der QM-Methoden und damit für die Bewältigung der Aufgaben essentiell .

Wissen ist die Ressource der QM-Methoden

Wird danach gefragt, wie Wissen bislang in den QM-Methoden verfügbar gemacht wird, so wird deutlich, daß dieses vor allem durch Teamarbeit gewährleistet wird. Diese Teams, die in der Regel aus Experten verschiedener Unternehmensbereiche zusammengesetzt sind, stellen direkt

Bislang wird Wissen durch Teamarbeit verfügbar gemacht

die personenbezogenen Kenntnisse und indirekt, z.B. in Form mitgebrachter Dokumente, die benötigten Informationen bereit. Unterstützt werden sie durch eine im Rahmen der Methode definierte, mehr oder weniger systematische Vorgehensweise.

Teamarbeit erhöht die Problemlösungskompetenz

Wird die Teamarbeit hinsichtlich ihrer Vor- und Nachteile bewertet, so sind zunächst eine Reihe von deutlichen Vorteilen zu konstatieren. Wesentlich ist vor allem, daß aufgrund der Zusammenführung von Experten aus unterschiedlichen Bereichen ein hohes Maß an Problemlösungskompetenz erreicht wird. Hinzu kommt, daß in Gruppen meist eine hohe Kreativität erreicht wird. Schließlich sind die Ergebnisse auf die Belange aller Bereiche abgestimmt, lokale Optimierungen auf Kosten anderer Bereiche werden vermieden.

Teamarbeit ist immer mit hohem Aufwand verbunden

Allerdings stehen diesen Vorteilen aber auch eine Reihe von Nachteilen gegenüber. Der wichtigste ist sicherlich der mit der Durchführung von Teamsitzungen verbundene Aufwand. Dabei spielen sowohl hohe Personalkosten (nur wenn qualifizierte und damit „teure" Experten teilnehmen, werden gute Ergebnisse erzielt) als auch lange Sitzungsdauern (Arbeit im Team ist häufig mit aufwendigen Diskussionen über die Zielsetzungen verbunden) eine wesentliche Rolle. Diese Probleme können in Teilen durch einen geeigneten Moderator, vor allem aber durch eine detaillierte Vor- und Nachbereitung der Teamsitzungen reduziert werden. Voraussetzung hierfür ist, daß zur Vor- und Nachbereitung (und teilweise auch in den Sitzungen) das benötigte Wissen sowie unterstützende Werkzeuge zur Verfügung stehen.

CIM alleine reicht nicht aus! - Wissensbasierte Systeme sind eine wesentliche Ergänzung

Es liegt nahe, hier den Einsatz geeigneter rechnerunterstützter Systeme zu fordern, wie er beispielsweise in früheren Jahren intensiv unter dem Begriff „Rechnerintegrierte Fertigung (CIM)" propagiert wurde. Allerdings haben die Erfahrungen in den letzten Jahren deutlich gezeigt, daß die Realisierung solcher DV-Lösungen sehr schwierig ist, wobei insbesondere die für eine Querschnittsaufgabe, wie das Qualitätsmanagement, wichtige Integration unterschiedlicher Informationsquellen Probleme mit sich bringt. Hinzu kommt, daß für viele QM-Methoden und die erforderliche Teamarbeit vielfach nur schlecht formalisierbare und kaum in Daten abbildbare Wissensbestandteile benötigt werden. Abhilfe verspricht hier der Einsatz wissensbasierter Systeme (WBS), wie sie eine Teildisziplin der Informatik, die Künstliche Intelligenz (KI), entwickelt hat.

Wissensbasierte Systeme sind Softwaresysteme, in denen nicht nur Daten gespeichert werden, sondern in denen Wissen aus einem abgegrenzten Gebiet durch geeignete Symbole repräsentiert und aufgabenorientiert bearbeitet wird. Sie bringen damit eine Eigenschaft mit, die sie für den Einsatz im Qualitätsmanagement prinzipiell prädestiniert, in denen bezogen auf bestimmte Aufgaben Wissen benötigt und bereitgestellt wird.

Wissensbasierte Systeme unterstützen die QM-Aufgaben

Bevor im nächsten Abschnitt auf die bisherigen Ansätze zur Nutzung wissensbasierter Systeme im Qualitätsmanagement und deren Defizite sowie den Ansatz von WibQuS eingegangen wird, soll nachfolgend eine wesentliche Unterscheidung in bezug auf Wissen eingeführt werden, die Unterscheidung von lokalem und übergeordnetem Methodenwissen.

Unter genauerer Betrachtung der QM-Methode ist zunächst festzustellen, daß (jeweils aus Sicht der Unternehmensbereiche) lokales Wissen benötigt wird. Beispielsweise ist zur Durchführung einer FMEA Wissen über die Funktionen der einzelnen Komponenten und Bauteile erforderlich. Andererseits ist für die FMEA ebenso Wissen über die Herstellung der Teile nötig. Schließlich wird das Wissen über Funktionen von Teilen auch im Service benötigt. Generell ist also für die Durchführung einer FMEA in hohem Maße Wissen erforderlich, welches aus unterschiedlichen Bereichen stammt.

Lokales und übergeordnetes Methodenwissen

Das Gesagte gilt völlig analog für nahezu alle Methoden des QM. Gerade das übergeordnete Wissen muß für eine erfolgreiche Unterstützung der QM-Methoden durch Wissensbasierte Systeme nutzbar gemacht werden.

2.4 Bisherige Ansätze und deren Defizite

Wissensbasierte Systeme sollen eingesetzt werden, um verteilt vorliegendes Wissen für die QM-Methoden nutzbar zu machen.

Bislang:
Einzelfallösungen und
methodenbezogene
Insellösungen

Bislang existieren hierzu nur Einzelfallösungen, d.h. Systeme, die genau umrissene Lösungen in einem bestimmten Fertigungsprozeß eines konkreten Unternehmens darstellen und kaum verallgemeinert werden können. Weitaus seltener finden sich methodenbezogene Insellösungen, d.h. Systeme, die die Anwendung einer bestimmten QM-Methode unterstützen und dabei den Anspruch erheben, für eine größere Klasse von Unternehmen anwendbar zu sein.

Eine Analyse der existierenden Systeme und der mit ihnen gesammelten Erfahrungen, zeigt eine Reihe von Defiziten auf:

- Der Aufwand der Entwicklung ist für Insellösungen und noch mehr für Einzelfallösungen sehr hoch.
- Die Wissensakquisition, d.h. die Erfassung, Formalisierung und Eingabe des benötigten Wissens, ist ein generelles Problem wissensbasierter Systeme. Sie ist mit einem sehr großen Vorlauf und damit erheblichem Aufwand verbunden.
- Die laufende Aktualisierung des Wissens bereitet beträchtliche organisatorische Probleme und führt aufgrund von Inkonsistenzen zu Mehraufwand und Fehlentscheidungen.
- Das in einem System erfaßte Wissen ist in der Regel nicht für andere Aufgaben verfügbar. Allenfalls können die Ergebnisse in Form von Dokumenten genutzt werden, müssen aber erneut erfaßt werden.

Grundproblem: Man-
gelnde Integration

Die genannten Defizite lassen sich auf ein Grundproblem zurückführen: Mangelnde Integration in einem übergreifenden System zur Unterstützung der QM-Aufgaben. Dabei ist mangelnde Integration in verschiedener Hinsicht zu verstehen:

- Begriffliche Integration, d.h. unterschiedliche Strukturen bedingen ein unterschiedliches Verständnis der verwendeten Begriffe.
- Nutzerbezogene Integration, d.h. die Nutzung wird (im Sinne des soziotechnischen Ansatzes) bei der Planung und Realisierung der Systeme zu wenig berücksichtigt.
- Organisatorische Integration, d.h. die Systeme sind nur schlecht in die Unternehmensabläufe eingebunden.

- Methodische Integration, d.h. die Schnittstellen zwischen den QM-Methoden sind unklar definiert.
- DV-technische Integration, d.h. aufgrund fehlender Standards ist nur eine mangelhafte Verknüpfbarkeit der Systeme gegeben.

Für die Erarbeitung eines Lösungsansatzes müssen die beschriebenen Probleme als Ganzes verstanden werden. Nur so können Lösungen erzielt werden, die bei ihrer Nutzung die avisierten Vorteile mit sich bringen. Auf eine solche ganzheitliche Analyse der Integrationsproblematik wird im weiteren eingegangen und ein entsprechender Lösungsansatz entwickelt.

Lösungsansatz: Ganzheitliche Betrachtung des Problems

2.5   Integrationsaspekte

Die Einführung ganzheitlicher QM-Systeme erfordert neben der Schulung der beteiligten Mitarbeiter vor allem die Einbettung der wissensbasierten Systeme in bestehende betriebliche Arbeitsabläufe. Dies betrifft sowohl bereichsinterne als auch bereichsübergreifende Arbeitsabläufe. Die durch die Anwendung von QM-Methoden erzeugten Informationen müssen nicht nur für andere Unternehmensbereiche zur Verfügung stehen, sondern auch geeignet wiederverwertet werden. Informationen müssen dabei nicht nur vorhanden sein, sondern vor allem verstanden werden.

Information zur richtigen Zeit am richtigen Ort

Das Erkennen von potentiellen Produktfehlern erfordert, daß Informationen darüber den davon betroffenen Abteilungen mitgeteilt werden. Einerseits sollen die erkannten Zusammenhänge zu Verbesserungen in der laufenden Produktion führen ("lokales Wissen") und andererseits als Information bei der Entwicklung neuer Produktgenerationen Berücksichtigung finden ("übergeordnetes Wissen"). Es ist muß darauf geachtet werden, daß die Informationen tatsächlich überall dort zur Verfügung gestellt werden, wo sie zu Verbesserungen der Produkte oder der Prozesse gebraucht werden. Fehlende oder verzögert gelieferte Informationen verlängern die notwendigen Verbesserungszyklen und erhöhen die Kosten beträchtlich.

Lokales Wissen "global" zur Verfügung stellen

*Information aufga-
benbezogen zur Ver-
fügung stellen*

Der Informationsaustausch innerhalb des gesamten Quali-
tätsinfomationssystems sollte aufgabenbezogen durchgeführt werden. Informationen sollen nur dann bereichsüber-
greifend zur Verfügung gestellt werden, wenn diese zur
Durchführung einer Aufgabe notwendig sind. Die Informationen sind dazu den beteiligten Mitarbeitern in geeigneter
Form zur Verfügung zu stellen.

*Integration ist nicht
nur aus technischer
Sichtweise notwendig.*

Kooperationsunterstützung sollte unternehmensweit ermöglicht werden. Dabei ist es notwendig, nicht nur die
Vernetzung technischer Komponenten, wie z.B. Datenbestände über verschiedene Systeme zugreifbar zu machen,
sondern auch die bestehenden organisatorischen Abläufe zu
berücksichtigen. Dies beinhaltet auch die Anpassung an die
Arbeitsgewohnheiten der betroffenen Nutzer dieser Systeme.

*Integration unter
Berücksichtigung
vielfältiger Aspekte.*

Die angestrebte Interoperabilität der Systeme und das Ziel
der Kooperationsunterstützung erfordert die Berücksichtigung struktureller, kommunikativer und interaktiver
Aspekte, die im folgenden kurz erläutert werden [JJS93].

*Struktureller Aspekt:
Integration von Quali-
tätsdaten*

Ein gemeinsames Verständnis von Begriffen im Qualitätsmanagement ist sowohl aus technischer Sicht (produkt-
und prozeßorientiert) als auch aus organisatorischer Sicht
(ablauforientiert) von entscheidender Bedeutung. Um Fehler zu vermeiden, ist es vorteilhaft, die Informationsvielfalt
durch geeignete Strukturierung transparenter zu machen.
Durch die Möglichkeit der Informationseingabe und der
Wiedergewinnung aus unterschiedlichen Abteilungen über
ein vernetztes Informationssystem wird eine einheitliche
Sichtweise auf Datenbestände erreicht. Die Reduzierung
von Datenkopien innerhalb des Gesamtsystems setzt die
Fehleranfälligkeit durch die Vermeidung möglicher inkon-
sistenter Datenbestände herab.

*Kommunikativer
Aspekt: Beteiligte
Personen über
Systeme miteinander
verbinden*

Durch die Möglichkeit, Informationen in einem Unternehmen aufgabenbezogen zu verteilen und zugreifbar zu
machen, wird zwar die Redundanz der Daten verringert, der
Kommunikationsaufwand der Systeme untereinander steigt
jedoch an. Den Kommunikationsanforderungen der Systeme, wie z.B. Datenbanken und Anwendungsprogramme,
sowie den Anforderungen der Benutzer muß bei der Auswahl und Implementierung einer Gesamtarchitektur Rechnung getragen werden.

Der Qualitätsprozeß wird von jedem einzelnen Mitarbeiter mitgetragen, wird aber erst in der Gesamtheit aller Prozesse verwirklicht. Dies bedeutet, daß jeder Mitarbeiter gleichermaßen einen wichtigen Beitrag in seinem Team zur Erhaltung der Qualität erbringt. Dabei gilt es, ein gemeinsames Ziel durch aufgabenbezogenen Informationsaustausch und kooperatives Arbeiten zu verfolgen.

Interaktiver Aspekt: kooperatives Arbeiten in Teams

2.6 Verteilter Modellierungsprozeß für QM-Methoden

Die Integration der QM-Methoden setzt bereits bei der Entwicklung eines ganzheitlichen Qualitäts-Informationssystems voraus, daß ein Verständnis der Entwickler über die Methoden, die Arbeitsschritte sowie die für die Durchführung notwendigen Datenbestände vorhanden ist. Eine Methodenintegration kann erreicht werden, indem die einzelnen Methodeninseln durch Brücken verbunden werden.

Die Brücken werden gebildet durch die Identifizierung und Bereitstellung relevanter, gemeinsam genutzter Informationen, die in dem gesamten System verteilt vorliegen. Das Ineinandergreifen der Methoden wird durch die Festlegung übergeordneter Arbeitsabläufe dargestellt.

Methodeninseln durch Brücken verbinden

Ein Modell, in dem Arbeits- und Informationsflüsse repräsentiert sind, wurde in WibQuS als Grundlage des Integrationsprozesses erstellt. Dazu haben die Entwickler selbst in einem verteilten Modellierungsprozeß eine Begriffswelt erarbeitet, die nicht nur einzelne Methoden und ihre Komponenten beschreibt, sondern diese durch Beschreibung von Beziehungen unter den bezeichneten Objekten netzwerkartig zusammenfügt.

Modellierungsprozeß fügt Methoden zusammen

Das methodenübergreifende Modell (Bild 2.4) wurde ausgehend von den Informationen erstellt, die aus dem Produkt- und Qualitätslebenslauf gewonnen wurden. Die wesentlichen Vorteile, die durch die Identifizierung von Informationsobjekten bei den durchzuführenden Aufgaben erzielt wurden, sind im folgenden aufgeführt:

Modellierungsprozeß hilft "Integrieren"

- Die Eigenschaften von QM-Methoden können in abstrakter Darstellung formuliert und beschrieben werden.
- Die Vereinheitlichung von Begriffen, die in verschiedenen Unternehmensbereichen benutzt werden, verringert Verständigungsschwierigkeiten.
- Die Abstimmung über verwendete Begriffe und deren Interpretation erhöht die integrative Denkweise der Entwickler von QM-Methoden und vermeidet Mißverständnisse und Fehlinterpretationen von Zusammenhängen.
- Für die Einführung und Nutzung der Methoden werden einheitliche Begriffe zur Beschreibung von Informations- und Arbeitsflüssen verwendet.
- Die Einbettung des Methodenmodells in die verteilte Systemarchitektur kann als Nachschlagewerk zur Bestimmung von Informationsobjekten genutzt werden.

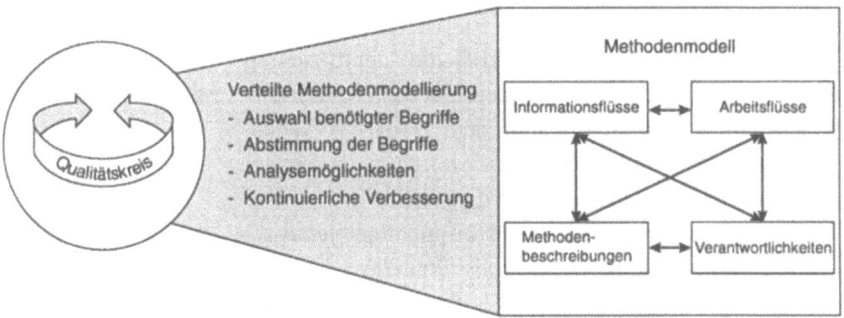

Bild 2.4: Basismodell für QM-Methoden

Gemeinsame Sprache zur Beschreibung von Methoden

Das Ziel eines methodenübergreifenden Modells zur Beschreibung von Informations- und Arbeitsflüssen, die die Methoden miteinander verbinden, wurde in einem verteilten Modellierungsprozeß verfolgt. Dazu war es sehr hilfreich, die Modellierung mithilfe einer Rechnerunterstützung durchzuführen. In einer Datenbank wurden die Beschreibungen der einzelnen Modelle gesammelt und dabei direkt integriert. Jeder Ingenieur hatte die Möglichkeit, seine Methode in einer einfachen vorgegebenen Sprache zu formulieren und in die Datenbank einzugeben. Durch die direkte

Verwendung von Begriffen, die zur Beschreibung mehrerer Methoden herangezogen werden, war es möglich, ein Netz von Begriffen zu erzeugen, das nicht nur begrifflich konsistent, sondern auch für das Verständnis des Ineinandergreifens der Methoden für die Ingenieure von großem Nutzen war.

Die gemeinsame Sprache, mithilfe derer die QM-Methoden definiert wurden, wurde als Basismodell fest vorgegeben. Die Begriffe, die in dem Modellierungsprozeß zu einem vernetzten Modell von Qualitätsbegriffen geführt haben, konnten von den beteiligten Ingenieuren bewertet und mit Kommentaren versehen werden. Mit Hilfe von automatisierten Anfragen konnten problematische Begriffe identifiziert und zur Diskussion gestellt werden. Eine detaillierte Beschreibung des Basismodells sowie der Vorgehensweise findet sich in Kapitel 4.2.

Modell als Abbild realer Informationen und Prozesse

Das Methodenmodell wurde weiterhin als eine Ausgangsbasis für die Entwicklung von Datenstrukturen, für die Herleitung von Austauschmechanismen und für die Umsetzung kooperativen Arbeitens im Gesamtsystem herangezogen.

Das Modell wird als eine methodenübergreifende Wissenskomponente in die Systemarchitektur miteingebunden. Die vielfältigen darin enthaltenen Informationen können nicht nur dazu genutzt werden, Strukturen und Vorgehensweisen für ein Gesamtsystem abzuleiten, sondern auch, um die Beschreibungen der Methoden und Prozesse dynamisch an reale Abläufe anzupassen.

Veränderungen werden im Modell berücksichtigt

Anfragen, die durch Betrachtung des Modells beantwortet werden, können z.B. sein: Welches System oder welche Methode ist für die Bearbeitung einer bestimmten Teilaufgabe zuständig? Welche Informationsobjekte werden dazu benötigt und erzeugt? Wo liegen Informationsobjekte und wer ist für die Wartung von Datenbeständen zuständig?

Modellanfragen zur Analyse bereitstellen

Zur Unterstützung kooperativen Arbeitens kann das Modell weiterhin um Statusinformationen realer Arbeitsprozesse angereichert werden. Damit sind Anfragen möglich wie: Wer arbeitet mit wem gemeinsam an einer Aufgabe? Welches System stellt die erforderlichen Informationen zur Bearbeitung einer Aufgabe zur Verfügung? Wen muß man zur Beantwortung einer bestimmten Frage ansprechen?

Modellgestütztes kooperatives Arbeiten

2.7   Vorgehensweise zur Entwicklung eines ganzheitlichen Qualitäts-Informationssystems

Informationen teilen

Der Wunsch, Informationen mit „Anderen" (Unternehmensbereichen) zu teilen, hat hohe Anforderungen an ein ganzheitliches Qualitäts-Informationssystem zur Folge. Informationen müssen dort abgelegt werden, wo sie entstehen und für eine weitere Verarbeitung zugreifbar bleiben. Das bedeutet vor allem, daß Datenbestände über verschiedene Unternehmensbereiche hinweg erzeugt und abgespeichert werden.

Technische Kopplung als Integrationsvoraussetzung

Der Zugriff auf Datenbestände soll von beliebigen Unternehmensbereichen aus durchgeführt werden können. Dies ist bei bereits bestehender Infrastruktur in einem Unternehmen eine große Herausforderung, da die technische Kopplung der Systeme in der Regel komplex und unter Umständen nur sehr kostspielig zu realisieren ist.

Verteiltes Wissen "zusammenführen"

Die Wiederverwertbarkeit der Daten erfordert Wissen darüber, in welchen Bereichen welche Daten anfallen. Dies beinhaltet Wissen über die Erzeugung, die Verantwortlichkeit für die Korrektheit der Daten (Wartung bei Updates, Löschen) und den Speicherort der Datenbestände. Unter Umständen liegen logisch zusammengehörige Daten in unterschiedlichen Datenstrukturen "verpackt" auf mehrere Orte verteilt vor. Um eine ganzheitliche Betrachtung zu ermöglichen, wird die Zusammenführung der Daten zu einem logischen Gesamtbild angestrebt [SZT93].

Transparenz des Wissens gewährleisten

Eine effiziente Suche nach Informationen bedeutet, daß Informationsflüsse transparent und bestehende Datenbestände für die Benutzer anschaulich gemacht werden. Bei dem Einsatz von elektronisch vorliegenden Datensätzen, die die bisherigen Papierdokumente ablösen, soll vermieden werden, daß sich der Benutzer mit verschiedenen Anfragesprachen unterschiedlicher Systeme auseinandersetzen muß. Um die verteilt abgespeicherten Informationen nutzbar zu machen, muß das System dem Benutzer geeignete Hilfsmittel anbieten.

Der Integrationsansatz, der in der Forschergruppe WibQuS verfolgt wird, berücksichtigt die gegebenen Anforderungen und vermeidet die beschriebenen Defizite bestehender Systeme durch:

- Festlegung einer geeigneten Architektur zur technischen Realisierung bei der Kopplung von Systemen untereinander.
- Analyse bestehender QM-Methoden in ihrem Einsatzbereich. Vernetzung der Methoden durch ein Modell, das auf einer gemeinsamen sprachlichen Basis zur Beschreibung von Informations- und Arbeitsflüssen aufsetzt.
- Bestimmung der erzeugten, bzw. genutzten Datenbestände innerhalb einer Methode. Hierbei werden gemeinsam genutzte Informationsbestände sowie deren Abbildung in technologisch zugreifbaren Datenstrukturen (Datenbankschemata) festgelegt.
- Identifizieren ineinandergreifender methoden-übergeordneter Arbeitsschritte zur Koordination von QM-Aktivitäten.

Eine homogene Systemwelt ist aufgrund der enormen damit verbundenen Kosten undenkbar und im Hinblick auf zukünftige technische Fortschritte auch nicht wünschenswert. Bei der technischen Integration muß daher besonders auf die Nutzung von bestehenden Standards und gemeinsamen, möglichst einheitlichen Systemkomponenten, geachtet werden.

WibQuS verfolgt einen ganzheitlichen Integrationsansatz

Für die Speicherung der Daten, die zum Austausch zwischen den Teilsystemen vorgesehen sind, wurden relationale Datenbanken und der Datenzugriff über SQL-Schnittstellen vereinbart.

Standards nutzen

Durch die Festlegung auf ein einheitliches Betriebssystem (z.B. UNIX) und die Ankopplung der Systeme über das Internet wird einerseits die Basis für eine Systemarchitektur gelegt, andererseits werden dadurch genug Freiräume für die Auswahl der Systemkomponenten offengelassen.

2.8   Basis für eine QM-Architektur

*Bestehende
Infrastruktur nutzen
bedeutet heterogenes
Gesamtsystem in Kauf
nehmen*

Die Bedingungen für eine technische Integration der vorhandenen Komponenten in einer abteilungsübergreifenden Systemarchitektur sind erschwert, da die Komponenten meist mit unterschiedlichen Zielsetzungen angeschafft worden sind. Ein bereichs- und methodenübergreifendes QM-System muß die bestehenden Komponenten in einer unter Umständen sehr stark heterogenen Architektur berücksichtigen.

Zentrale versus dezentrale Architektur

Bei der Auswahl einer geeigneten Systemarchitektur wurden die Vor- und Nachteile von zentralen und dezentralen Ansätzen gegenübergestellt.

*Wissen in verteilten
Datenbanken zugreifbar machen*

Bei einer zentralen Datenbank müssen Schnittstellen einer einzigen Datenbank zu allen anderen Systemen hergestellt werden, was bei dem Einsatz von unterschiedlichen Systemkomponenten schwierig ist. Die Zugriffsgeschwindigkeit und Ausfallsicherheit sowie die Autonomie der Systeme werden durch einen verteilten Datenbankansatz weitaus eher erreicht. Dies erfordert eine aufwendige Integration der Datenbestände durch ein geeignetes Datenverwaltungssystem. Es ist jedoch ein Problem, globales Wissen verfügbar zu machen, da der Zugriff auf Datenbestände in einer verteilten Datenbank mit heterogenen Komponenten in der Regel nur mit großem Aufwand und hohen Kosten erreicht werden kann.

Arbeitsabläufe steuern und nachvollziehbar machen

Eine zentrale Architektur eignet sich gut zur Speicherung und Verfügbarmachung von globalen Datenbeständen sowie zur Koordination von Arbeitsabläufen. Nicht nur Produktdaten sondern auch Daten zur Beschreibung von Arbeitsabläufen können in einem Dokument abgelegt werden, nachvollziehbar gemacht und gesteuert werden. Bei einem dezentralen Ansatz hingegen erfordert die Überwachung und Steuerung von Arbeitsabläufen Abstimmungsprozesse von allen Systemen untereinander. Die Koordination von Handlungsabläufen ist allerdings mit hohen technischen Anforderungen verknüpft.

*Föderativer Ansatz in
WibQuS*

Der in WibQuS verfolgte föderative Ansatz ist eine Mischform zwischen zentraler und dezentraler Architektur. Dabei wurde ein zusätzliches System in die Architektur mit einbezogen, das eine Komponente zur Verbindung aller

Datenbanken in der Systemumgebung enthält. Es erhält die
Aufgabe, die Systeme untereinander zu koordinieren und
die Datenbanken miteinander zu verbinden.

Aufgrund der vielfältigen Dienste, die das integrierende
System erbringt, wurde hierfür in WibQuS die Bezeichnung
„Quality Trader" eingeführt. Der „Quality Trader" fungiert
als Vermittler zwischen den technischen Systemen, koordiniert Handlungsabläufe und sorgt für die Realisierung der
Kommunikation innerhalb der heterogenen Systemarchitektur (Bild 2.5).

Integration durch
Vermittlungssystem

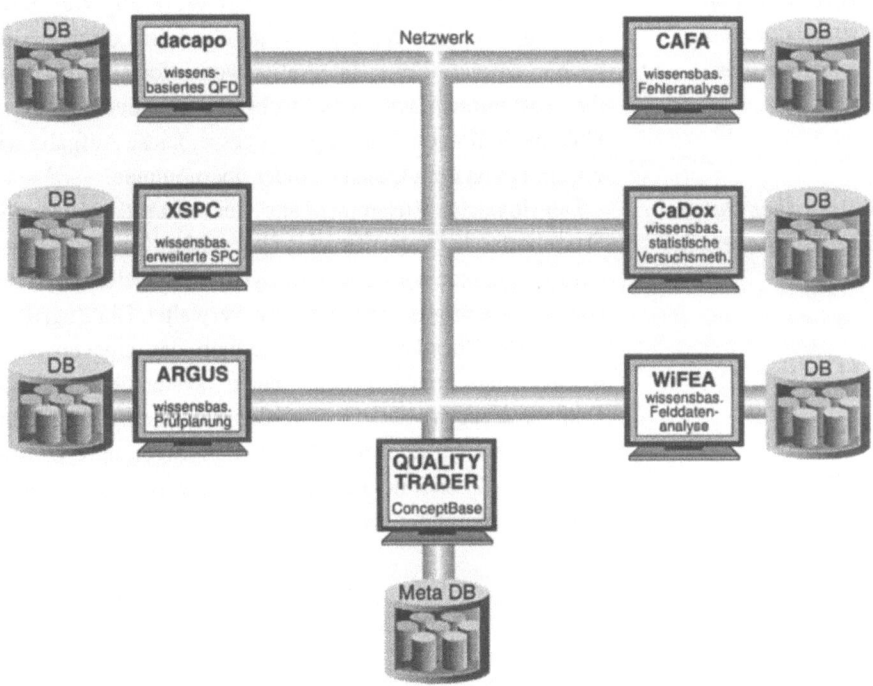

Bild 2.5: Offene WibQuS-Architektur

Dazu muß der Quality Trader einige Fähigkeiten besitzen,
die es ihm erlauben, sowohl Datenbestände bereichs-
übergreifend zur Verfügung zu stellen, als auch Arbeitsabläufe protokollieren und steuern zu können. Die Kommunikation zwischen den Systemen wird über die technische
Kopplung der Datenbanken realisiert.

Vermittlungssystem

Architektur mit
"Dolmetscher"

Da die Kommunikation zwischen den Systemen mit Hilfe der verwendeten Datenbanken durchgeführt wird, muß sichergestellt werden, daß die Daten vom Quality Trader aus jeder benutzten Datenbank gelesen werden können, der Adressat ermittelt wird und die Daten automatisch weitergeleitet werden. Bezüglich der Datenbanken und der verwendeten SQL-Dialekte besitzt der Quality Trader eine Dolmetscherfunktion. Die technische Kopplung der Datenbanken wird dabei durch eine Systemkomponente realisiert, die die Kommunikation über das Internet zu den Datenbanken ermöglicht (Omni-SQL-Gateway).

Abstimmung und
Koordination von
Arbeitsschritten

Jedes System, das in WibQuS als Werkzeug zur Durchführung einer QM-Methode eingesetzt wird, operiert weitgehend autonom. Eine Integration von Informationen sowie die Abstimmung von Arbeitsschritten erfordert jedoch die Dokumentation der einzelnen Prozesse. Diese Aufgabe wird ebenfalls von dem Quality Trader übernommen.

Wissen über Daten-
bestände einbeziehen

Der logische Zusammenhang der verteilt vorliegenden Datenbestände kann hergestellt werden, indem Wissen darüber genutzt wird, welches System für welche Datenbestände zuständig ist und wer diese verwaltet. Ein Zugriff auf lokale Datenbestände kann innerhalb der eigenen Systemumgebung erfolgen. Für einen systemübergreifenden Datenbankzugriff hingegen werden die Dienste des Quality Traders genutzt, der eine Datenbankanfrage, unter Umständen durch Zusammenführung verteilt vorliegender Datenbestände, bearbeiten kann.

3 WibQuS - wissensbasierte Methodenunterstützung

3.1 Qualitätsplanung mit dacapo

Walter Eversheim, Markus Müller, Ute Schütt, Michael Wengler, Fraunhofer-Institut für Produktionstechnologie IPT, Abteilung Planung und Organisation, Steinbachstraße 17, 52064 Aachen

3.1.1 Die Quality Function Deployment (QFD) - Methode

Ziel bei der Anwendung der Quality Function Deployment (QFD)-Methode ist die konsequente Berücksichtigung der direkt vom Kunden geäußerten Anforderungen in der gesamten Produktionsplanung und Produktentwicklung. Die QFD-Methode wurde im Jahr 1966 von AKAO vorgeschlagen und im Jahr 1972 erstmals veröffentlicht. Das in dem QFD-Begriff enthaltende Wort "Deployment" kann mit "Entfaltung" übersetzt werden und bedeutet die Entfaltung der qualitätsbezogenen Funktionstauglichkeit des Produkts [AKA92].

QFD ist eine Methode zur kundenorientierten Produktentwicklung

Der inzwischen bekannteste Ansatz mit insgesamt 4 QFD-Phasen wird vom American Supplier Institute (ASI) propagiert. Ausgehend von den in der 1. Phase ermittelten und gewichteten Qualitätsmerkmalen des Gesamtprodukts erfolgt in der 2. Phase eine Übersetzung dieser Produktmerk-

Für die QFD-Methode existieren verschiedene Ansätze

Die QFD-Methode wurde modifiziert und erweitert

Durch die Methode wird eine produkt- und prozeßorientierte Planung unterstützt

Zu Beginn werden die Kundenan- forderungen und Funktionen analysiert

male in die Qualitätsmerkmale der Baugruppen und Einzel- teile. Im Rahmen der 3. Phase werden die zur Erfüllung die- ser Merkmale wichtigen Prozeßstufen und -parameter ermit- telt. In der abschließenden 4. Phase erfolgt sodann eine vor- bereitende Prüfplanung. Neben dieser sehr verbreiteten Vorgehensweise existieren noch einige Varianten der QFD- Methode. Von KING wird ein auf den Arbeiten von AKAO aufbauender Ansatz vorgestellt, der viele Faktoren der Pro- dukt- und Prozeßplanung in einem komplexen Gesamtsy- stem, bestehend aus insgesamt 30 Matrizen zur Lösungsfin- dung, integriert [KIN94].

Der klassische Methodenablauf weist als Schwachstellen insbesondere die fehlende Möglichkeit auf, Anforderungen auch direkt an Baugruppen und Einzelteile stellen zu kön- nen, sowie die streng an der Gestaltstruktur des Produktes orientierte Vorgehensweise [HAR94]. Um den Aufwand bei der Anwendung der QFD-Methode zu verringern und die Durchführung besser in den konstruktiven Prozeß zu inte- grieren, wurde diese in mehreren Bereichen modifiziert.

Der erweiterte QFD-Ablauf untergliedert sich in zwei Ab- schnitte. Der erste Teil dient zur genauen Bestimmung der Anforderungen an die Einzelteile des Produktes und gestat- tet die Berücksichtigung von Kundenanforderungen sowohl in Bezug auf Produktfunktionen als auch auf die Produkt- struktur (Komponenten). Der zweite, prozeßorientierte Teil dient zur Planung der Fertigung und Montage. Bild 3.1.1 gibt einen Überblick über den Ablauf der modifizierten Gesamtmethode.

In Schritt 1 der Methode werden die erfaßten Kundenan- forderungen den Funktionen des zu betrachtenden Produk- tes oder Bauteiles (allgemein: Produktstrukturelement, abgekürzt PSE) in gewichteter Form zugeordnet. Die spezi- fizierten Funktionen müssen anschließend in Schritt 2 wei- ter analysiert und detailliert werden, so daß anhand dieser Struktur von Unterfunktionen alternative Lösungskonzepte erarbeitet werden können.

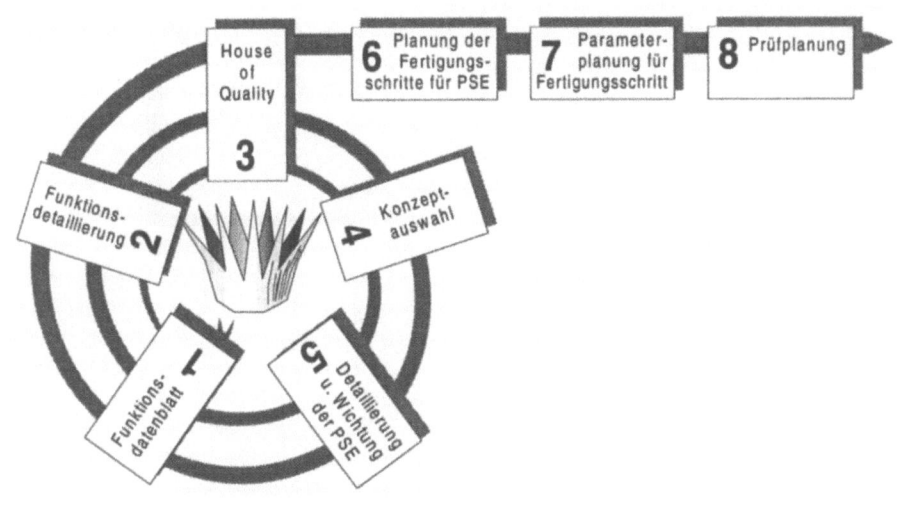

Bild 3.1.1: Der Ablauf der modifizierten QFD-Methode

Im 3. Schritt der Methode (Bild 3.1.2) werden dann mit einer unter dem Begriff „Qualitätshaus" bekannt gewordenen Tabellenstruktur (House of Quality) die Qualitätsmerkmale des betrachteten Produktstrukturelements abgeleitet, gewichtet und hinsichtlich ihrer Korrelationen und Zielwerte analysiert. Ein wesentlicher Unterschied bei der modifizierten Methode besteht darin, daß Kundenanforderungen nicht ausschließlich bezüglich eines Bauteils formuliert werden. Vielmehr wird der für das Produktstrukturelement relevante Ausschnitt aus einer Anforderungsstruktur betrachtet. Damit wird das Produkt schon in der Planungsphase QM-Methoden konzipiert und Engpässe können frühzeitig lokalisiert werden. Zusätzlich ist es möglich, das geplante Produktprofil einem Wettbewerbsvergleich zu unterziehen.

Die Kundenanforderungen müssen in Qualitätsmerkmale übersetzt werden

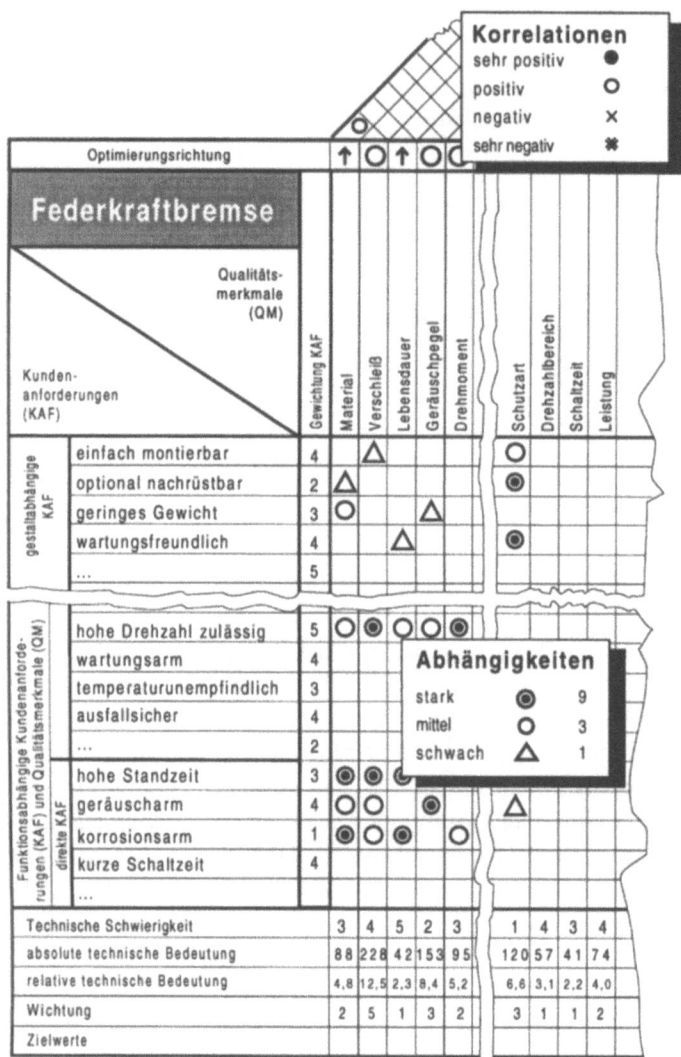

Bild 3.1.2: Das modifizierte "House Auf Quality"

Nach der Konzept-
auswahl werden die
wichtigen Funktions-
einheiten bestimmt

Mit diesen detaillierten Zielvorgaben müssen nun Lösungskonzepte erarbeitet werden. In Schritt 4 der Methode wird
mit Hilfe der erarbeiteten und gewichteten Qualitätsmerkmale eine Bewertung der Alternativen aus Kundensicht
vorgenommen. Nach der Entscheidung für ein Konzept zur
Gestaltung des Produktstrukturelements kann nun eine Be-

trachtung der Unterbaugruppen bzw. Einzelteile stattfinden. Im 5. Methodenschritt werden zunächst die Unterfunktionen des Produktstrukturelements über eine Zuordnung der Qualitätsmerkmale gewichtet. Über die Zusammenhänge zwischen den Unterfunktionen und den Unterbaugruppen kann dann auch eine Gewichtung der Produktstrukturelemente stattfinden. Die weitere Planung sollte sich nun auf die hier als besonders wichtig identifizierten Produktstrukturelemente konzentrieren.

Sofern es sich nicht schon um Einzelteile handelt, kann nun für diese neuen Produktstrukturelemente eine weitere Detaillierungsrunde mit der Erstellung von neuen Funktionsdatenblättern eröffnet werden. Dieser Vorgang wird iterativ wiederholt, bis ein für den Anwendungsfall ausreichendes Detaillierungsniveau erreicht ist. Für die Einzelteile werden abschließend die Qualitätsmerkmale des zu erarbeitenden "House of Quality" zu einem Pflichtenheft zusammengefaßt, das sich für die daran anschließende prozeßorientierte Produktplanung nutzen läßt.

Die weitere Qualitätsplanung konzentriert sich auf die Baugruppen und Einzelteile

Schritt 6 der Methode stellt dabei den Qualitätsmerkmalen des zu produzierenden Einzelteiles die einzelnen Prozeßstufen gegenüber. Kritische Prozeßstufen können so identifiziert werden. Im 7. Schritt (Bild 3.1.3) werden für eine solche Prozeßstufe die einzelnen Prozeßparameter hinsichtlich ihrer Bedeutung für die Qualitätsmerkmale und damit der Kundenzufriedenheit untersucht. Auf diese Weise dringt die Stimme des Kunden bis in die Fertigung vor.

Für wichtige Einzelteile muß eine Prozeßplanung erfolgen

Zur Vorbereitung der Prüfplanung müssen nun im 8. Schritt noch den wichtigen Produkt- bzw. Prozeßmerkmalen geeignete Prüfmaßnahmen zugeordnet werden.

Abschließend können Prüfmaßnahmen bestimmt werden

Das Ziel bei einer Anwendung der QFD-Methode ist weniger eine Problemlösung, als vielmehr eine Problembeschreibung. Der Nutzen einer Anwendung besteht im Zwang zur systematischen und interdisziplinären Zusammenarbeit im Team. Schon frühzeitig werden die Eigenschaften des Produktes geplant und mögliche Probleme in der Konstruktion und Fertigung sichtbar. Eine Lösung dieser Entwicklungsengpässe benötigt jedoch weiterhin das gesamte Erfahrungswissen und die Kreativität der Mitarbeiter. QFD kann damit als ein wichtiges Instrument auf dem Weg zum "Simultaneous Engineering" [EVE95] angesehen werden.

Das Ergebnis der Methodenanwendung ist eine Problembeschreibung

Drehen des Magnetgehäuses / QM — Prozeßschritte	Gewichtung	Prozeßparameter für Drehen								
		Drehzahl	Vorschub	Kühlmittel	Schnittaufteilung	Werkzeugverschleiß	Werkzeugmaterial	Werkzeuggeometrie	Spannvorrichtung 1	Spannvorrichtung 2
Zusammenstellung	2	◉	△	◉	△	△	△	△	△	△
Gefüge	4				△	○				
Härtestellen	5	○	△	△	○	○				
Sandrückstände	4	○	△	△	○	○				
Gratfreiheit	2	◉	△	◉						
...										
abs. Bedeutung		63	13	45	29	33	39	105	47	36
rel. Bedeutung (%)		15	3	10	7	8	10	25	11	8
Wichtung		3	1	2	2	2	2	5	2	2
Zielwerte										

Wie stark wirkt sich eine Schwankung des Prozeßparameters auf das QM aus?

Bild 3.1.3: Das "House of Quality" des 7. Schrittes

3.1.2 Die Zielsetzung des wissensbasierten QFD-Systems

Die Vor- und Nachbereitung der Teamsitzung muß erleichtert werden

Eine wissensbasierte Unterstützung der Methodenanwendung muß sich wegen der starken Betonung der interdisziplinären Teamarbeit hauptsächlich auf die Vor- und Nachbereitung der Teamsitzungen konzentrieren (Bild 3.1.4). Die eigentliche kreative Arbeit, also die Erarbeitung von Qualitätsmerkmalen und Lösungskonzepten muß den jeweils beteiligten Mitarbeitern überlassen bleiben.

Im Verlauf mehrfacher Methodenanwendungen werden zunehmend Erfahrungen bezüglich Methode, Produkt und Prozeß gesammelt und mittels dacapo dokumentiert. Hierdurch entsteht eine Wissensbasis, durch die das Erfahrungswissen der Methodenanwender gespeichert wird. Diese Form der Dokumentation des Erfahrungswissen ermöglicht es, bei einer wiederholten QFD-Anwendung auf die Ergebnisse bereits abgeschlossener Projekte zurückzugreifen.

Die Recherche nach bereits vorliegenden Informationen ist sinnvoll

Bild 3.1.4: Zielsetzung des wissensbasierten QFD

Dennoch ist diese Möglichkeiten nur im Sinne einer Handlungsanleitung für die beteiligten Mitarbeiter zu verstehen, da bei einer streng aus dem Erfahrungswissen gespeisten Methodenanwendung keine innovativen Produktentwicklungen zu erwarten sind. Die Recherche nach bereits erarbeitetem Wissen darf also während der Vorbereitungsphase einer Sitzung nur Vorschlagscharakter haben. Die Nachbereitung der Sitzungsunterlagen muß neben einer benutzer-

Ein Wissensaustausch muß möglich sein.

Die Wissensbasis besteht aus Fakten- und Regelwissen

Das Faktenwissen vereinfacht die Methodenanwendung

Das Regelwissen gewährleistet die korrekte Methodenanwendung

Das produkt- und prozeßbezogene Faktenwissen ist unternehmensspezifisch

freundlichen Ergebniseingabe vor allem eine wissensbasierte Plausibilitätsüberprüfung gewährleisten.

Zusätzlich muß während der Vor- und Nachbereitung der Teamsitzungen ein rechnerunterstützter Informationsaustausch mit anderen Funktionsbereichen des Unternehmens möglich sein. Ein teilweise automatisierter Ablauf dieser Kommunikation ist durch die realisierte Kopplung der wissensbasierten Systeme über den Quality Trader gewährleistet. Hierzu werden Anfragen generiert und bearbeitet, durch die Informationen von anderen Systemen gewonnen bzw. an andere Systeme übermittelt werden können.

Aus diesen Anforderungen leitet sich nun die erforderliche Struktur der Wissensbasis ab. Grundsätzlich ist zwischen Faktenwissen, das sämtliche deklarativen Daten umfaßt, und Regelwissen, das dem wissensbasierten System einen aktiven Eingriff in die Wissensbasis erlaubt, zu unterscheiden. Zusätzlich muß im Zusammenhang mit der Methodenanwendung noch zwischen Methoden- sowie Produkt- und Prozeßwissen unterschieden werden.

Sämtliche Formulare, graphische Darstellungsmethoden und Informationszusammenhänge innerhalb des Formularsystems zählen zum methodenbezogenen Faktenwissen. Dies soll insbesondere dem ungeübten Anwender den Einsatz der Methode erleichtern.

Durch das Regelwissen wird die Methode anwendbar sowie die Plausibilitäts- und Vollständigkeitsüberprüfungen erleichtert. Beim Erstellen des "House of Quality" gilt es, bestimmte Regeln einzuhalten, durch die eine schlüssige Umsetzung von relevanten Kundenanforderungen in alle notwendigen Qualitätsmerkmale gewährleistet ist. Die notwendigen Kenntnisse für eine Methodenanwendung sollen durch das Regelwissen auf ein Minimum beschränkt werden.

Unter dem unternehmensspezifischen Faktenwissen werden alle Produktdaten (Funktions- und Gestaltstruktur, Datenblätter, Kundenanforderungen, Qualitätsmerkmale, Zusammenhänge, Korrelationen und Zielwerte) sowie Prozeßdaten (Prozeßketten, Prozeßparameter, Prüfmaßnahmen und Zusammenhänge) zusammengefaßt.

3.1.3 Das Konzept und die Realisierung von "dacapo"

Der Titel "dacapo" für die wissensbasierte QFD-Unterstützung entstammt der musikalischen Notensprache und bedeutet "Wiederholung von vorne". Damit soll der iterative Charakter der beschriebenen QFD-Methode mit einer stufenweise wiederholten Detaillierung der Ergebnisse vom Gesamtprodukt über Baugruppen bis auf Einzelteilebene verdeutlicht werden.

"dacapo" ist ein wissensbasiertes QFD-System

Das Systemkonzept basiert auf der iterativen Erarbeitung des Produktes und der Schritte des Herstellungsprozesses durch den Benutzer. Dabei kann der Benutzer die Vorgehensweise entlang der Produktstruktur selbst bestimmen. Durch eine objektorientierte Datenstruktur wurde diese Möglichkeit realisiert. Die einzelnen Elemente der Bedienungsoberfläche sind modular aufgebaut und funktional eigenständig, so daß sich eine vom Benutzer kontrollierte, im Rahmen der Methode beliebige Bearbeitung ergibt. Die Bedienungsoberfläche stellt gleichzeitig ein Bearbeitungswerkzeug für die im System integrierte Datenbank dar.

Die Vorgehensweise bestimmt der Anwender

Die graphische Oberfläche des Programmsystems erleichtert die interaktive Vor- und Nachbereitung der Teamsitzungen. Dabei wurde auch die Recherche und Übernahme von bereits vorliegenden Informationen, die Erstellung der QFD-Dokumente zur Sitzungsvor- und -nachbereitung sowie die Übergabe der erstellten QFD-Informationen an die Zentraldatenbank berücksichtigt (Bild 3.1.5).

Die Benutzeroberfläche dient der iterativen Methodenanwendung

In der relationalen Datenbank werden die erarbeiteten Informationen über die Produkte und Prozesse abgespeichert, so daß mit zunehmender Anzahl an QFD-Projekten das Erfahrungswissen anwächst. Zusätzlich wird über die Datenbank der Austausch von Informationen über die Produkte und Prozesse mit den anderen Teilsystemen abgewickelt.

Die Informationen werden in einer relationalen Datenbank gespeichert

Für den Benutzer nicht bemerkbar erfolgt die regelbasierte Überprüfung der QFD-Matrizen und die Generierung von Vorschlägen für die weitere Vorgehensweise durch das Expertensystem. Hierzu werden die bereits vorhandenen QFD-Informationen an definierten Programmpunkten an das Expertensystem übergeben und dort regelbasiert bezüglich der Plausibilität und Vollständigkeit überprüft. Eine wichtige Aufgabe stellt die Benutzerführung durch die verschiedenen Teilschritte einer Methodenanwendung dar. Dem Anwender

Das Expertensystem überprüft die Ergebnisse und schlägt die weitere Vorgehensweise vor

wird dabei der Gesamtüberblick durch das Expertensystem mittels Vorschlägen für die weitere Vorgehensweise erleichtert.

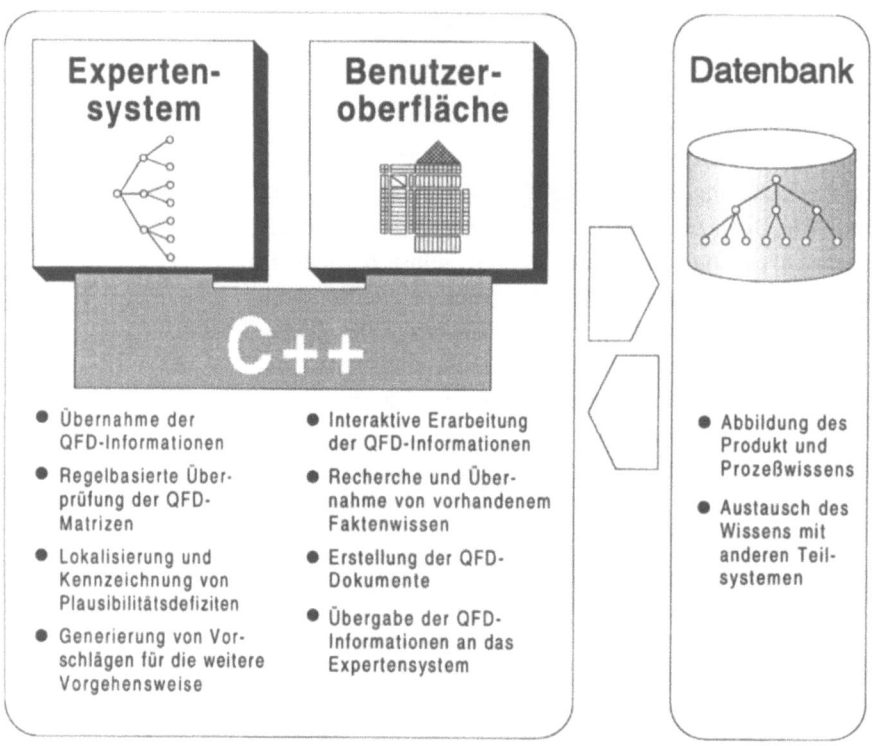

Bild 3.1.5: Das Systemkonzept für „dacapo"

3.1.4 Nutzung von "dacapo"

Die Bearbeitungsfenster können flexibel ausgewählt werden

Die Möglichkeiten bei der Gestaltung der graphischen Oberfläche gestatten es, den in Bild 3.1.1 vorgestellten schematisierten Gesamtablauf als Übersicht auf den Bildschirm zu bringen, wobei die einzelnen Teilschritte mit Funktionsfeldern (Buttons) hinterlegt sind und mit der Maus angeklickt werden können. Auf diesen Befehl hin erscheint das für den angewählten Methodenschritt vorgesehene Bearbeitungsfenster. Die Schritte 1 bis 5 können dabei iterativ in immer tieferen Schichten der Produkt- und Funktionsstruktur durchlaufen werden. Dies wird durch die kreiselförmige Anordnung symbolisiert.

Bild 3.1.6 zeigt das Fenster zur interaktiven Erstellung der Funktionsdatenblätter. Verschiedene Elemente dieses Fensters werden in ähnlicher Form auch in anderen Fenstern verwendet.

Zwischen den Fenstern kann einfach über mehrere Ebenen navigiert werden

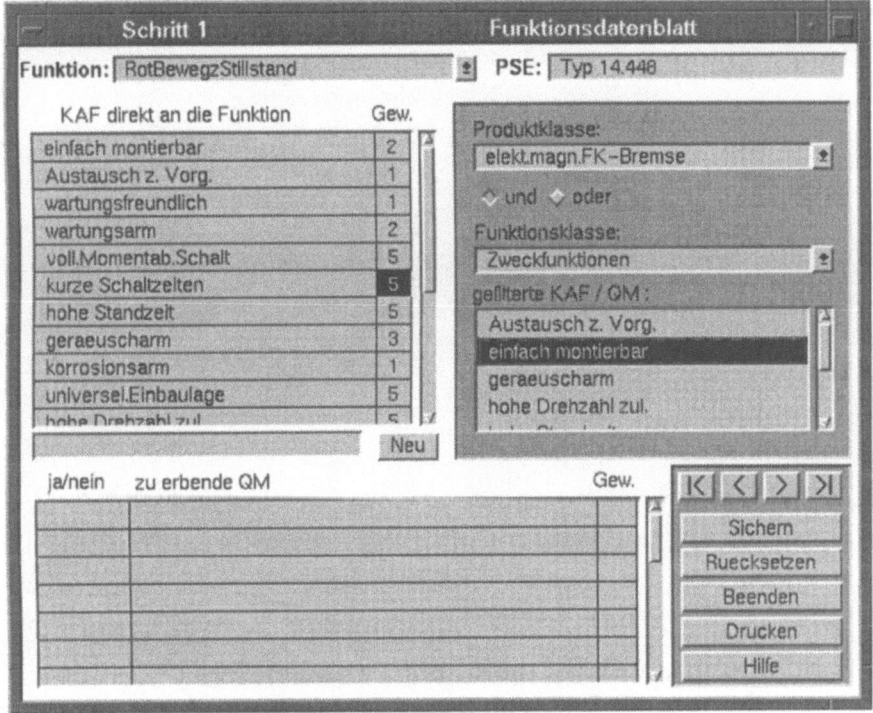

Bild 3.1.6: Das Fenster für den 1. Methodenschritt

Rechts unten befindet sich der Standardblock mit Funktionen zum individuellen Bewegen innerhalb des Methodenablaufs, so z.B. "ein Schritt zurück", "vorheriges", "nächstes", "ein Schritt vor". Die Recherche nach bereits vorhandenen Kundenanforderungen und ihrer Gewichtungen kann durch Filter erleichtert und beschleunigt werden. Durch den objektorientierten Ansatz ist es möglich, Eigenschaften von übergeordneten Klassen den zugeordneten Objekten zu vererben.

Die Funktionsdetaillierung (Bild 3.1.7) in Schritt 2 dient der Dekomposition einer ausgewählten Funktion. Als Hilfestellung zur Entwicklung von Funktionen werden Ausgangs- und Endzustände angegeben, die als Ketten- oder Parallelstruktur auftreten. Der Funktionsanzeiger (Browser) kann als Hilfsmittel zur Recherche eingesetzt werden.

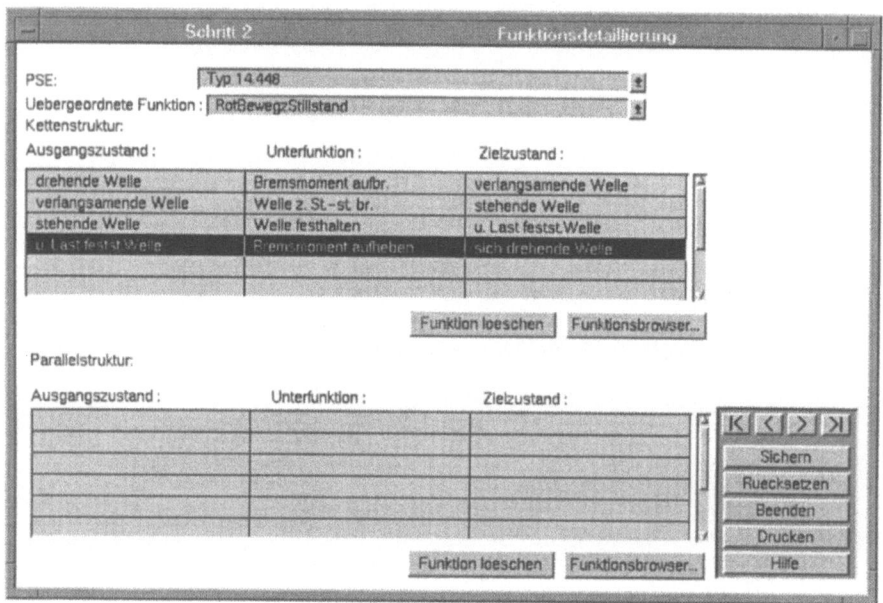

Bild 3.1.7: Das Fenster für den 2. Methodenschritt

Die Ergebnisse des "House of Qualitiy" werden in Unterfenstern erarbeitet

Das "House of Quality" (Bild 3.1.8) wird abstrahiert durch Auswahlfelder dargestellt. Die Darstellung dient als Übersicht, um die einzelnen Matrizen und Tabellen auszuwählen und zu bearbeiten. Die Ergebnisse werden sofort in die Datenbank eingetragen und nach dem "Sichern" durch das Expertensystem ausgewertet. Die nicht plausiblen Bereiche erscheinen daraufhin markiert und sind wiederholt zu bearbeiten.

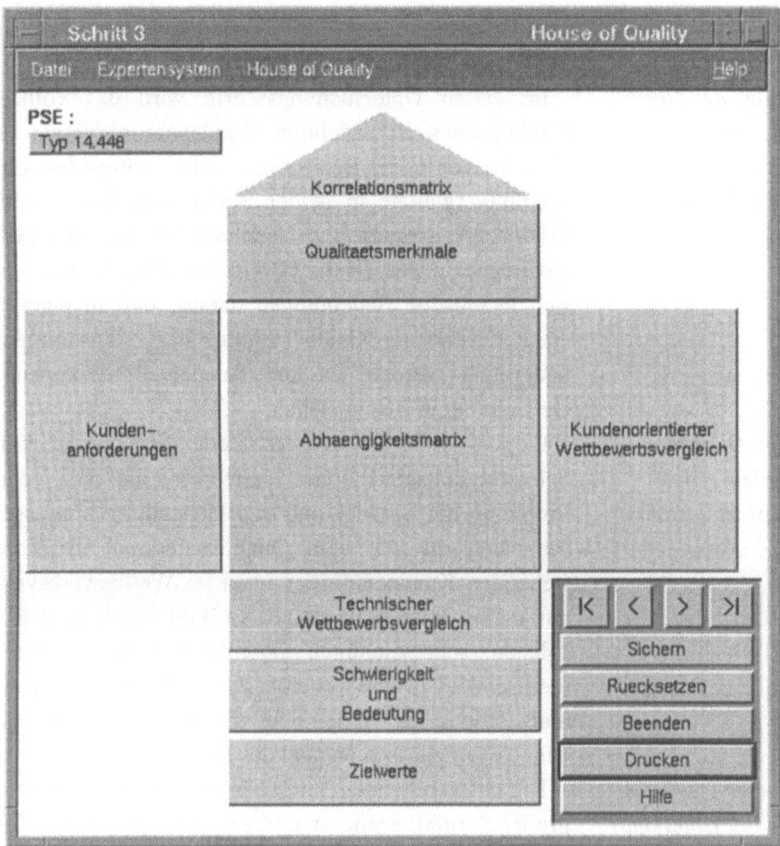

Bild 3.1.8: Das Fenster für den 3. Methodenschritt

Von besonderer Bedeutung ist die Unterstützung bei der Festlegung der weiteren Vorgehensweise, welche exemplarisch für das realisierte Expertensystem erläutert werden soll. Hierzu wurde ein Modul „Engpaß-Entwicklung" (Bottleneck Engineering) konzipiert, welches Untersuchungskriterien beinhaltet, mit deren Hilfe Qualitätsmerkmale zu bestimmen sind, die weitere Entwicklungs- und Analysearbeit in folgenden Schritten benötigen. Darüber hinaus werden Fehler in der Beziehungsanalyse oder ein ungeeignetes technisches Grundkonzept aufgedeckt. Qualitätsmerkmale, die in nachfolgende QFD-Phasen übernommen werden, haben höchste technische Bedeutung. Eine

Das wissensbasierte System erstellt Vorschläge für die weitere Vorgehensweise

gute Erfüllung dieser Qualitätsmerkmale hat entscheidende Bedeutung für den Erfolg des Produkts am Markt.

Grundlage der Unter-suchung ist das voll-ständig ausgefüllte „Qualitätshaus"

Im ersten Untersuchungsschritt wird das vollständige Qualitätshaus auf wichtige Kundenanforderungen, starke Beziehungen in der Beziehungsmatrix, mäßige bis schlechte Produktvergleiche in beiden Kategorien, hohe technische Schwierigkeitsgrade und stark positive oder negative Beziehungen in der Dachmatrix untersucht. Hierbei ergeben sich technische Bedeutungen daraus, daß in einer Spalte eines Qualitätsmerkmals mehrere starke Zusammenhänge festgestellt werden, die mit Kundenanforderungen hoher Gewichtung in Bezug stehen.

Wichtige Qualitäts-merkmale werden regelbasiert bestimmt

Liegen weiterhin in der Zeile für den technischen Schwierigkeitsgrad hohe Werte vor, die auf technische Probleme bei Entwicklung und Herstellung hinweisen und schneiden die mit dem Qualitätsmerkmal in Beziehung stehenden Kundenanforderungen im Wettbewerbsvergleich nur mäßig oder schlecht ab, so wird deutlich, daß einem solchen, sehr wichtigen Qualitätsmerkmal, höchste Aufmerksamkeit in der weiteren Entwicklung gegeben werden muß. Bild 3.1.9 verdeutlicht die betrachteten Zusammenhänge exemplarisch anhand des House of Quality.

Beziehungen zwischen den Qualitätsmerkma-len werden berück-sichtigt

Die entsprechenden Vorgaben oder Zielwerte müssen mit großer Sorgfalt ermittelt werden, da hiervon der Erfolg des Produktes am Markt abhängen kann. Für die weitere Vorgehensweise müssen auch jene Qualitätsmerkmale in die folgenden Planungsphasen übernommen werden, die mit dem kritischen Qualitätsmerkmal in starkem negativen oder positiven Bezug stehen. Dies wird schnell deutlich, wenn die entsprechenden Felder in der Dachmatrix genauer analysiert werden. Wird das kritische Qualitätsmerkmal verändert, ändern sich auch die verknüpften Merkmale. In den folgenden Untersuchungsschritten wird daher die Dachmatrix näher überprüft. In dieser werden die technischen Merkmale untereinander in Beziehung gesetzt. Für das Bottleneck Engineering müssen vor allem die negativen bzw. die stark negativen Beziehungen betrachtet werden, da hier Konflikte in der jeweiligen Optimierungsrichtung vorliegen.

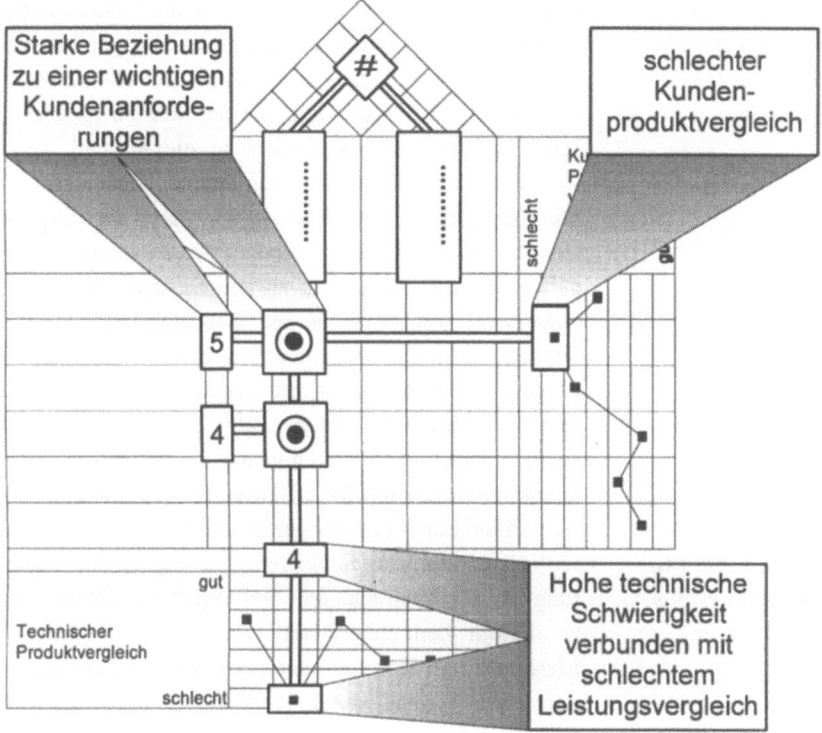

Bild 3.1.9: Bestimmung von Engpässen

Besitzen beide Qualitätsmerkmale eine hohe Gewichtung, so muß ein solcher Konflikt unter Umständen durch Änderungen des Konzeptes beseitigt werden. Dies führt in diesem Fall zu neuen technischen Lösungen. Ist dies nicht möglich und muß ein Kompromiß gefunden werden, welcher zu Gunsten der Designanforderung mit der höheren technischen Bedeutung gestaltet werden sollte. Weiterhin ist darauf hinzuweisen, daß eine Dachmatrix ohne negative Beziehungen nicht auf ein perfekt entwickeltes Produkt hinweist. Hier wurden augenscheinlich Fehler in der Analyse der Beziehungen gemacht, da ein Produkt immer ein Kompromiß mehrerer Eigenschaften und Merkmale ist, die sich auch negativ beeinflussen.

Zielkonflikte zwischen den Qualitätsmerkmale müssen gelöst werden

Durch die Regeln erfolgt eine gezielte Analyse der QFD-Ergebnisse

Liegt im Gegensatz hierzu jedoch eine Dachmatrix mit überproportional vielen negativen Beziehungen vor, kann es sich hier um ein ungeeignetes technisches Konzept handeln, da nur wenige Kundenwünsche auf Kosten anderer Wünsche realisiert werden können. In diesem Fall wird eine Revision der technischen Grundüberlegungen erforderlich. Die dargestellten Analysen werden durch das Expertensystem auf Basis der eingegebenen Daten durchgeführt. Ergebnis ist eine Mitteilung an den Systembediener in welchen Bereichen Potentiale oder Schwachstellen identifiziert wurden, verbunden mit einem Vorschlag zur weiteren Bearbeitung. Weiterhin realisierte Regeln umfassen unter anderem Prüfungen auf Füllungsgrad, leere Zeilen oder Spalten, sowie ausführliche Plausibilitätstests anhand von Daten aus kundenorientiertem oder technischem Vergleich.

Die Erarbeitung der Funktions- und Produktstruktur erfolgt durch Anzeiger

Die Funktions- und Produktstrukuranzeiger haben mehrere Verwendungsmöglichkeiten. Sie dienen zur Visualisierung der gesamten Klassen- und Objekte-Strukturen, die bis zu diesem Zeitpunkt erstellt wurden, einschließlich ihrer Merkmale und Korrelationen zueinander. Im Anzeiger können ganze Teilbäume oder einzelne Objekte verschiedener QFD-Dokumente übersichtlich gesucht, verglichen, verschoben oder kopiert werden. Zur Beschleunigung der Methodenanwendung besteht die Möglichkeit, bereits feststehende Produktstrukturen direkt einzugeben.

3.1.5 Schnittstellen zu anderen Systemen

Informationsaustausch zwischen den Systemen ist sinnvoll. Kundenanforderungen können im Feld gesammelt werden

Ein wichtiger Nutzen der wissensbasierten Systemintegration besteht im Austausch von Informationen. Erst dadurch ergeben sich Synergieeffekte bei deren Anwendung.

Die Grundlage einer jeden QFD-Anwendung stellen die Kundenanforderungen dar. Innerhalb des WibQuS-Projektes erfüllen die Felddatenerfassung und -aufbereitung, sowie ihre Rückführung in die anderen Teilsysteme (Feedbacksystem) die Funktion einer Schnittstelle zum Service und damit zum Kunden. Es besteht die Möglichkeit, in der dort geführten Datenbank Recherchen anzustellen oder sogar Kundenumfragen in Auftrag zu geben.

Die während der QFD-Sitzungen erarbeiteten Zusammenhänge und Korrelationen zwischen Kundenanforderungen, Qualitätsmerkmalen und Prozeßparametern können auch aus dem vom Kausalprozessor, der statistischen Prozeßregelung und der Fehleranalyse gesammelten Wissen abgeleitet werden. Umgekehrt ist ebenfalls eine Rückkopplung denkbar, um das gesammelte Erfahrungswissen des QFD-Teams diesen Teilsystemen verfügbar zu machen.

Weitere Schnittstellen bestehen zum Kausalprozessor, zur XSPC und zur Fehleranalyse

Zur gezielten Ermittlung von Beziehungen zwischen Anforderungen oder Qualitätsmerkmalen sowie zur optimierten Einstellung der Zielwerte von Produkt- und Prozeßmerkmalen kann die Statistische Versuchsmethodik für eingehendere Untersuchungen genutzt werden. Diese Feinplanung des Produktes und der Prozesse sollte am Ende einer QFD-Methodenanwendung stehen.

Durch Versuche kann neues Produkt- und Prozeßwissen ermittelt werden

Prinzipiell kann zu jedem Zeitpunkt der QFD-Anwendung eine Datenbankrecherche nach ähnlichen Zusammenhängen aus abgeschlossenen oder laufenden QFD-Projekten gestartet werden. Damit sind ständig alle jemals erarbeiteten Produktfunktionen, Produktstrukturelemente, Konzeptlösungen, Kundenanforderungen, Qualitätsmerkmale, Prozeßketten und -parameter verfügbar und frei kombinierbar.

Alle Informationen sind verteilt in den Datenbanken verfügbar

3.1.6 Ausblick

Die QFD-Methode ist ein sinnvolles Werkzeug für die systematische Qualitätsplanung und ein zweckmäßiges Instrumentarium zum kundenorientierten Qualitätsmanagement. Der gebräuchliche QFD-Ablauf wurde modifiziert und dem Konstruktionsprozeß angepaßt. Aufgrund der vielen benötigten Informationen, der schnell anwachsenden Zahl an Arbeitsdokumenten und der methodischen Raffinessen ist eine wissensbasierte Unterstützung dieser Methode für die Anwender wertvoll. Hierbei kann sowohl das erforderliche Methoden- als auch das notwendige Produkt- und Prozeßwissen auf das erforderliche Minimum reduziert werden.

Eine wissensbasierte Unterstützung der QFD-Methode ist zweckmäßig

Die QFD Methode
muß stärker in die
Abläufe der Produkt-
und Prozeßent-
wicklung eingebunden
werden

Um einen durchgängigen Ablauf der Produkt- und Prozeßplanung zu erreichen, muß der Schwerpunkt zukünftiger
Arbeiten auf einer methodischen Ergänzung bzw. Verknüpfung und Einbindung der QFD-Methode in den Entwicklungsprozeß liegen. Methodenspezifische Entwick-
lungsmöglichkeiten bestehen beispielsweise in der Berücksichtigung von weiteren Anforderungen an die Produkte, die
über die der Kunden hinausgehen.

Redundanzen mit
anderen Methoden
müssen vermieden
werden

Durch die informationstechnische Verknüpfung des QFD-
Systems "dacapo" mit weiteren Teilsystemen erfolgte bereits ein erster Schritt in Richtung der geforderten Einbindung in die Entwicklungsprozesse. In der Unternehmens-
praxis derzeit eingesetzte Planungsmethoden zur Optimierung der Qualitäts-, Kosten- und Zeitziele sind hinsichtlich ihrer Zielsetzung, Arbeitsinhalte und Ergebnisse
bezüglich der QFD-Methode sowie auch untereinander
teilweise überlappend. Daher ist zusätzlich die funktionale
Verknüpfung mit weiteren Planungsmethoden möglich, um
zukünftig bei der Planung Redundanzen zu vermeiden und
Synergieeffekte auszuschöpfen.

3.2 Statistische Versuchsmethodik mit CaDoX

Tilo Pfeifer, Rolf Flamm, Fraunhofer-Institut für Produktionstechnologie IPT, Abteilung Meß- und Qualitätstechnik, Steinbachstraße 17, 52064 Aachen

3.2.1 Einführung in die Statistische Versuchsmethodik

Das Verlangen nach einer kontinuierlichen Produkt- und Prozeßverbesserung kommt in der Qualitätsphilosophie von Taguchi [TAG86] zum Ausdruck. Hiernach ist jede Abweichung einer Merkmalsausprägung von dem als optimal ermittelten und vorgegebenen Zielwert als eine Zunahme des Risikos in Richtung Funktionsausfall, reduzierte Zuverlässigkeit und verkürzte Lebensdauer aufzufassen. Deshalb gehen die Bemühungen dahin, die gewünschten Produkteigenschaften mit möglichst kleinen, kontrollierbaren Schwankungen im Fertigungsprozeß einzuhalten, bei gleichzeitiger Minimierung der Herstellkosten.

Qualitätsphilosopie von Taguchi: Kontinuierliche Produkt- und Prozeßverbesserung

Für eine effiziente Produkt- bzw. Prozeßentwicklung ist es erstrebenswert, Daten aus der laufenden Produktion auszuwerten und daraus Rückschlüsse für entsprechende Verbesserungen zu ziehen. Diese Daten sind hierzu jedoch in der Regel ungeeignet, da in der laufenden Produktion ein Prozeß möglichst konstant gehalten wird. Eine wirkungsvolle Produkt- oder Prozeßoptimierung ist nur durch den Einsatz einer geeigneten Versuchsmethodik, die eine zielgerichtete Variation der Einflußgrößen in einem mehr oder minder großen Versuchsgebiet vornimmt, möglich [DRE93].

Produkt- und Prozeßverbesserungen erfordern eine geeignete Versuchsmethodik

Die Statistische Versuchsmethodik (SVM) stellt eine Vielzahl teilweise sehr unterschiedlicher Verfahren zur Verfügung, die durch geplante Versuche die Auslegung und Optimierung von Produkten und Prozessen unterstützen. Bei derartigen Auslegungs- und Optimierungsaufgaben können unterschiedliche Zielsetzungen verfolgt werden, von der Bestimmung wichtiger Einflußgrößen ohne Ermittlung

Die Statistische Versuchsmethodik (SVM) unterstützt die Auslegung und Optimierung von Produkten und Prozessen

Vorteile der SVM

genauerer Zusammenhänge bis hin zum Aufbau detaillierter mathematischer Modelle und deren Darstellung in Kennlinienfeldern.

Die Vorteile der Statistischen Versuchsmethodik gegenüber häufig anzutreffenden ungeplanten Versuchen liegen unter anderem darin, daß die Statistische Versuchsmethodik

- statistisch abgesicherte Ergebnisse liefert,
- Zusammenhänge transparent darstellt und
- Möglichkeiten zur Reduzierung des Versuchsaufwandes, der im Vorfeld der Versuche bereits sehr genau abgeschätzt werden kann, bietet.

Die SVM beinhaltet die Teilschritte Versuchsplanung, Versuchsdurchführung und Versuchsauswertung. Die Versuchsplanung besteht aus der Systemanalyse und der Festlegung der Versuchsstrategie (Bild 3.2.1).

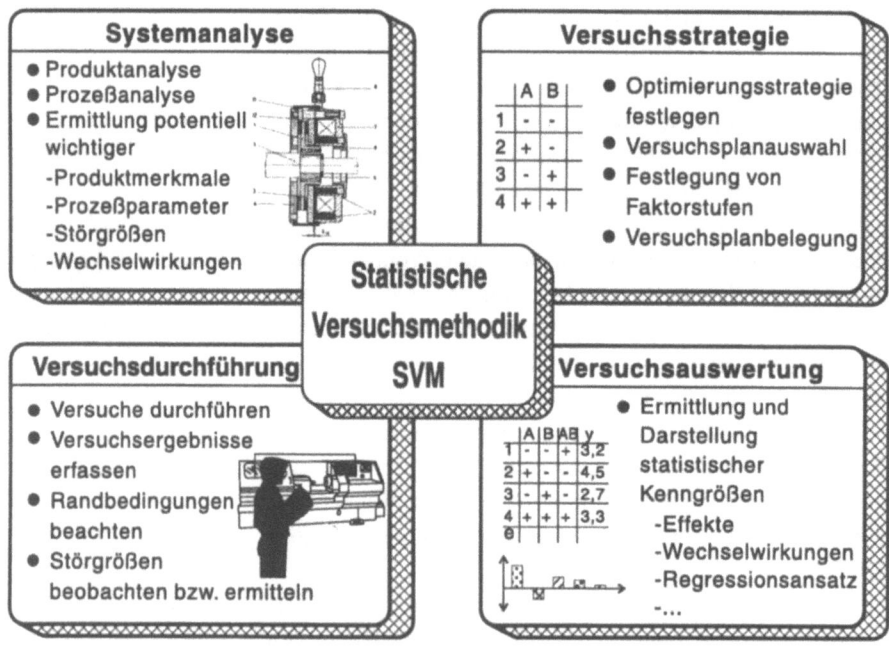

Bild 3.2.1: Teilaufgaben der Statistischen Versuchsmethodik

Die Grundlage für die meisten der heute angewandten Verfahren der SVM stellen die Werke von Sir Ronald Aylmer Fisher dar, der bereits 1935 das Grundlagenwerk „The Design of Experiments" [FIS35] veröffentlichte. Im folgenden sollen einige wichtige Verfahren und Vorgehensweisen dieser sogenannten Klassischen Versuchsmethodik erläutert werden. Dies kann an dieser Stelle verständlicherweise nur in begrenztem Rahmen erfolgen. Für detaillierte Fragen sei deshalb auf die weiterführende Literatur verwiesen, wie z.B.: [AND74, BOX78, GIM91, MON91, PET91, PFE92, RET75, SCM92, SHE86, WHE89, WHE90].

Die Klassische Versuchsmethodik als Grundlage vieler heute angewendeter Verfahren

Wenn die Zusammenhänge eines Produkt- oder Prozeßverhaltens unbekannt sind, können vollfaktorielle Verfahren eingesetzt werden, die über die vollständige Variation der untersuchten Einflußgrößen den Effekt auf eine oder mehrere Zielgrößen oder Antwortgrößen ermitteln. Unter einem Effekt ist hierbei die mittlere Änderung der Zielgröße bei einem Wechsel der Einstellung eines Faktors zu verstehen. Bei der Einflußgrößenuntersuchung wird häufig der Zusammenhang der Einflüsse mehrerer Faktoren auf eine Zielgröße untersucht. Es besteht darüber hinaus auch die Möglichkeit, über eine multivariate Analyse den Einfluß mehrerer Einflußgrößen auf mehrere Zielgrößen zu untersuchen.

Vollfaktorielle Verfahren

Bei einem vollfaktoriellen Versuchsplan werden die einzelnen Faktoren (Variablen) sukzessive derart kombiniert, daß alle Kombinationsmöglichkeiten auftreten. Derartige Versuchspläne erlauben die Berücksichtigung und Auswertung sogenannter Wechselwirkungen. Eine Wechselwirkung zwischen Einflußgrößen liegt dann vor, wenn der Einfluß einer Einflußgröße auf eine Zielgröße von der Einstellung einer oder mehrerer weiterer Einflußgrößen abhängig ist. Bei der Gestaltung eines vollfaktoriellen Versuchsplans wird normalerweise auf 2^k- und 3^k-Faktorpläne zurückgegriffen, um den Versuchsaufwand in vertretbaren Grenzen zu halten. Die Basis n = 2 bedeutet, daß im Versuch ein Faktor auf einer oberen und einer unteren Stufe, z.B. durch - und + abgekürzt, verstellt wird; Basis n = 3 bedeutet eine Verstellung auf drei Stufen, usw. Dies geschieht für k Faktoren (Exponent k). Die Anzahl der erforderlichen Versuche ergibt sich nach den Gesetzen der Kombinatorik durch Berechnung des mathematischen Ausdrucks n^k. Grundsätzlich ist es nicht sinnvoll, in der Phase der Untersuchung

Reduzierung der Anzahl erforderlicher Versuche durch Teilfaktorielle Verfahren

relevanter Einflußgrößen eine hohe Zahl von Faktorstufen zu wählen, da der Versuchsaufwand exponentiell ansteigt [SHE86].

Die teilfaktoriellen Versuchspläne erhalten ihre Existenzberechtigung aus der Tatsache, daß bei vollfaktorieller Ausgestaltung eine sehr hohe Versuchszahl notwendig wird. Um diesen unbefriedigenden Zustand zu beheben, wird in geeigneter Weise die Zahl der Versuche bei ansonsten gleichem Vorgehen, wie im Falle der vollfaktoriellen Versuchspläne reduziert. Möglich ist dies unter Vernachlässigung bestimmter oder im Extremfall aller Wechselwirkungen. Es lassen sich somit stark reduzierte Umfänge bei der Versuchsanzahl realisieren [SHE86].

Response Surface Verfahren

Der Begriff Response Surface Technik ist der Oberbegriff für eine Reihe von Verfahren, welche primär die detaillierte Ermittlung optimaler Einstellungen eines Prozesses bzw. die Modellierung von Kennlinienfeldern fokussieren, während die bereits erwähnten voll- und teilfaktoriellen Verfahren - zumindest bei zwei Faktorstufen - in erster Linie nur die Wichtigkeit von Einflußgrößen analysieren (Screening Designs).

Beispiel: Versuchspläne für 3 Einflußgrößen

Stellvertretend für die Vielzahl unterschiedlicher Versuchspläne, sowohl im Bereich der Screening- als auch der Response Surface Techniken, sollen für den Fall der Untersuchung von 3 Einflußgrößen einige mögliche voll- und teilfaktorielle Versuchspläne wie z.B. ein 2^3, ein 3^3, ein 2^{3-1}-Versuchsplan und ein zentraler zusammengesetzter Versuchsplan dargestellt werden (Bild 3.2.2).

3.2.2 Zielsetzung des Systems

Statistische Methoden im Qualitätsmanagement

Statistische Methoden des Qualitätsmanagements, denen auch die Statistische Versuchsmethodik zuzuordnen ist, stellen nicht nur wichtige Hilfsmittel zur Qualitätslenkung und Qualitätsprüfung, sondern auch verstärkt zur Prozeß- und Produktentwicklung, dar. Die meisten statistischen Verfahren, vor allem die Statistische-Prozeßregelung (SPC), sind aber in erster Linie zur Überwachung von beherrschten Prozessen einsetzbar. Die Statistische Versuchsmethodik hingegen verfolgt das Ziel, die Verbesserung von Produkten und Prozessen zu unterstützen.

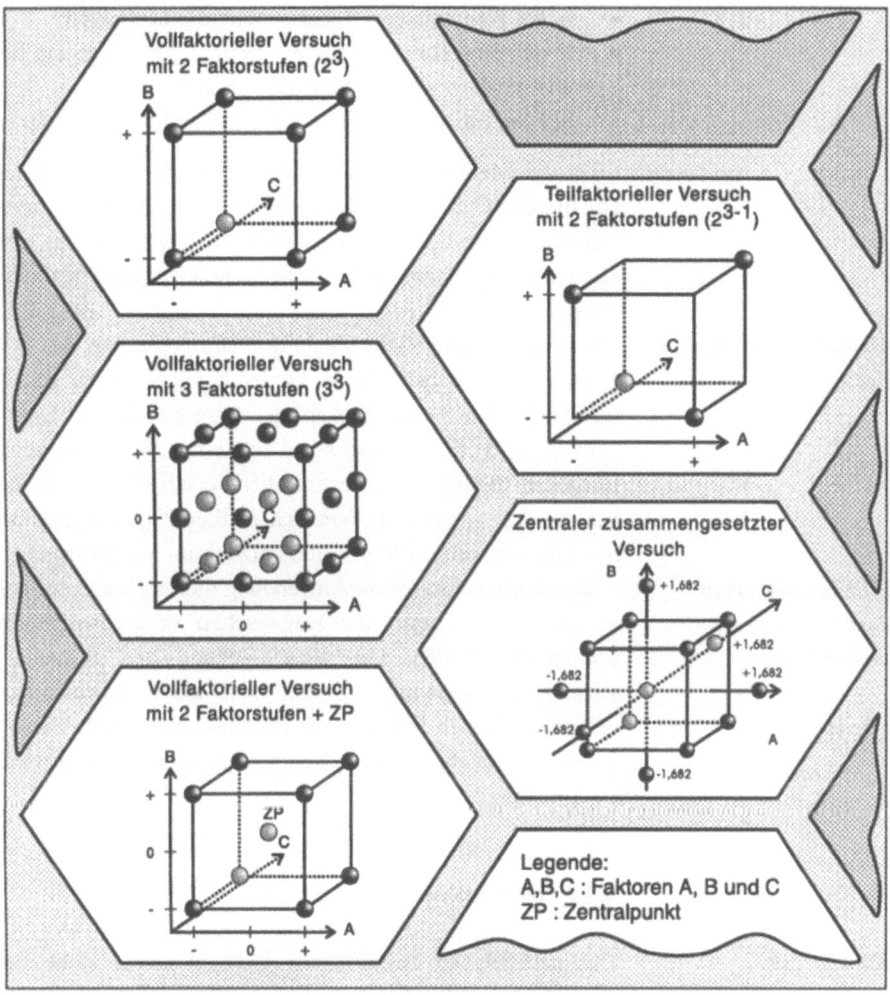

Bild 3.2.2: Beispiele für Versuchspläne bei 3 Einflußgrößen

Der erfolgreiche Einsatz der Statistischen Versuchsmethodik zur Lösung komplexer Problemstellungen wird
durch eine Vielzahl von Berichten, wie z.B. [BOU93,
FLA94, GIM94, KÜH93, PFE92, PFE93a, PFE93b], belegt.

Erfolgreicher Einsatz der SVM in vielen Bereichen

Einem umfassenden industriellen Einsatz der Statistischen
Versuchsmethodik stehen jedoch in vielen Unternehmen
vorhandene Defizite im Planungsbereich entgegen. Defizite
sind z.B.

Defizite bei der An-wendung der SVM

- in der Kenntnis und Beherrschung der Methoden,
- in der Bewertung der Methoden bzgl. ihrer Eignung für eine vorliegende Problemstellung und
- bei der Auswahl geeigneter Methoden festzustellen.

Da die Mehrzahl der Unternehmen nicht über Experten auf diesem Gebiet verfügt, besteht Bedarf für eine Unterstützung dieser Unternehmen durch ein Werkzeug, das eine einfachere Handhabung der Statistischen Versuchsmethodik ermöglicht.

Abhilfe: Wissensba-sierter Ansatz

Um das umfangreiche Planungsinstrumentarium der Statistischen Versuchsmethodik besser handhabbar zu gestalten, wurde ein Systemkonzept zur wissensbasierten Unterstützung entwickelt. Dabei stand zum einen die konsequente Berücksichtigung systemtechnischer Verfahren und Ansätze bei der Anwendung der Versuchsmethodik und zum anderen deren wissensbasierte Unterstützung im Vordergrund.

Effizienzsteigerung durch System-anwendung

Durch die konsequente Anwendung dieses Konzeptes soll ein effizienter Einsatz der Statistischen Versuchsmethodik ermöglicht werden. Die Vereinfachung und Systematisierung des Planungsprozesses soll neue Anwendungsgebiete, in denen bislang eine Hemmschwelle zum Einsatz der Verfahren der Statistischen Versuchsmethodik bestand, erschließen.

3.2.3 Systemkonzept

Konzept zur Unterstützung von Systemanalyse und Versuchsstrategie-festlegung

Das nachfolgend beschriebene Systemkonzept sieht eine Unterstützung der SVM-Teilaufgaben Systemanalyse und Versuchsstrategie vor (vgl. Bild 3.2.1). Bei den Teilaufgaben Versuchsdurchführung und Versuchsauswertung sind keine Entscheidungen erforderlich, die eine wissensbasierte Unterstützung sinnvoll erscheinen lassen. Beide vorgenannten Schritte werden in der Regel, d.h. falls nicht besondere Ereignisse die Versuchsdurchführung beeinflussen, exakt nach den Vorgaben der Versuchsplanung bearbeitet. Die im Rahmen der Versuchsauswertung anwendbaren Auswerteverfahren hängen von den ausgewählten Versuchsplänen ab und können bereits in der Planungsphase festgelegt werden.

Je nach Problemstellung muß der Ablauf der Versuchsplanung an die vorliegenden Randbedingungen angepaßt
werden. Es ist beispielsweise zu unterscheiden, ob eine
Prozeßoptimierung/-auslegung   oder   eine   Produkt-
optimierung/-auslegung erfolgen soll. In der Regel ist es
jedoch möglich, sich an einem aus 16 Schritten bestehenden
Standardablauf für die Versuchsplanung zu orientieren
(Bild 3.2.3).

   Dies gilt jedoch nur für die Abfolge der einzelnen Schritte. Die innerhalb eines Teilschrittes erforderlichen Tätigkeiten und die eingesetzten Werkzeuge können je nach Problemstellung sehr unterschiedlich sein. Hier muß insbesondere bei den Schritten, in denen die Kreativität des Projektteams gefordert ist, in jedem Einzelfall die Vorgehensweise
neu festgelegt werden.

Entwicklung eines
Standardablaufs zur
Versuchsplanung

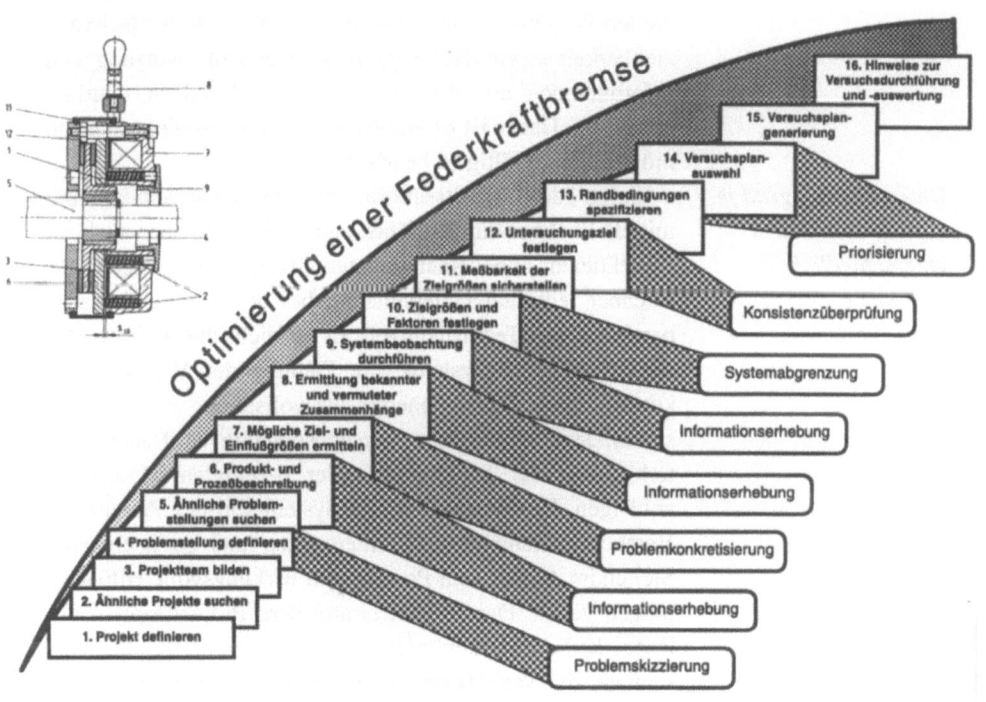

Bild 3.2.3: Standardablauf zur Versuchsplanung

Unterstützung des Standardablaufs durch den Software-prototypen

Der entwickelte Standardablauf stellt eine Richtschnur zur Bearbeitung einer Problemstellung dar und wird in dieser Form durch den entwickelten Softwareprototypen unterstützt. Viele der Schritte sind auf die Ergebnisse intensiver Teamarbeit angewiesen. Der Standardablauf zur Planung von Versuchen ist auf eine Unterstützung durch ein wissensbasiertes Softwaresystem ausgerichtet, eine nicht rechnerunterstützte Anwendung ist jedoch nach dem gleichen Schema möglich. Die entwickelte Vorgehensweise gliedert die Versuchsmethodik in 16 Teilschritte, die möglichst alle durchlaufen werden sollten.

Einige Teilschritte sind unter Umständen für das aktuelle Projekt nicht von unmittelbarer Bedeutung oder dienen lediglich zu Dokumentationszwecken. Werden diese Schritte übersprungen, wird zwar die Bearbeitung des aktuellen Projektes nicht beeinträchtigt, die spätere Nachvollziehbarkeit sowie das Wiederfinden und die Nutzung von Informationen aus diesem Projekt wird jedoch deutlich erschwert. Daher ist es empfehlenswert, auch diese Schritte möglichst sorgfältig zu bearbeiten.

Unterstützungsgrad je nach Arbeitsschritt unterschiedlich

Einige der Arbeitsschritte werden schwerpunktmäßig mittels Rechner durchgeführt, andere Schritte aber auch im Projektteam ohne Rechnerunterstützung. Hier bietet der Rechner lediglich Unterstützung bei der Vor- und Nachbereitung von Teamsitzungen. Es ist nicht die Aufgabe des wissensbasierten Systems, die Planung der Versuche zukünftig durch den Rechnereinsatz vollständig zu automatisieren. Jede erfolgreiche Versuchsplanung wird auch weiterhin von der Sachkenntnis der beteiligten Mitarbeiter abhängen. Das wissensbasierte System soll den Ablauf der Versuchsplanung optimal unterstützen und an geeigneten Stellen im Ablauf dem Projektteam wirkungsvolle Hilfestellungen geben. Das System nimmt dem Projektteam in der Regel keine Entscheidungen ab, sondern unterbreitet Vorschläge, die vom Team anschließend diskutiert und übernommen werden können.

Beispiele zu einzelnen Schritten des Standardablaufs

Nachfolgend werden exemplarisch einige Schritte des konzipierten Standardablaufs beschrieben. Zu Beginn eines anhand des Standardablaufes zu bearbeitenden Projektes erfolgt zunächst die Projektdefinition und die Suche nach ähnlichen Projekten, die eine Hilfestellung bei der Bearbeitung des aktuellen Projektes bieten können (Bild 3.2.4).

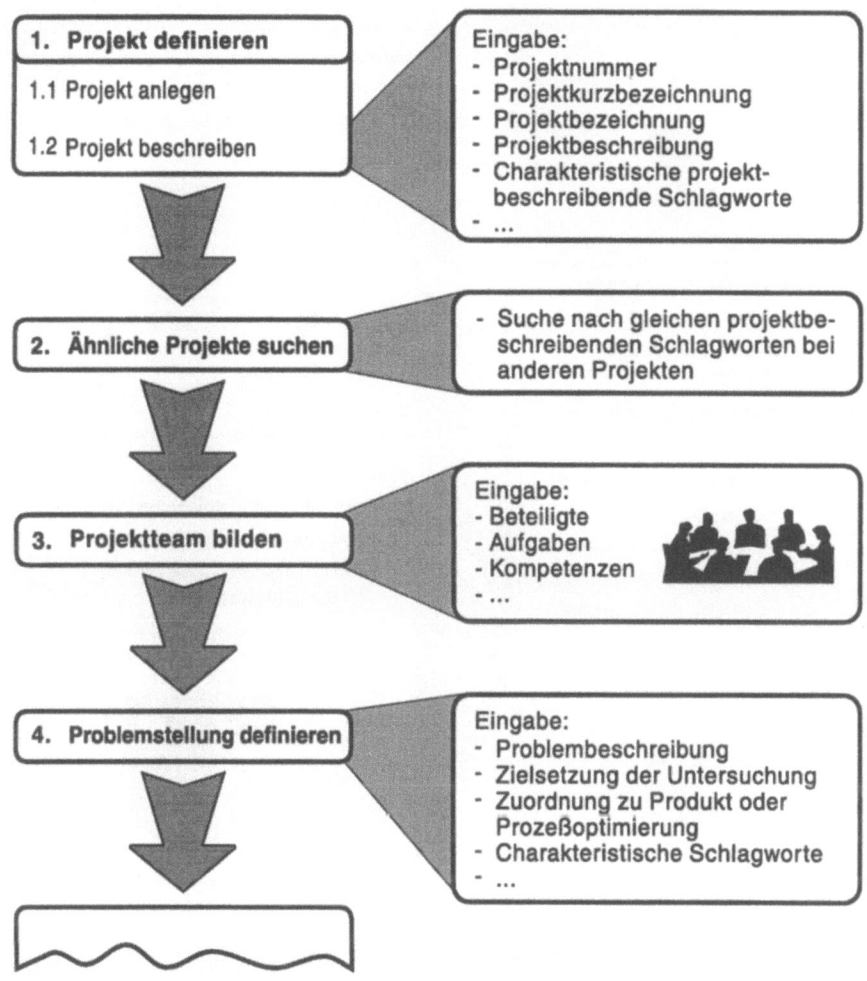

Bild 3.2.4: SVM-Standardablauf - Teil 1 -

Daran schließt sich die Bildung eines verantwortlichen Projektteams und die Konkretisierung einer oder mehrerer Problemstellungen an. Als Beispiel für die weiteren im Rahmen des Standardablaufs zu bearbeitenden Schritte soll die Ermittlung bekannter und vermuteter Zusammenhänge dienen (Bild 3.2.5).

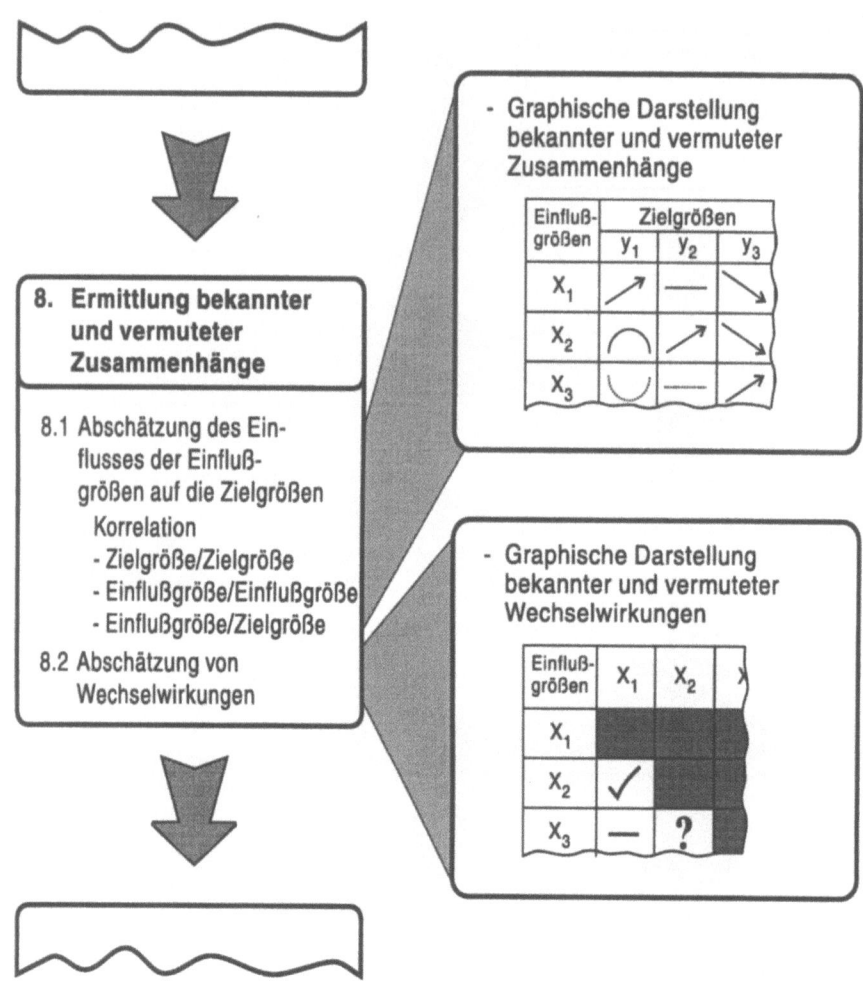

Bild 3.2.5: SVM-Standardablauf - Teil 4 -

Wissen über Produkt-
und Prozeß-
zusammenhänge kann
Versuchsaufwand
reduzieren

Je detaillierter in diesem Schritt Wissen über Produkt- und Prozeßzusammenhänge erfaßt wird, desto effizienter kann die weitere Planung und Durchführung der Versuche erfolgen. Das erfaßte Wissen dient im wesentlichen zur Reduzierung des Versuchsaufwandes.

Die Informationen über bekannte Zusammenhänge können zur Entscheidung, wieviele und welche Faktorstufen für den Versuch gewählt werden, herangezogen werden. Bei einem linearen Zusammenhang reichen zwei Faktorstufen, um den Effekt eines Faktors zu beschreiben. Liegen hingegen nichtlineare Zusammenhänge vor, so sind entweder mehr als zwei Faktorstufen erforderlich, oder es darf nur ein Teilbereich, in dem lineares Verhalten vorliegt, untersucht werden.

Bei der Kenntnis von Wechselwirkungszusammenhängen kann der Versuchsaufwand in vielen Fällen erheblich reduziert werden. Werden alle Wechselwirkungen erwartet, so ist es erforderlich, einen aufwendigen Versuchsplan zu verwenden. Können einige oder alle Wechselwirkungen a priori ausgeschlossen werden, so ist z.B. an Stelle eines vollfaktoriellen Versuchsplans ein weniger aufwendiger teilfaktorieller Versuchsplan anwendbar.

3.2.4 Realisierung des Systems

Der entwickelte Standardablauf, der den wesentlichen Kern des Konzeptes zur wissensbasierten Unterstützung der Statistischen Versuchsmethodik darstellt, wurde zwar so ausgelegt, daß eine prinzipielle Bearbeitung auch ohne Rechnerunterstützung möglich, aber aufgrund des großen Aufwandes bei der manuellen Dokumentation in jedem Fall vorzuziehen ist.

Um die Leistungsfähigkeit des Konzeptes zu demonstrieren, wurde ein Softwareprototyp (CaDoX) konzipiert und in wesentlichen Kernfunktionalitäten realisiert, der die einzelnen Schritte des Standardablaufs unterstützt. Im Vordergrund der Entwicklung stand die frühzeitige Realisierung einzelner Teilmodule und der anschließende Test dieser Teilmodule, während parallel die Realisierung weiterer Teilmodule erfolgte.

Softwareprototyp CaDoX

Die Prototypentwicklung erfolgte unter Verwendung der Expertensystemshell Nexpert Object und Open Interface, einem leistungsfähigen Tool zur Entwicklung graphischer Benutzeroberflächen (Bild 3.2.6).

Open Interface stellt alle heute üblichen Gestaltungselemente anwenderfreundlicher, graphischer Benutzeroberflächen zur Verfügung. Dies beinhaltet u.a. unterschiedliche Auswahlboxen, Tabellenelemente und Hypertextfunktionalitäten. Open Interface stellt darüber hinaus graphische Werkzeuge zur Gestaltung von Programmstrukturen und Bildschirmmasken zur Verfügung. Nach Erstellung einer

Gestaltung anwenderfreundlicher, graphischer Benutzeroberflächen

Maske oder eines Menüs wird dieses in C-Quelltext umgesetzt, so daß ein Grundgerüst für die anschließende Programmierung einzelner modularer Funktionen zur Verfügung steht.

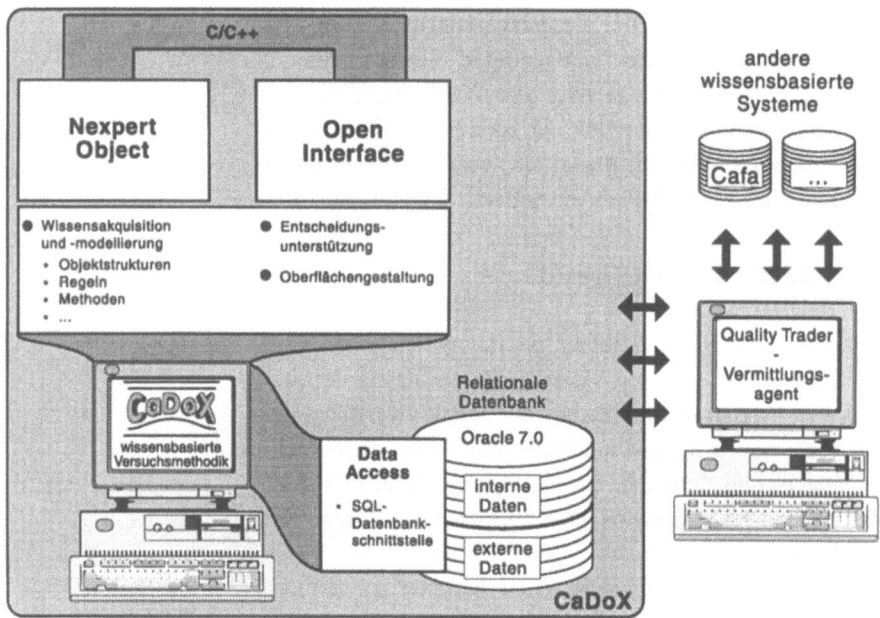

Bild 3.2.6: CaDoX-System

Als Beispiel für die rechnerseitige Umsetzung des entwik-
kelten Standardablaufes soll an dieser Stelle die in Bild
3.2.5 dargestellte Einflußgrößenabschätzung dienen (Bild
3.2.7).

Modellierung und
Pflege des System-
wissens

Open Interface stellt eine Schnittstelle zu der Experten-
systemshell Nexpert Object zur Verfügung. Mittels Nexpert
Object erfolgt die Modellierung und Pflege des System-
wissens. Dies beinhaltet u.a. Objektstrukturen, Regeln und
Methoden. Nexpert Object übernimmt z.B. neben regel-
basierten Konsistenzüberprüfungen die Auswahl geeigneter
Versuchspläne anhand von Regeln, die auf einfache Art und
Weise jederzeit erweitert und modifiziert werden können.
Eine weitere Repräsentation von Wissen erfolgt durch Ein-
satz einer relationalen Datenbank von Oracle. Open Inter-

face stellt die Verbindung zur Datenbank durch die SQL-
Datenbankschnittstelle Data Access her. Das gesamte System wurde derart konzipiert, daß mittels der Datenbank
eine Kommunikation und ein Informationsaustausch mit
anderen wissensbasierten Systemen, wie z.B. dem QFD-
System oder dem Fehleranalyse-System, über einen sog.
Quality Trader möglich ist. Das CaDoX-System kann somit
sowohl autark als auch als Teil eines Gesamtsystems unterschiedlicher wissensbasierter Systeme, die über bestimmte
Kommunikationsmechanismen Informationen wechselseitig
austauschen, genutzt werden.

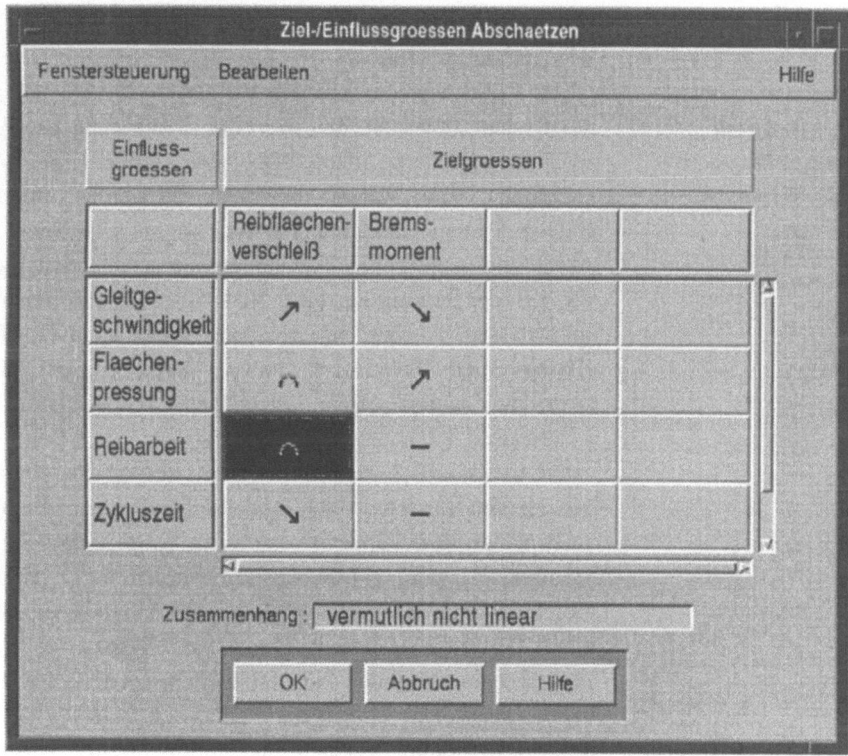

Bild 3.2.7: Ziel- und Einflußgrößenabschätzung

Die extern austauschbaren Informationen werden vollständig in der relationalen Datenbank abgelegt, während
systeminternes Wissen zum Teil in der Datenbank archiviert

*Unterschiedliche
Wissensrepräsen-
tation*

Anwendung semanti-
scher Netze zur
Modellierung von
SVM-Wissen

wird und zum Teil in einer Nexpert Object internen Wissensbasis verwaltet wird. Die Wissensrepräsentation kann in wissensbasierten Systemen auf unterschiedliche Art und Weise erfolgen.

Die Wissenseingabe und -pflege ist nicht die Aufgabe des Standardanwenders, sondern ist dem Versuchsmethodikexperten vorbehalten. Aufgrund der von der verwendeten Expertensystemshell zahlreich zur Verfügung gestellten graphischen Hilfsmittel zur einfachen Modellierung und Pflege des verwalteten Wissens sind hierzu jedoch keine Detailkenntnisse auf dem Gebiet wissensbasierter Systeme erforderlich. Durch dieses Konzept ist das System ohne weiteren Programmieraufwand in weiten Teilen allein durch Erweitern von Objektstrukturen und Objekten innerhalb der Wissensbasis ausbaubar.

Der Versuchsplaner bzw. ein Versuchsmethodikteam, das das System anwendet, bemerkt eine Erweiterung der Wissensbasis dadurch, daß z.B. neue, zusätzliche Versuchspläne vom System vorgeschlagen werden. Bei der CaDoX-System-Entwicklung fanden semantische Netze zur Abbildung struktureller Beziehungen unterschiedlicher Art, wie z.B. der Struktur einzelner Versuchspläne und Versuchsplanklassen, Anwendung. Nexpert Object kann Objekte, Klassen und Subklassen sowie deren Eigenschaften (Attribute) anhand jeweils unterschiedlicher Symbole darstellen (Bild 3.2.8).

Die exemplarisch dargestellte Bildschirmmaske zeigt einen kleinen Ausschnitt des modellierten Wissens zu Versuchsplänen und Versuchsplanklassen sowie deren Eigenschaften. Klassen und Subklassen werden durch Kreise, Objekte durch Dreiecke und Eigenschaften (Attribute) durch Quadrate dargestellt. Die Art der Wissensmodellierung soll im folgenden kurz erläutert werden. Die Klasse der Versuchspläne enthält die Subklassen Einfaktormethode, vollfaktorieller Versuchsplan, teilfaktorieller Versuchsplan, usw. Jede dieser Subklassen enthält einzelne Versuchsplantypen, wie z.B. die Subklasse der vollfaktoriellen Versuchspläne den 2^2, den 2^3, den 3^2-Versuchsplan, usw. enthält. Die einer Klasse zugeordneten Eigenschaften werden an alle Subklassen automatisch vererbt, es sei denn, sie werden explizit gelöscht. Auf jeder Ebene können weitere Eigenschaften hinzukommen.

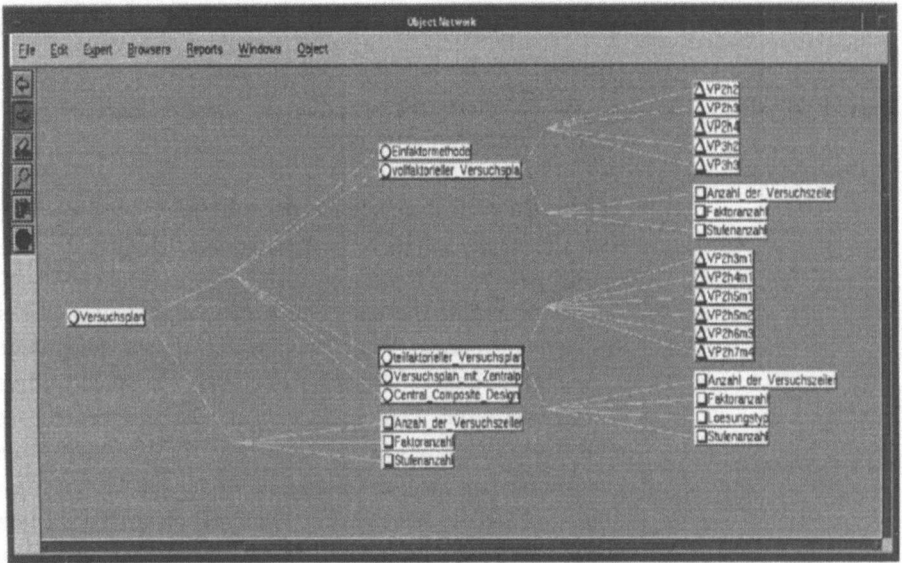

Bild 3.2.8: Beispiel für die Wissensmodellierung

Das derart erfaßte Wissen bildet die Grundlage zur Definition von Auswahlregeln, die aufgrund unterschiedlicher Eingangsinformationen alle für das spezifizierte Problem geeigneten Versuchspläne ermitteln.

3.2.5 Informationsaustausch mit anderen Systemen

Der Informationsaustausch des CaDoX-Systems ist prinzipiell mit allen anderen in diesem Buch behandelten Systemen bidirektional möglich. Da die SVM bevorzugt im Entwicklungsbereich eingesetzt werden sollte, ist die Schnittstelle zum dacapo-System von besonderer Bedeutung, da viele bei einer QFD gewonnenen Erkenntnisse unmittelbar auch für die SVM von Bedeutung sind. Andererseits ist es auch möglich, daß durch eine QFD Versuche initiiert werden. So können beispielsweise die im Rahmen einer QFD ermittelten Zusammenhänge zwischen den Zielgrößen eines Produktes und den Qualitätsmerkmalen als Basis für die Planung von Versuchen dienen. Die vorliegenden Erkenntnisse werden bei der Systemanalyse als

Informations-austausch mit dem dacapo-System von besonderer Bedeutung

wichtige Eingangsinformation verwendet und können zur Reduzierung des Versuchsaufwandes beitragen.

3.2.6 Zukünftige Aufgaben

Zukünftige Aufgaben können darin bestehen, die im Rahmen des entwickelten Konzeptes berücksichtigten Verfahren der Statistischen Versuchsmethodik um weitere Verfahren zu ergänzen. Hierbei können die Ergänzungen in der Aufnahme weiterer Versuchspläne sowie der Integration von ganzheitlichen Versuchsstrategien, z.B. mehrstufiger Vorgehensweisen, bestehen. Sinnvoll ist darüber hinaus eine Erweiterung des entwickelten Softwareprototypen um ein Modul zur Datenerfassung und statistischen Auswertung. So kann die Benutzerfreundlichkeit dadurch gesteigert werden, daß der Anwender nicht mit zwei unterschiedlichen Softwareprodukten arbeiten muß, sondern ein durchgängiges Softwareprodukt zur Verfügung hat. Eine weitere Steigerung der Benutzerfreundlichkeit und Akzeptanz des Systems kann durch die Integration eines Schulungsmoduls erreicht werden.

3.3   Wissensbasierte Prüfplanung

H. Weise, D. Munzig, Institut für Produktionstechnik,
Mommsenstr. 13, 01069 Dresden

Prüfungen dienen dem Nachweis, ob ein Produkt den Qua-
litätsanforderungen entspricht. In Abhängigkeit vom Produkt und der mit ihm verbundenen Entwicklungs-, Ferti-
gungs- und Servicetätigkeiten sind Prüfungen in allen Phasen des Produktlebenszyklus erforderlich - angefangen in
der Planungsphase über die Realisierungsphase bis hin zur
Nutzungsphase. Die Berücksichtigung individueller Kundenwünsche in einer auftragsbezogenen Fertigung erfordert
immer mehr, Prüfungen an den Produkten zu substituieren
durch Prüfungen und Regelungen der Prozeßparameter bei
der Ausprägung von Produktmerkmalen und Prüfung organisatorischer Abläufe bei der Auftragsbearbeitung. Nur so
kann in einer Serienfertigung eine Null-Fehler-Produktion
gewährleistet werden.

*Prüfungen im gesam-
ten Produktlebens-
zyklus sind ein
Qualitätsgarant*

   Im Rahmen dieses Projektes soll die Prüfplanung im herkömmlichen Sinn als Planung der Qualitätsprüfung erfolgen. Andere Planungen der Prüfung wie Dienstleistungen,
Produktverhalten, Betriebsmittel, Abläufe und Methoden
sollen nicht berücksichtigt werden (vgl. DIN ISO 9000 ff.).

*Prüfplanung als
Planung der
Qualitätsprüfung*

3.3.1   Methodenbeschreibung

Prüfplanung ist die Planung der Qualitätsprüfung im gesamten Produktionsablauf vom Wareneingang bis zur Aus-
lieferung. Sie dient der Umsetzung von Qualitätsanforde-
rungen an Produkte oder Verfahren in die Gegebenheiten
des Betriebes [VDI 2619, 1985].

*Prüfplanung steht für
Gewährleistung der
Qualität*

   Der historische Ursprung der Prüfplanung liegt im Übergang von der handwerklichen zur industriellen Fertigung.
Im Handwerksbetrieb war jeder einzelne fähig, die Qualität
selbst zu beurteilen. Infolge der Arbeitsteilung wurde es der
Übersichtlichkeit wegen notwendig, einen Prüfplaner einzusetzen, der Prüfpläne erstellt und auch neue Prüfmethoden
entwickelt.

Die Prüfplanung ist als Bestandteil der Arbeitsvorbereitung im Vorfeld der Produktion angesiedelt und ergänzt die fertigungsvorbereitende Tätigkeit. Ziele der Prüfplanung sind Kostensenkung und Gewährleistung der Qualität.

Bei der Prüfplanung werden Prüftätigkeiten unter wirtschaftlichen Gesichtspunkten nach Ort, Häufigkeit, Zeitpunkt, Art und Ausmaß festgelegt. Als Grundlage der Planung dienen technische, technologische und organisatorische Unterlagen wie Konstruktionszeichnungen, Stücklisten, Arbeitspläne, Terminpläne, Personal- und Meßgerätedaten sowie Parameter der Fertigungsanlagen. Weiterhin benötigt der Prüfplaner Grundlagenwissen (Erfahrungswissen) in der Fertigungsmeßtechnik.

Es gibt keine Gesetzmäßigkeiten in der Prüfplanung

Eine Methode der Prüfplanung an sich gibt es nicht, sondern es gehören vielmehr eine Reihe von Aufgaben dazu, wie:

- Prüfung der Unterlagen,
- Auswahl der Prüfmerkmale,
- Einordnung der Prüfung in den Produktionsprozeß,
- Festlegung des Prüfzeitpunktes,
- Festlegung der Prüfart,
- Anwendung statistischer Verfahren,
- Festlegung der Prüfhäufigkeit,
- Festlegung der Prüfmittel,
- Ermittlung der Prüfmethode,
- Festlegung der Prüfdatenverarbeitung,
- Erstellung Prüfplan/Meßprogramm und
- Ergänzung Fertigungsplan.

3.3.2 Zielstellung der wissensbasierten Prüfplanung

Die verschiedenen Werkzeuge des Prüfplaners zur Lösung unterschiedlichster Planungsaufgaben sind in einem „intelligenten Editor" unter einen „Hut" zu bringen. Auf dem Markt übliche Prüfplanungssysteme sind im besten Fall komfortable Schreibsysteme mit Nachschlagfunktionalität.

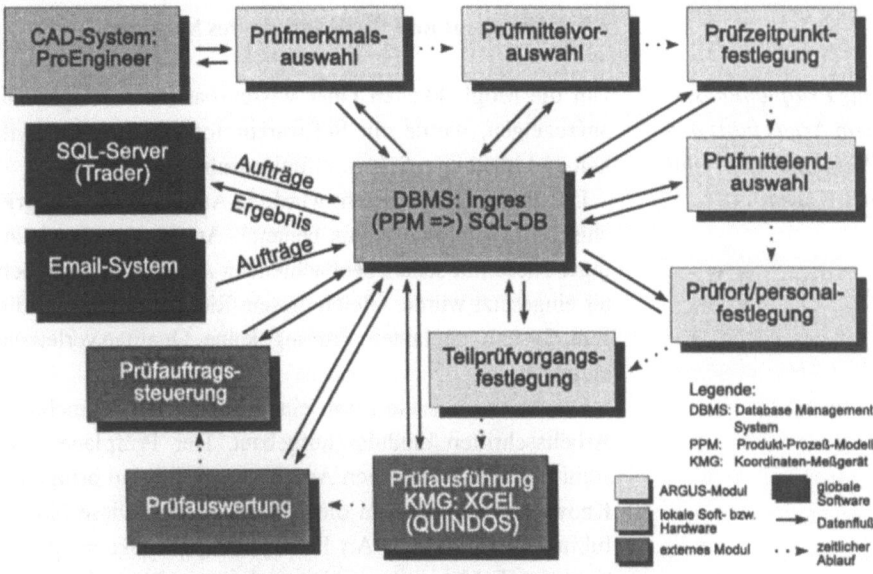

Abb. 3.3.1: Funktioneller Aufbau von Argus

Grundsätzlich werden mit der wissensbasierten Prüfplanung folgende Ziele verfolgt:

Ziele einer wissensbasierten Prüfplanung

- automatische Ableitung von Prüfmerkmalen aus dem Produktprozeßmodell bzw. dem mit diesem Modell verknüpften bzw. eingebetteten CAD-Modell,
- Senkung der Erstellzeit für Prüfpläne,
- keine aufwendige Prüfplanverwaltung,
- Anpassung des Prüfaufwandes an die erreichte Produktqualität und die Qualitätslage in der Fertigung,
- Einsparung von Qualitätskosten durch optimierten kostengünstigen Prüfablauf,
- Automatisierung von algorithmischen Berechnungsprozessen,
- automatische Speicherung und benutzerangepaßte Repräsentation und Erhebung von Daten sowie
- aufgabenbezogene Strukturierung der Vorgehensweise bei der Prüfplanerstellung.

3.3.3 Konzept und Realisierung des Systems

Das Prüfplanungssy-stem Argus führt den Prüfplaner auf richtigen Wegen

Um die Möglichkeiten einer wissensbasierten Prüfplanung aufzuzeigen, wurde ein Softwareprototyp (Argus) entwikkelt und in einigen Schlüsselfunktionalitäten realisiert.

Das Prüfplanungssystem wurde in Anlehnung an die griechische Mythologie Argus benannt. Argus war ein vieläugiger Riese mit scharf beobachtenden Augen, der als Wächter eingesetzt wurde. Gleich diesem Riesen soll der mit diesem System geplanten Prüfung keine Qualitätsverletzung entgehen.

Die Methode ist in Form einer Ablauflogik in mehreren Arbeitsschritten modular aufgebaut. Der Prüfplaner wird somit durch die einzelnen Aufgaben geführt und bringt sein Know-how interaktiv in die Datenbasis ein. Diese Nutzerführung kann als eine Art Poka yoke (jap. poka = unbeabsichtigter Fehler; yoke = Verminderung, Vermeidung) verstanden werden, denn es liegt in der Natur des Menschen, gelegentlich Fehlhandlungen zu machen, z. B. Vertauschen, Vergessen oder Verwechseln. Diese Fehlhandlungen werden durch strukturierte Eingabemasken und Plausibilitätsprüfungen nach erfolgter Eingabe verhindert.

Es gibt zwei Methoden für die Erstellung von Prüfplänen. Beim Variantenplanungsprinzip erfolgt eine teile-, fertigungs- oder prüfaufgabenspezifische Organisation von Musterprüfplänen. Diese Methode hat den Nachteil, daß ein hoher Verwaltungsaufwand erforderlich ist. Erfahrungen werden beim von Argus verwendeten Neuplanungsprinzip über eine Wissensbasis eingebracht, die es erlaubt, den Prüfplan besser anzupassen.

3.3.4 Nutzung und Bewertung des Systems

Zu Beginn einer Sitzung zur Erstellung eines Prüfplans werden die logistischen Daten, die sich später im Prüfplankopf wiederfinden, spezifiziert. Bei auf dem Markt vorhandenen Systemen ist diese Funktionalität sehr ausgereift und wird im Rahmen dieses Projektes nur angerissen.

Im späteren Prüfplanrumpf finden sich innerhalb der Prüf-
folgen (logische bzw. zeitliche Einheit) die Prüfmerkmale
wieder, die aus den Qualitätsmerkmalen hervorgegangen
sind. Das Produktprozeßmodell, das als Kopie in der lokalen INGRES-Datenbank vorliegt, beinhaltet die Qualitätsmerkmale und im Falle einer Zwischenprüfung die Relation zwischen Qualitätsmerkmal und Prozeßschritt (Bild
3.3.2). Geometrische Qualitätsmerkmale besitzen in Anlehnung an STEP Part 47 [ISO93] Dimensionen, Toleranzen und Formelementdefinitionen.

Prüfplanerstellung
unter Einbeziehung
des Produktprozeß-
modells

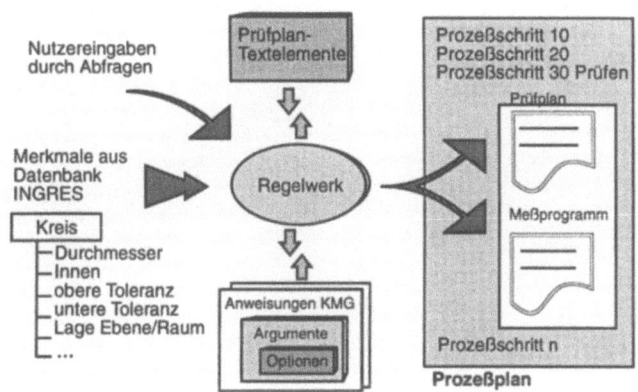

Bild 3.3.2: Struktur der Wissensbasis zur Prüfplanerstellung

Nun kann jedes einzelne Qualitätsmerkmal auf seine
Prüfrelevanz untersucht werden. Dies erfolgt in einer Grobauswahl (Bild 3.3.3).

Zur Festlegung der Prüfmerkmale werden die geometrischen Merkmale aus dem Produktmodell auf ihre Wichtigkeit überprüft. Dieser Faktor wird im System auf Werte
zwischen 0 und 1 normiert, wobei er die Bereiche kritischer,
Haupt- und Nebenfehler überstreicht. Diese Fehlerwichtung
ist in der Qualitätsplanung bzw. anderen wissensbasierten
Methoden (QFD, SVM) festgelegt worden. Bei diesen pri-
mären Qualitätsmerkmalen beschränkt sich eine Merk-
malserkennung auf die Analyse des Fehlertyps. Bei der
Vorgabe von sekundären Qualitätsmerkmalen (z. B. alle
nichtgeometrische Merkmale) wie Geräusch, Wasserdicht-
heit, Leistung, Wirkungsgrad etc. erfolgt eine assoziative

Fehlerwichtung der
Prüfmerkmale

Verknüpfung über eine Merkmalsmatrix zu geometrischen Merkmalen, die letztendlich zu Prüfmerkmalen erhoben werden. Zum Beispiel kann das Qualitätsmerkmal Geräusch dem Prüfmerkmal Passung Welle-Bohrung zugeordnet werden. Die assoziative Verknüpfung erfolgt über die Funktion, die geometrischen Merkmalen oder Merkmalsgruppen zugeordnet ist.

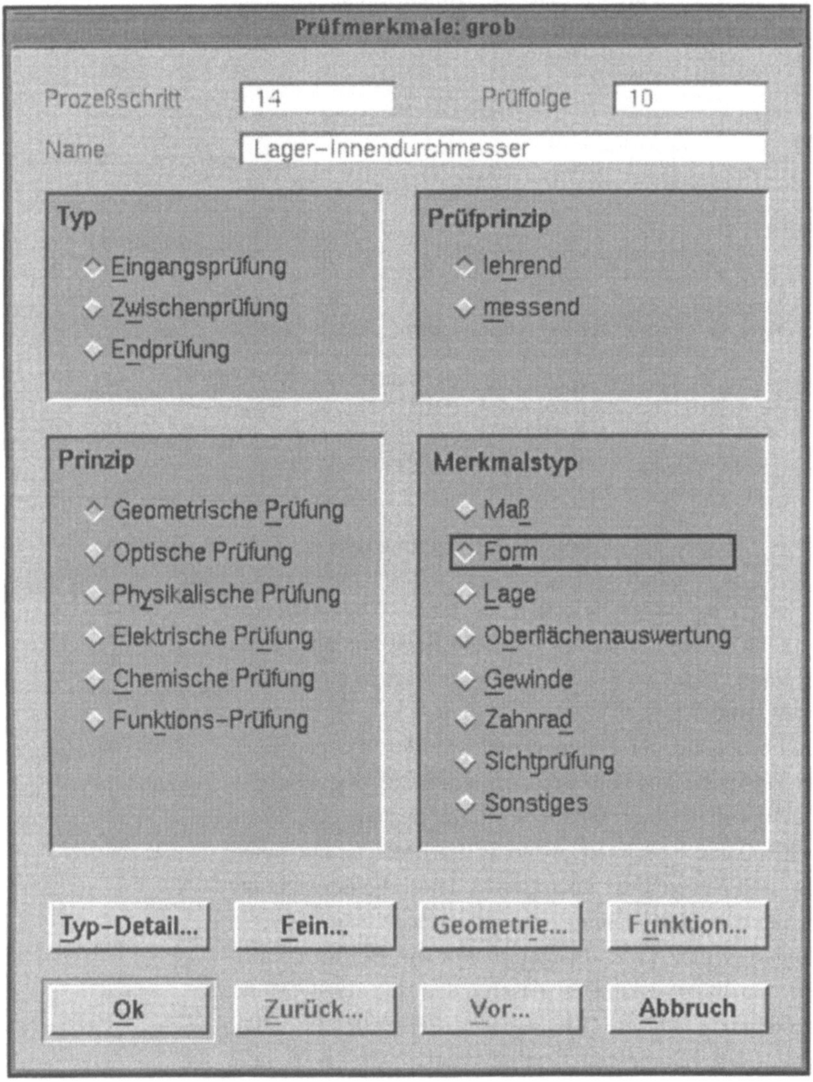

Bild 3.3.3: Grobauswahl der Prüfmerkmale

Verfahrensanweisung: Die Festlegung statistischer Methoden erfolgt entsprechend der momentanen Fertigungssituation, d. h. bei weitgehender Einhaltung der Toleranzen kann mit der Prüfschärfe zurückgegangen werden. Sicherheitsteile werden grundsätzlich nicht nach statistischen Methoden geprüft, während bei der zerstörenden Prüfung eine statistische Auswertung zwingend ist.

Entsprechend der Werkstückgröße bzw. dem Prüfmerkmal kann eine teile- bzw. merkmalsbezogene Prüfung erforderlich werden. Bei einer Messung auf einem Koordinatenmeßgerät kann eine teilebezogene Prüfung von Vorteil sein (falls nicht Palettenaufspannung mit vielen Teilen und spezifischen Meßtasterkonfigurationen erforderlich sind). Merkmalsbezogene Prüfungen können bei kleinen Teilen und spezifischen Meßgeräten günstiger sein. Hierzu wird die umfangreiche Prüfmitteldatenbank genutzt, aus der Meß- und Rüstzeiten und abgeschätzte Prüfkosten entnommen werden.

Wann erfolgt eine teile- oder eine merkmalsbezogene Prüfung?

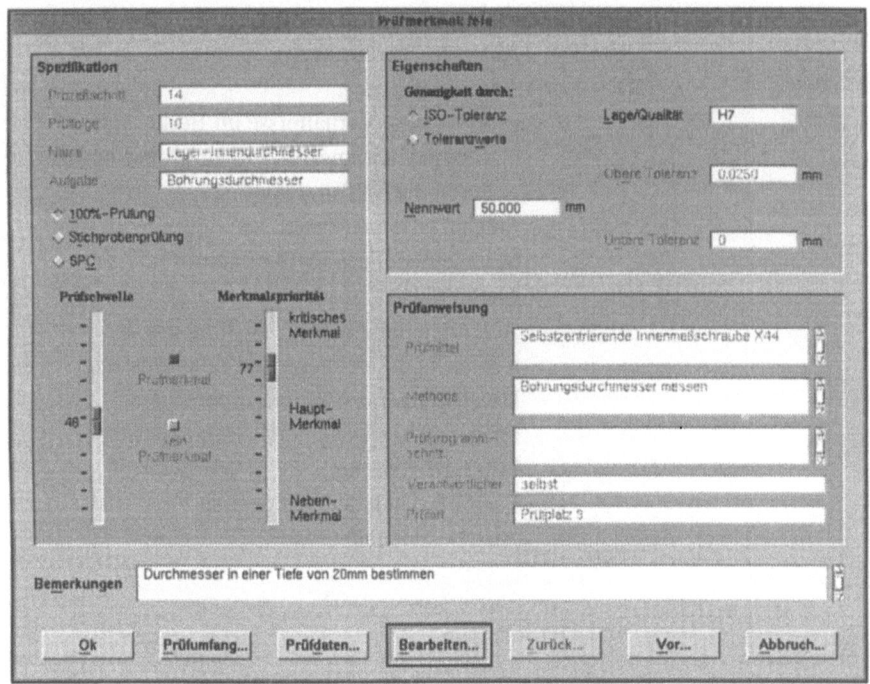

Bild 3.3.4: Feinauswahl der Prüfmerkmale

Fehlereinflüsse
erfassen

Die Spezifizierung der Geometrie ist für die Prüfmittelauswahl und insbesondere, falls eine Entscheidung für die Messung mit Koordinatenmeßgeräten erfolgen soll, von entscheidender Bedeutung (Bild 3.3.5). Die Geometrieanalyse erlaubt die Prüfung der Zugängigkeit der vorausgewählten Prüfmittel an die zu prüfenden Merkmale.

Zu beachten sind die verschiedenen Fehlereinflüsse bei der Bestimmung geometrischer Parameter von Prüfobjekten, die bei der Anwendung der Koordinatenmeßtechnik auftreten können. Einen großen Einfluß auf die Meßunsicherheit haben meist die meßaufgabenspezifischen Fehler bedingt durch die Meßstrategie (1μm durch das Meßgerät, 10μm durch den Prüfling und 100μm durch den Menschen) [WEC93].

Der Prüfplaner hat Einfluß auf die Ergebnisse von Koordinatenmessungen, die sich auf die Genauigkeit der Ergebnisse bzw. deren Unsicherheit beziehen. Folgende Einflußmöglichkeiten sind in Prüfanweisungen (Meßbefehlen) möglich [RÖD95]:

* Fehler durch den Antastvorgang
  - Antastgeschwindigkeit
  - Antastkraft
  - geometrische Verhältnisse im Berührungsgebiet (Tastkugeldurchmesser, Prüflingsoberfläche)
* Fehler durch die Meßstrategie
  - Einfluß durch Auswahl des Meßprinzips, der Meßmethode, des Meßverfahrens und des Meßmittels
  - Ableitung der Aufgabenstellung aus der technischen Zeichnung und Beeinflussung durch Überlegungen zur funktionsgerechten, fertigungsbezogenen und ökonomischen Prüfdurchführung
  - Positionierung der Meßpunkte
  - Anzahl der Meßpunkte

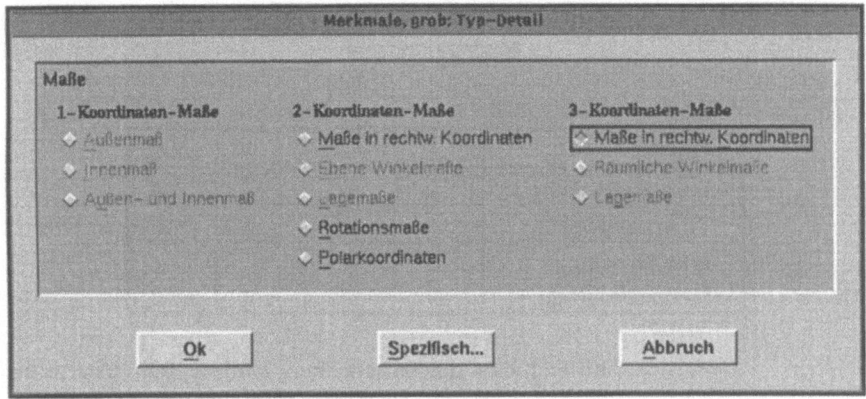

Bild 3.3.5: Geometrieanalyse

Es gibt keine allgemeingültigen Möglichkeiten, die genannten Fehler zu erkennen und zu vermeiden. Es können
aber einige Aussagen hinsichtlich der Meßstrategie gemacht
werden, auf die der Prüfplaner unmittelbar Einfluß hat. Die
meßtechnisch wichtigste Forderung wird durch die
„Goldene Regel" (Meßunsicherheit des Meßgerätes muß
zwischen einem Zehntel und einem Drittel der Toleranz des
Merkmals liegen) erhoben. Der Zusammenhang zwischen
Unsicherheit und Meßpunktanzahl kann durch ein Regel-
werk abgebildet werden. Die Formabweichung hat ebenfalls
Einfluß auf die zu wählende Meßpunktanzahl. Die Formfeh-
ler müssen mit erfaßt werden, um das Meßergebnis nicht
unzulässig zu verfälschen.

Prinzipiell sollten bei großen Formabweichungen viele
Meßpunkte angetastet werden, bei geringen Formabweichungen wenige. Zwischen der zulässigen Toleranz des
Formelementes und der Meßpunktanzahl hingegen besteht
ein indirekter Zusammenhang: je größer die zulässige Toleranz, desto weniger Meßpunkte sind erforderlich. Im Extremfall kann mit der für das jeweilige Formelement erforderlichen Mindestantastpunktzahl gearbeitet werden, wenn
die Formabweichung sehr gering gegenüber der zulässigen
Maßtoleranz ist. Den qualitativen Zusammenhang zwischen
Formabweichung, Toleranz und Meßpunktanzahl gibt Tabelle 3.3.1 wieder:

Tabelle 3.3.1: Zusammenhang zwischen Formabweichung, Toleranz und
Meßpunktanzahl

Fall	1	2	3	4
Formabweichung	↓	↑	↑	↓
Toleranz des FE	↑	↑	↓	↓
erforderliche Meßpunktanzahl	↓	↑?↓	↑↑	↑?↓

Im Fall 1 ist die Entscheidung einfach: Bei einer geringen Formabweichung und einer (im Verhältnis zur Geräteunsicherheit) großen Toleranz sind nur wenige Meßpunkte zur sicheren Bestimmung des Formelementes notwendig.

Im Fall 2 ergeben sich gegenläufige Tendenzen zur Festlegung der Meßpunktanzahl: Die große Toleranz erlaubt eine geringe Anzahl von Meßpunkten, gleichzeitig verlangt aber die hohe Formabweichung eine hohe Meßpunktanzahl. Eine konkrete Entscheidung ist hier nur bei Vorliegen der quantitativen Werte und unter Beachtung der Geräteunsicherheit möglich. Außerdem spielt die Frage der Funktion und damit der Art des Ersatzelementes hier eine wesentliche Rolle.

Die Entscheidung im Fall 3 ist wieder eindeutig: Hohe Formabweichung und geringe Toleranz erfordert eine hohe bzw. sehr hohe Meßpunktanzahl. Auch hier muß die Frage nach der Funktion beachtet werden.

Fall 4 verhält sich ähnlich wie Fall 2. Die geringe Formabweichung läßt niedrige Meßpunktzahlen zu, aber die geringe Toleranz des Formelementes verlangt hohe Antastpunktzahlen. Hier kann die Entscheidung aufgrund des Verhältnisses zwischen zufälligen Antastfehlern und Wert der zulässigen Toleranz getroffen werden.

Die Formulierung der Meßaufgabe erfolgt menügeführt

Für die spätere Generierung der Prüfanweisung in Textform (z. B. Handmeßmittel) oder der Meßanweisung (Koordinatenmeßgerät) ist die genaue Definition der Meßaufgabe durchzuführen. Dabei wird der Prüfplaner durch Bildschirmmasken unterstützt, die gültige Normen aus der Normenkette „Geometrische Produktspezifikationen" (GPS) in aufbereiteter Form widerspiegeln.

Ansatzweise wird ein Meßprogramm parallel zur Prüfanweisung in Form der Meßauswertesprache QUINDOS erstellt.

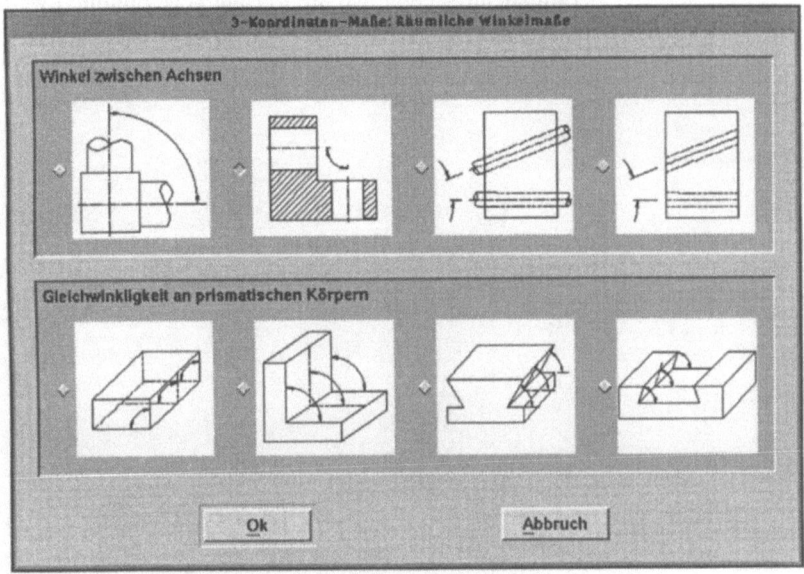

Bild 3.3.6: Definition der Prüfaufgaben

Die Prototypentwicklung erfolgte mit Hilfe der Entwicklungsumgebung SMART ELEMENTS. SMART ELE-
MENTS beinhaltet die Expertensystem-Shell NEXPERT
OBJECT und einen Auszug aus dem Tool OPEN INTER-
FACE, was zur Modellierung grafischer Oberflächen dient,
welches wichtige Elemente einer ergonomischen Benutzeroberfläche umfaßt. OPEN INTERFACE kann ebenfalls als
Bindeglied zur Implementation von C-Programmen dienen.
Die Shell von NEXPERT OBJECT ermöglicht die Modellierung und Pflege des regelbasierten Wissens der Methodenanwendungen. Diese Shell ist die Schnittstelle des Experten zur nachträglichen Wissensakquisition bei Metho-
denänderung bzw. deren Erweiterungen, da heutige Systeme
noch keine derartige Wissensakquisition während ihrer
Laufzeit zulassen. Dies erfolgt mit Hilfe von übersichtlichen
Eingabemasken und Browsern, so daß hierfür der Systementwickler nicht erforderlich ist. NEXPERT OBJECT

*Expertensystem Smart
Elements und Daten-
bank Ingres als Ent-
wicklungswerkzeuge*

stellt Objekte, Subobjekte, Klassen sowie deren Attribute und deren Ausprägungen durch verschiedene Symbole dar (Bild 3.3.7). Der Browserauschnitt zeigt den Bereich zur Erstellung eines Prüfprogrammes für ein Koordinatenmeßgerät, wo die Verfahrwege optimiert werden.

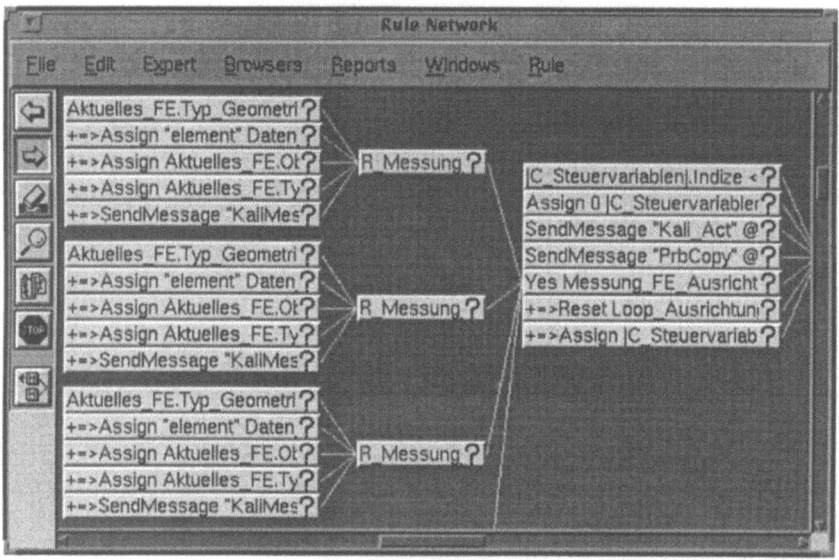

Bild 3.3.7: Beispiel für Wissensmodellierung

Neue weiterführende Repräsentation durch Wissen erfolgt durch Einsatz der relationalen Datenbank INGRES. Dazu ist eine weitere SMART ELEMENT-Komponente, die Database Bridge, erforderlich. Die Kommunikation erfolgt dabei über eine SQL-Schnittstelle. Die INGRES-Datenbank ermöglicht die Kommunikation und den Informationsaustausch mit prinzipiell allen anderen wissensbasierten Systemen. In der INGRES-Datenbank werden angeforderte Informationen, aber auch Faktenwissen wie z. B. Prüfmittelkatalog, Merkmalsdatenbank, Prüfpläne und Meßprogramme abgelegt.

Nur von Argus benötigte Daten und Fakten werden in SMART ELEMENTS als Objekte dargestellt. Dies sind z.B. die Geometriedaten, die meßtechnischen Angaben, die Hypothesen und die Anweisungen der Meßauswertesprache.

3.3.5 Schnittstelle zu anderen Systemen

Ein Austausch von Informationen ist prinzipiell mit allen Teilsystemen im Qualitätskreis zu jeder Zeit bidirektional möglich. Hervorzuheben ist dabei die Übernahme von Produktstruktur, Prüfmerkmalen und Prüfmaßnahmen aus dem QFD-System. Um Kundennähe bis in die Prüfplanung hinein spürbar werden zu lassen, kann im Feld aufgedeckten Fehlern, über die Planung der Prüfung von verursachenden Merkmalen, nachgegangen werden.

Den Fehlern ohne Zeitverzug nachgehen

Der wissensbasierten SPC werden Merkmale mitgeteilt, deren Übereinstimmung von Soll und Ist im Fertigungsprozeß überprüft werden sollen, besonders dann, wenn sie korreliert sind.

3.3.6 Zusammenfassung und Ausblick

Der realisierte Prototyp soll als Diskussionsgrundlage für die Schaffung und Weiterentwicklung eines wissensbasierten Prüfplanungssystem verstanden werden. Daß es höchste Zeit wird, dem Prüfplaner ein intelligentes Werkzeug in die Hand zu geben, beweisen die auf dem Markt befindlichen Systeme. Dem Autor ist z. B. kein System zur Programmierung und Steuerung von Koordinatenmeßgeräten bekannt, welches den Prüfplaner prüfaufgabenorientiert durch das Programm führt, wie es bei anderen Software-Lösungen schon zum Stand der Technik gehört.

Die Prüfplanung: vom Editiersystem zur Prüfplangenerierung

In dem Maße wie sich CAD-Systeme von Malprogrammen zu Modellierungswerkzeugen mausern, wird die Anbindung bzw. Integration der Prüfplanung in solche Systeme auf der Tagesordnung stehen.

Bei Erweiterung des entwickelten Software-Prototypen um die Prüfbeauftragung und Prüfauswertung steht ein durchgängiges Softwareprodukt zur Verfügung. Hier können sowohl bereits existierende Applikationen über entsprechende Schnittstellen verbunden, als auch wissensbasierte Lösungen aus oben genannten Gründen implementiert werden.

3.4   Erweiterte Statistische Prozeßregelung

Hans-Jürgen Warnecke, Peter Vay,
Universität Stuttgart, Institut für Industrielle Fertigung und
Fabrikbetrieb, Nobelstraße 12, 70569 Stuttgart

3.4.1   Methodenbeschreibung

*SPC als präventive
Methode der Quali-
tätssicherung*

Die Statistische Prozeßregelung (engl.: Statistical Process Control, SPC) hat sich in den letzten Jahren als eine Methode zur fertigungsbegleitenden Qualitätsprüfung und -regelung durchgesetzt. In früheren Jahren ging man den Weg der meist 100%igen Zwischen- bzw. Endprüfung. Man hatte damit keine Möglichkeit, regelnd in den Prozeß einzugreifen, bevor Fehler entstanden sind. Bei der SPC werden der laufenden Fertigung in bestimmten Zeitabständen Stichproben entnommen und gemessen.

Die Ergebnisse werden in einer sogenannten Qualitätsregelkarte (Bild 3.4.1) eingetragen und es kann anhand der Lage der Ergebnisse auf den aktuellen Prozeßzustand geschlossen werden. Damit ist es möglich geworden, sich abzeichnende negative Prozeßveränderungen rechtzeitig zu erkennen und frühzeitig regelnd in den Prozeß einzugreifen.

Folgende acht wesentlichen Schritte lassen sich bei der Anwendung der SPC identifizieren:

*Die acht Schritte der
SPC*

1.   Definition des zu untersuchenden Prozesses
2.   Auswahl des zu beurteilenden Merkmals
3.   Durchführung des Vorlaufes zur Schätzung der
      Verteilungsparameter (Mittelwert und Streuung)
4.   Festlegung der Stichprobenstrategie
      (Stichprobenfrequenz, Stichprobengröße)
5.   Auswahl der Qualitätsregelkarte
6.   Führen der Qualitätsregelkarte
7.   Interpretation der Prozeßverläufe
8.   Initiierung von Verbesserungsmaßnahmen

Die Grundlage für die SPC stellt die statistische Testtheorie dar. Dabei wird die Hypothese aufgestellt, daß sich die Verteilungsparameter der Merkmalswerte seit der Vorlaufuntersuchung nicht verändert haben. Mit Hilfe der Lage der Kennwerte einer Stichprobe in der Qualitätsregelkarte kann - mit einer bestimmten Sicherheit - eine Aussage über die Gültigkeit der Hypothese gemacht werden.

Test der Hypothese: Die Verteilungsparameter sind unverändert

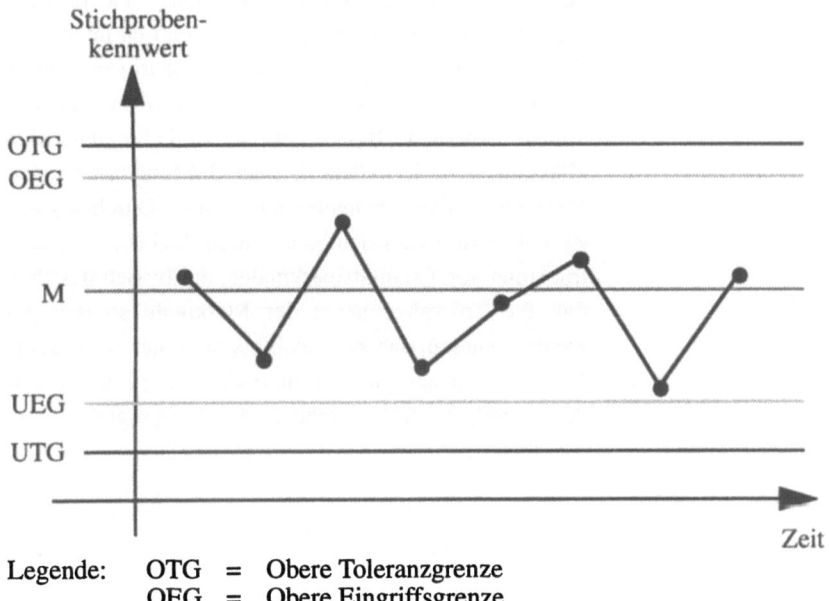

Legende: OTG   =   Obere Toleranzgrenze
            OEG   =   Obere Eingriffsgrenze
            M   =   Mittellinie
            UEG   =   Untere Eingriffsgrenze
            UTG   =   Untere Toleranzgrenze

Bild 3.4.1: Qualitätsregelkarte

3.4.2   Zielsetzung des Systems

Trotz der positiven Erfahrungen bei der Anwendung der SPC muß jedoch festgestellt werden, daß nur ein geringer Bruchteil aller Prozesse mit Hilfe der SPC sinnvoll überwacht und geregelt werden kann. Dies hat u.a. folgende Gründe:

Eingeschränktes Anwendungsspektrum der SPC

Die Qualität eines Prozesses wird lediglich anhand der Ausprägung eines Merkmals beurteilt

1. Die Qualität des Prozesses wird lediglich anhand eines Qualitätsmerkmals beurteilt, d.h. das der SPC zu Grunde liegende Prozeßmodell betrachtet lediglich ein Ausgangsmerkmal des Prozesses (Bild 3.4.2). In der Qualitätsplanung, wie sie beispielsweise mit der QFD umgesetzt wird, werden ausgehend von den Kundenbedürfnissen sukzessive Anforderungen an Produktkomponenten in tieferen hierarchischen Ebenen der Produktstruktur abgeleitet. Die bei der SPC zu betrachtenden Merkmale sind in der Regel einfache geometrische Maße. Das eigentlich interessierende Qualitätsmerkmal ergibt sich jedoch häufig erst durch das Zusammenspiel zweier oder mehrerer Qualitätsmerkmale von Einzelteilen. Beispielsweise sind für das Merkmal „Passung eines Zylinders in einer Bohrung" mindestens die Merkmale „Oberflächenrauheit" und „Durchmesser" des Zylinders zu berücksichtigen. Durch die bisher isolierte Betrachtung von Qualitätsmerkmalen, ergibt sich das Problem, daß die Toleranzgrenzen der Merkmale so eng gewählt werden müssen, daß sich auch bei extremer Ausprägung der Merkmale insgesamt eine zumindest tolerierte Ausprägung des eigentlich interessierenden Merkmals ergibt.

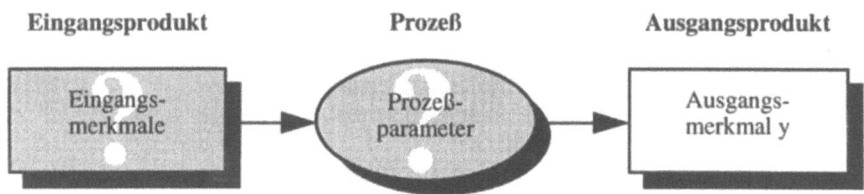

Bild 3.4.2: SPC-Prozeßmodell

Zusatzinformationen über den Prozeß werden nicht genutzt

2. Bei Analyse und Interpretation von Prozeßverläufen können keine Zusatzinformationen über den Prozeß berücksichtigt werden. Liegen beispielsweise neben den Informationen über das zu beurteilende Qualitätsmerkmal auch Informationen über den Verlauf von Eingangsmerkmalen bzw. Prozeßparametern vor, so können Vermutungen über bestimmte Fehlerursachen ausgeschlossen bzw. bestätigt werden (Bild 3.4.2).

3. Die klassische Methode der Statistischen Prozeßregelung hört da auf, wo es interessant wird, nämlich an dem Punkt, an dem ein ungewöhnlicher Prozeßverlauf festgestellt wurde, und es herauszufinden gilt, welche Ursachen dafür verantwortlich und welche Maßnahmen dagegen einzuleiten sind. Die SPC bietet hierfür bislang keine Unterstützung und es muß u.U. ein aufwendiger Fehleranalyseprozeß angestoßen werden. Dies führt häufig zu langen Ausfallzeiten und damit zu hohen Kosten.

Die SPC bietet keine Unterstützung bei der Fehleranalyse und Ermittlung von Verbesserungsmaßnahmen

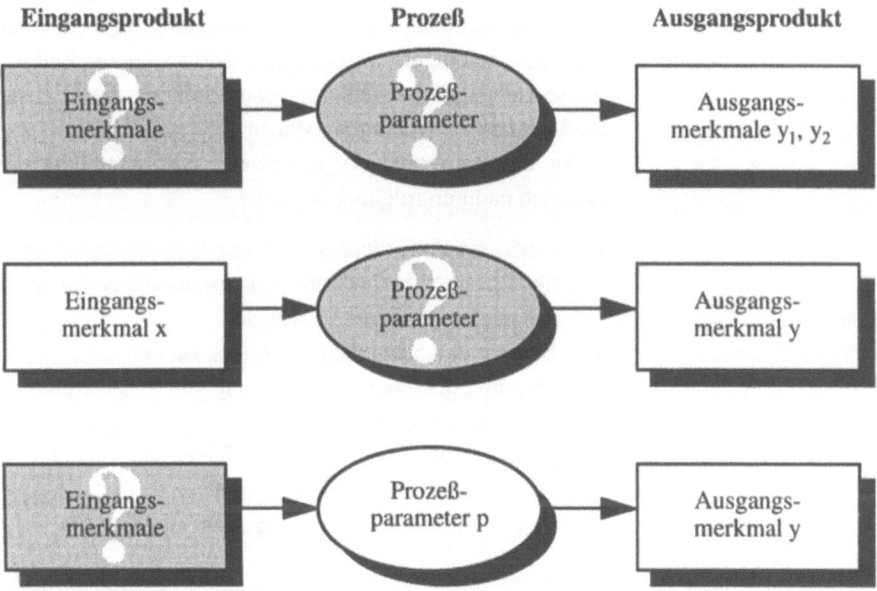

Bild 3.4.3: Komplexe Prozeßmodelle

Grundsätzlich kann festgestellt werden, daß das Anwendungsspektrum der SPC bislang sehr eingeschränkt ist und Wege gefunden werden müssen, die positiven Effekte, die durch die Anwendung der SPC erzielt werden können, auf ein breiteres Prozeßspektrum zu erweitern.

Aus den oben genannten Problemstellungen ergibt sich für das entwickelte erweiterte SPC-System (XSPC, engl. Extended Statistical Process Control) zunächst die Zielsetzung, daß auch Prozesse, denen ein komplexes Prozeßmo-

Überwachung von Prozessen mit komplexen Prozeßmodellen

dell zu Grunde liegt, sinnvoll überwacht und geregelt werden können (Bild 3.4.3).

Ziel: Nutzung von
Zusatzinformationen

Dabei sollen Zusatzinformationen, die über das gleichzei-
tige Beobachten von Eingangsmerkmalen, Prozeßparametern und Ausgangsmerkmalen gewonnen werden, zur Beurteilung von Prozeßverläufen genutzt werden.

Ziel: Mehrdimensio-
nale SPC

Darüber hinaus soll es möglich sein, zwei oder mehrere
Ausgangsmerkmale gemeinsam zu betrachten, um sich ein
umfassenderes Bild vom Prozeßzustand machen zu können.

Ziel: Rechnerunter-
stützte Fehleranalyse

Bezüglich der Unterstützung des SPC-Anwenders bei der
Ermittlung von Fehlerursachen und der Ableitung von Verbesserungsmaßnahmen soll die Anbindung an eine Fehleranalysekomponente dafür sorgen, daß in kurzer Zeit Hinweise auf mögliche Fehlerursachen und geeignete Abstellmaßnahmen zur Verfügung stehen.

Für den Anwender der erweiterten SPC-Methodik ergeben sich dadurch folgende Vorteile:

• Geringere Anforderungen an die Ausprägungen der
  Qualitätsmerkmale durch gemeinsame Betrachtung
  zusammengehöriger Merkmale.
• Bessere und schnellere Interpretation von
  Prozeßverläufen durch Nutzung von Zusatzwissen.
• Schnellere Reaktion auf Prozeßabweichungen durch
  gezielte Unterstützung bei der Fehleranalyse und
  Ableitung von Gegenmaßnahmen.
• Erweiterung des Anwendungsspektrums der SPC.

3.4.3 Lösungs- und Systemkonzept

Das Konzept des XSPC-Systems besteht aus insgesamt
sechs Systemkomponenten und drei Wissensbasen, deren
Aufgaben im folgenden beschrieben werden sollen
(Bild 3.4.4).

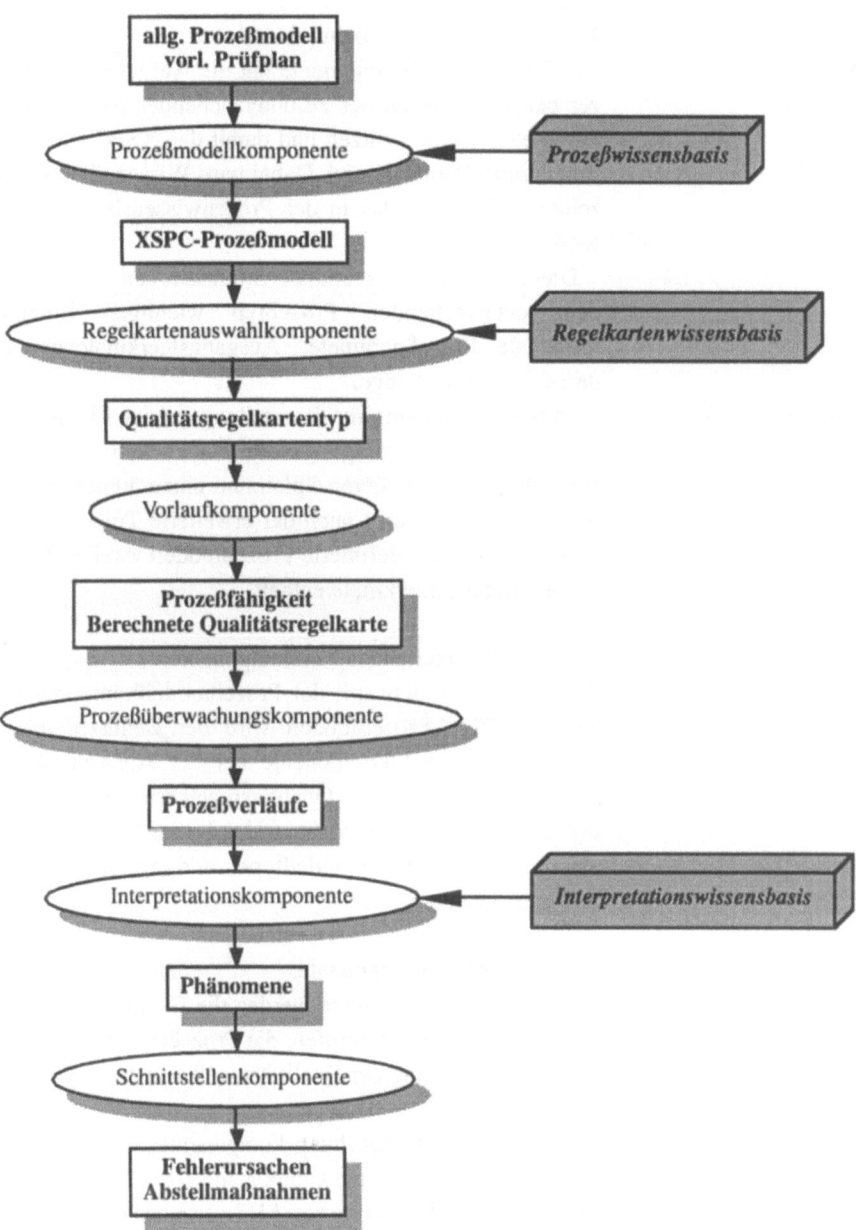

Bild 3.4.4: Systemkomponenten und Wissensbasen

XSPC-Prozeßmodell
aufbauen

1.   Prozeßmodellkomponente:

Die Prozeßmodellkomponente hat die Aufgabe, den Benutzer bei der Auswahl der zu untersuchenden Merkmale und Parameter zu unterstützen und damit das XSPC-spezifische Prozeßmodell aufzubauen. Dabei wird Wissen über die Prozeßklasse genutzt, das in der Prozeßwissensbasis gehalten wird.

Diese Wissensbasis enthält Informationen über die bei dem entsprechenden Prozeßtyp wichtigen Eingangsmerkmale, Prozeßparameter, Ausgangsmerkmale und ggf. deren Zusammenhänge.

Erweiterten Tole-
ranzbereich festlegen

Durch die gemeinsame Beurteilung zweier Merkmale ist es möglich, den Ausprägungen der Merkmale in bestimmten Bereichen einen größeren Spielraum einzuräumen. Deshalb wird in diesem Schritt auch der erweiterte Toleranzbereich definiert, falls das definierte Prozeßmodell zwei zu beurteilende Ausgangsmerkmale enthält.

Geeignete Regelkarte
auswählen

2.   Regelkartenauswahlkomponente:

Ausgehend von dem mit der Prozeßmodellkomponente erzeugten XSPC-Prozeßmodell wird der Benutzer mit der Regelkartenauswahlkomponente bei der Auswahl der für den Prozeß geeigneten Qualitätsregelkarte unterstützt. In der Regelkartenwissensbasis wird dazu das Wissen über die Zuordnung von Prozeßmodelltypen und Qualitätsregelkartentypen gehalten.

Vorlaufdaten
auswerten

3.   Vorlaufkomponente:

In der Vorlaufkomponente werden die Daten des Vorlaufes aus der Datenbank abgerufen, die Prozeßfähigkeit bestimmt und die Berechnung der Qualitätsregelkarte durchgeführt.

Regelkarte führen

4.   Prozeßüberwachungskomponente:

Die Prozeßüberwachungskomponente ist dafür verantwortlich, daß die aufgenommenen Meßwerte aus der Datenbank ausgelesen und in die Regelkarte eingetragen werden.

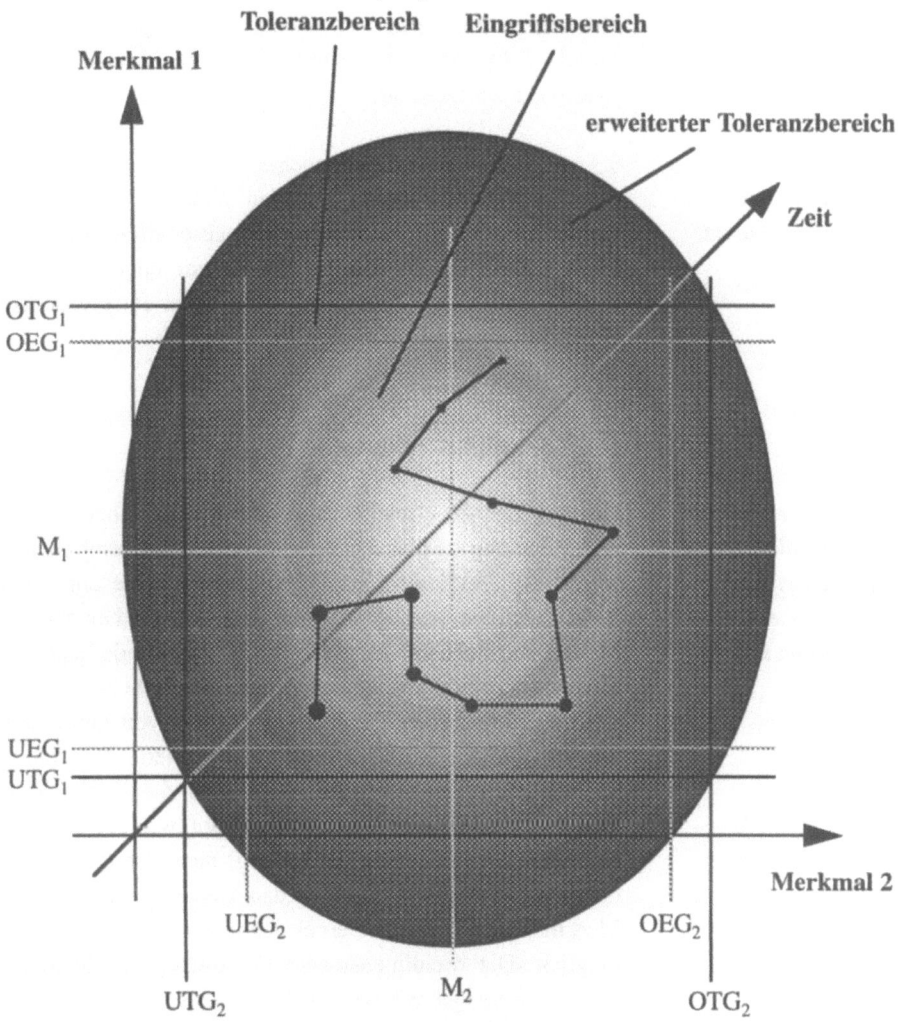

Bild 3.4.5: Dreidimensionale Qualitätsregelkarte

5.   Interpretationskomponente:
Die Interpretation von Prozeßverläufen wird mit Hilfe der   *Prozeßverläufe inter-*
Interpretationskomponente durchgeführt. Dazu wird die In-   *pretieren*
terpretationswissensbasis genutzt, in der die möglichen

Phänomene in Form von Wenn-Dann-Regeln (Eingriff, Trend, Folge, extreme Streuungen, Prozeßverschiebung, Zyklus) beschrieben sind.

Mit anderen Teilsy-stemen kommunizie-ren

6.   Schnittstellenkomponente:
Für die Kommunikation mit den anderen Teilsystemen wurde die Schnittstellenkomponente geschaffen, die insbesondere dafür sorgt, daß im Falle eines ungewöhnlichen Prozeßverlaufes die Fehleranalyse mit einer entsprechenden Untersuchung beauftragt wird.

3.4.4 Gleichzeitige Überwachung zweier Qualitätsmerkmale

Mit der dreidimensionalen Qualitätsregelkarte lassen sich zwei Qualitätsmerkmale gemeinsam überwachen

Um das Ziel zu erreichen, die gemeinsame Überwachung und Regelung zweier Qualitätsmerkmale zu ermöglichen, wurde die dreidimensionale Qualitätsregelkarte entwickelt (Bild 3.4). Sie basiert auf dem gleichen mathematischen Modell, das auch der klassischen SPC zu Grunde liegt. Das Layout der dreidimensionalen Regelkarte ergibt sich aus der Überlagerung zweier Qualitätsregelkarten, von denen eine um 90° gedreht wurde. Durch die integrierte Darstellung kann leicht erkannt werden, wenn sich die Stichprobenkennwerte in kritische Bereiche bewegen, was bei der übereinander angeordneten Darstellung nicht ohne weiteres möglich ist. Darüber hinaus ist damit eine Optimierung der Merkmalswerte unter Berücksichtigung beider Aspekte möglich. Die dreidimensionale Darstellung erhöht außerdem die Aussagekraft, wenn beispielsweise eine Verletzung der Eingriffgrenze entdeckt wurde und anhand der Lage des Kennwertes relativ zu den erweiterten Toleranzgrenzen die Schwere des Fehlers zu beurteilen ist.

3.4.5 Realisierung des Systems

Der Prototyp des XSPC-Systems wurde unter Verwendung der LISP-Entwicklungsumgebung LISPWORKS implementiert. LISPWORKS unterstützt die Standards CLOS (Common Lisp Object System) und CLIM (Common Lisp Interface Manager), die bei der Implementierung verwendet wurden.

3.4.6 Nutzung des Systems

Die Bearbeitung einer SPC-Aufgabe mit Hilfe des XSPC-System kann in fünf wesentliche Schritte aufgegliedert werden, die im folgenden beschrieben werden sollen.

Fünf Schritte der Anwendung des XSPC-Systems

Vor der eigentlichen Anwendung der SPC-Methodik wird seitens der Prüfplanung festgelegt, welcher Prozeß mit Hilfe der SPC untersucht werden soll. Da das Prüfplanungssystem noch nicht an die erweiterte SPC-Methodik angepaßt ist, werden von der Prüfplanung lediglich die Prüfmerkmale und die Prüfstrategie vorgeschlagen.

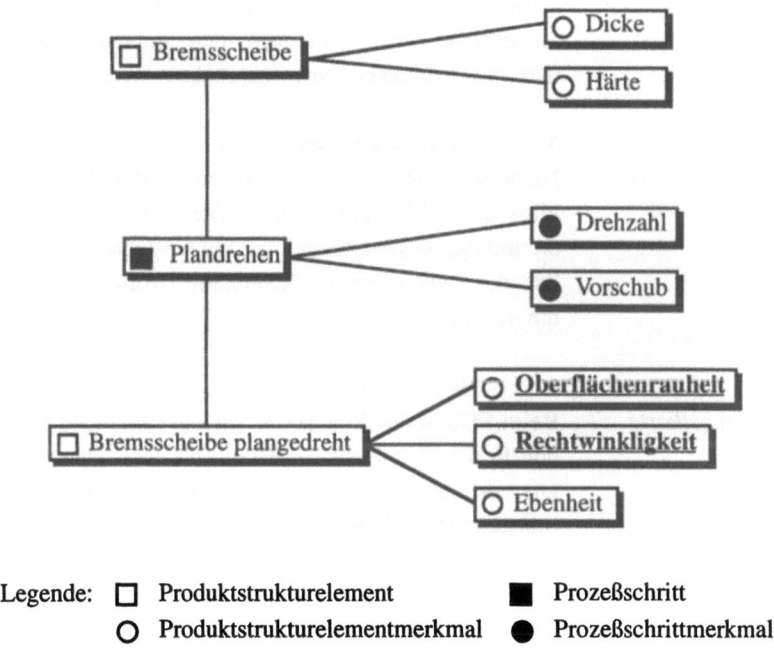

Bild 3.4.6: Darstellung des Prozeßmodells

1.   XSPC-Prozeßmodell erstellen

Im ersten Schritt innerhalb des XSPC-Systems muß aus den vorher genannten Gründen auf die Auswahl der Prüfmerkmale nochmals eingegangen werden. Dazu bekommt der Benutzer das Prozeßmodell, wie es im Produkt-Prozeß-Modell (PPM) festgelegt wurde, angezeigt und er kann die

XSPC-Prozeßmodell festlegen

ihn interessierenden Aspekte aus- bzw. abwählen. Im vorliegenden Beispiel wurden die beiden Merkmale
„Oberflächenrauheit" und „Rechtwinkligkeit" als SPC-
Prüfmerkmale ausgewählt (Bild 3.4.6). Darüber hinaus wird
hier der erweiterte Toleranzbereich definiert.

2.   Qualitätsregelkarte auswählen

Geeignete Qualitäts-
regelkarte auswählen

Sobald das XSPC-Prozeßmodell vollständig definiert ist,
kann die dazu passende Qualitätsregelkarte ausgewählt werden. Das System schlägt dazu auf Grund der Informationen
über das XSPC-Prozeßmodell eine geeignete Qualitätsregelkarte vor. Für die oben genannten Merkmale der Bremsscheibe würde beispielsweise eine dreidimensionale Mit-
telwertkarte zusammen mit den entsprechenden Stan-
dardabweichungskarten vorgeschlagen werden.

3.   Vorlaufdaten auswerten

Prozeßfähigkeit be-
stimmen

Nach dem Abruf der Vorlaufdaten werden diese analog zur
klassischen SPC ausgewertet. Die Prozeßfähigkeitsindizes
c_p und c_{pk} werden berechnet und ausgegeben. Zudem werden die Kennwerte der Regelkarte (Mittellinie, obere und
untere Eingriffsgrenze) berechnet.

4.   Regelkarte führen

Qualitätsregelkarte
führen

Beim Führen der Regelkarte wird in regelmäßigen Abständen in der Datenbank angefragt, ob neue Daten vorliegen.
Die vorliegenden Daten werden eingelesen und in der Qualitätsregelkarte dargestellt.

5.   Prozeßverlauf interpretieren

Prozeßveränderungen
entdecken

Die Interpretationskomponente überprüft bei jedem neuen
Dateneingang, ob ungewöhnliche Prozeßverläufe vorliegen
und meldet gegebenenfalls die entdeckten Phänomene. Zudem werden die betroffenen Stichprobenkennwerte dunkel
markiert (Bild 3.4.7).

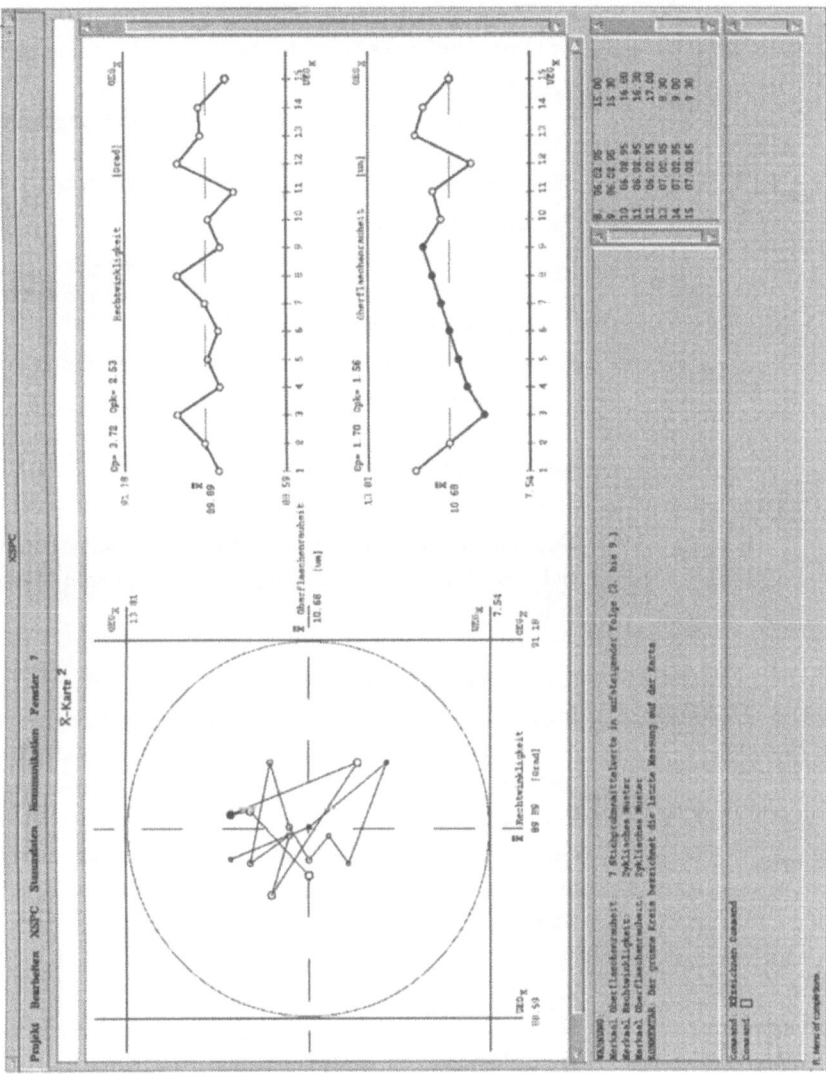

Bild 3.4.7: Benutzungsoberfläche

Die Phänomene können sein:

- Eingriff: Stichprobenkennwert liegt außerhalb der Eingriffsgrenze.
- Trend: N aufeinanderfolgende Stichprobenkennwerte liegen in auf- oder absteigender Folge, wobei N in Abhängigkeit von der Wahrscheinlichkeit, mit der die Regel aktiviert werden soll, berechnet wird.

- Folge: N aufeinanderfolgende Stichprobenkennwerte liegen auf einer Seite der Mittellinie (N analog zu Trend).
- Extreme Streuung: Deutlich mehr bzw. weniger als 2/3 der Stichprobenkennwerte liegen innerhalb des mittleren Drittels des Bereiches zwischen den Eingriffsgrenzen.
- Prozeßverschiebung: Kurzzeitiger Trend der Stichprobenkennwerte mit anschließendem Einpendeln auf eine neue Prozeßlage.
- Zyklus: Wiederholt auftretende ähnliche Muster von Stichprobenkennwerten.

3.4.7 Schnittstellen zu anderen Systemen

Durch die Einbindung in das WibQus-Gesamtsystem ergibt sich die Möglichkeit, auf Wissen, das in anderen Methoden ermittelt wurde, zurückzugreifen.

Wichtige Merkmale von Dacapo

1.   Schnittstelle zur QFD

Im Dacapo-System werden ausgehend von den Kundenbedürfnissen sukzessive die Anforderungen an das Produkt, die Baugruppen, die Einzelteile und die Prozesse geplant. Ein Ergebnis dieser Tätigkeiten ist auch die Gewichtung der Qualitätsmerkmale. Die als wichtig eingestuften Qualitätsmerkmale können somit bei der Auswahl der SPC-Merkmale entsprechend berücksichtigt werden.

Zusammenhänge zwischen Merkmalen von CaDox

2.   Schnittstelle zur SVM

Das CaDox-System hat die Aufgabe, Produkt- und Prozeßspezifikationen zu analysieren und zu optimieren. Die Ergebnisse bezüglich der Zusammenhänge zwischen Merkmalen werden ebenfalls bei der Auswahl der SPC-Merkmale bzw. bei der Festlegung des erweiterten Toleranzbereiches benutzt.

Fehlerursachen und Abstellmaßnahmen von CAFA

3.   Schnittstelle zur Fehleranalyse

Die entscheidende Unterstützung erhält das XSPC-System jedoch vom Fehleranalysesystem. Mußte bisher bei einem ungewöhnlichen Prozeßverlauf eine häufig aufwendige Fehleranalyse durchgeführt werden, so ist es nun möglich, das

kollektive Wissen, das bezüglich des betrachteten Prozesses
und des betrachteten Produktes im Gesamtsystem vorhanden ist, zu nutzen, um die Fehlerursache zu bestimmen und
geeignete Abstellmaßnahmen abzuleiten. Dazu wird dem
Quality Trader eine Anfrage übermittelt, die alle notwendigen Informationen bezüglich des aufgetretenen Fehlers
enthält. Mit diesen Informationen und unterstützt durch den
Kausalprozessor kann rechnerunterstützt eine umfassende
Fehleranalyse durchgeführt werden. Mit den dort gewonnenen Ergebnissen können die betroffenen Personen sehr viel
schneller auf Prozeßfehler reagieren und es entstehen geringere Ausfallzeiten.

3.4.8 Zusammenfassung

Mit dem vorliegenden Prototypen wurde ein Weg aufgezeigt, wie das Anwendungsspektrum der SPC erweitert und
der Benutzer bei der teilweise schwierigen Aufgabe der
Fehleranalyse unterstützt werden kann. Es wurde die Basis
für die Weiterentwicklung der SPC geschaffen, die letztendlich dazu dienen soll, Unternehmen in die Lage zu ver-
setzen, ihre Prozesse in einer den spezifischen Gegebenheiten angepaßten Weise zu überwachen, zu regeln und
damit ständig zu verbessern. Die benutzergerechte Gestaltung des Systems läßt erwarten, daß es auf die Akzeptanz
der Mitarbeiter trifft und Hemmungen gegenüber der
scheinbar schwierigen Materie „Statistik" abbaut.

3.5   Wissensbasierte Fehleranalyse

Tilo Pfeifer, Robert Grob, Pavlos Klonaris, RWTH Aachen, Lehrstuhl für Fertigungsmeßtechnik und Qualitätsmanagement, Steinbachstraße 53, 52056 Aachen

Wissensbasierte Unterstützung der Fehleranalyse

Auch wenn im modernen Qualitätsmanagement der Gedanke der Fehlervermeidung in den Vordergrund getreten ist, heißt das nicht, daß keine Fehler mehr auftreten. Gerade für die präventiven Methoden des Qualitätsmanagements ist von besonderer Wichtigkeit, daß sie mit realen Daten und Informationen aus der Entstehung des Produktes versorgt werden. Nur so läßt sich eine fertigungs- bzw. montage- und damit letztlich auch qualitätsgerechte Planung sicherstellen.

Aus diesem Grund wird nachfolgend dargelegt, wie die Entwicklung eines wissensbasierten Fehleranalysesystems gestaltet werden kann. Dieses System soll auf Basis von Qualitätsdaten Fehlerart, Fehlerort und Fehlerursache bestimmen und geeignete Maßnahmen zur Beseitigung von Fehler und Fehlerursache vorschlagen. Die benötigten Qualitätsdaten sollen aus einem vorgelagerten SPC-System, anderen Qualitätsinformations-Systemen sowie aus BDE/MDE-Systemen übertragen und durch weitere Informationen, die der Maschinenbediener anfordert, ergänzt werden.

Nachfolgend wird zunächst auf die methodische Vorgehensweise der Fehleranalyse eingegangen, um im Anschluß daran speziell die Ziele einer Rechnerunterstützung der Fehleranalyse zu vertiefen. Den Schwerpunkt des Kapitels bildet die Konzeption und Realisierung des wissensbasierten Fehleranalysesystems CAFA (engl.: Computer-Aided Fault Analysis) [PFE 95]. In den nächsten Abschnitten werden abteilungsübergreifende Kooperationsmöglichkeiten, die durch eine solche Fehleranalyse unterstützt werden können, näher erläutert und die Nutzenaspekte der Fehleranalyse dargelegt. Den Abschluß bildet ein Ausblick auf die Zukunft der – insbesondere rechnerunterstützten – Fehleranalyse.

3.5.1 Aus Fehlern lernen – Die Methode der Fehleranalyse

In den meisten produzierenden Unternehmen entstehen laufend vielfältige Produkte. Während des gesamten Produktentstehungsprozesses werden unterschiedliche Ressourcen in komplexer Art und Weise genutzt. Die Abläufe sind - nicht zuletzt bedingt durch die weitgehende Arbeitsteilung - in viele relativ autarke Abschnitte und Tätigkeiten unterteilt. Hinzu kommt, daß im Zuge der fortschreitenden Reduzierung der Fertigungstiefe einzelne Arbeitsabschnitte an andere Unternehmen vergeben werden. Alles in allem führt dies dazu, daß der einzelne Mitarbeiter nicht den Überblick über alle Anforderungen und Konsequenzen seiner Tätigkeit hat. Auch die planenden Abteilungen, d.h. insbesondere Konstruktion und Arbeitsplanung, sind immer weniger in der Lage, in ihren Planungsergebnissen alle Zusammenhänge im Sinne der präventiven Qualitätssicherung zu berücksichtigen.

In jedem Unternehmen werden Fehler gemacht!

In der skizzierten Situation ist es dringend geboten, den Informationsfluß zwischen Ausführung und Planung zu verstärken. Hierzu werden zwei Strategien parallel verfolgt. Zum einen finden im Rahmen der Planung vielfältige präventive Methoden Einsatz. Zu nennen sind hier vor allem die Fehler-Möglichkeits- und Einfluß-Analyse (FMEA) und die Prüfplanung. Die zweite Strategie setzt am Herstellungsprozeß an. Direkt nach Fehleraufdeckung müssen Fehler und Fehlerursache analysiert werden, um eine Wiederholung durch Planungsoptimierung zu verhindern. Die Fehleranalyse kann als Unterstützung beider Strategien angesehen werden (vgl. Bild 3.5.1).

Strategien der Fehlervermeidung

Zielsetzung der Fehleranalyse ist es, ausgehend von erfaßten Qualitätsdaten und Sollvorgaben der Planung auf Fehler und Fehlerursachen zu schließen. Dabei ist sowohl zu analysieren, ob bereits Fehler aufgetreten sind, als auch, ob Fehler in naher Zukunft auftreten werden. Für derart bestimmte Fehler ist dann weiter zu ermitteln, welche Ursachen für den Fehler verantwortlich, sowie welche Gegenmaßnahmen zu ergreifen sind. Maßnahmen werden hier sowohl kurzfristig, d.h. zur Behebung des Fehlers bzw. der Fehlerfolgen, als auch mittel- und langfristig, d.h. zur Vermeidung der Wiederholung des Fehlers gesehen.

Was ist Fehleranalyse?

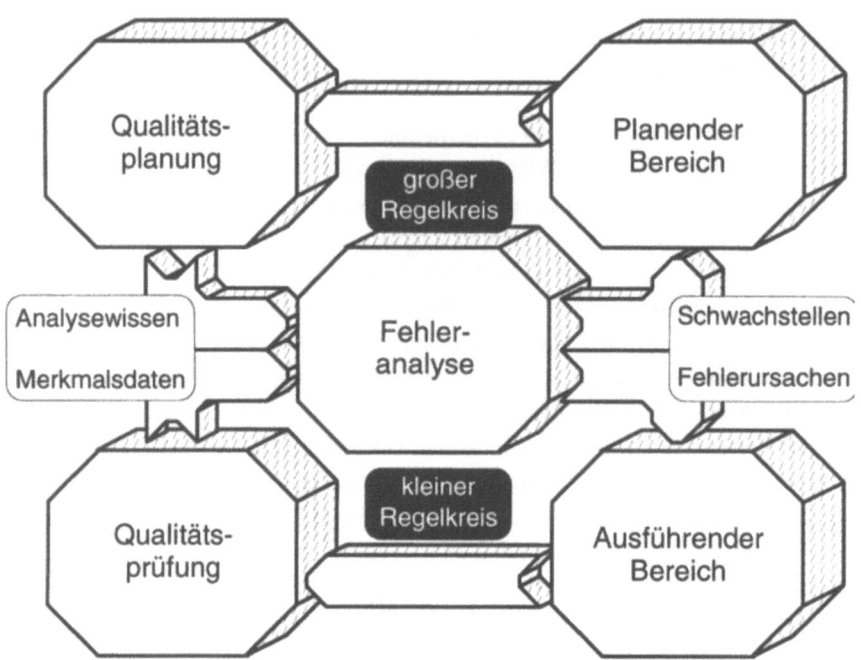

Abb. 3.5.1: Fehleranalyse in den Qualitätsregelkreisen

Qualitätsregelkreise durch die Fehleranalyse schließen

Mit der Fehleranalyse werden Qualitätsregelkreise geschlossen. Sie realisiert den in den Unternehmen häufig nur wenig ausgeprägten rückwärtsablaufenden Informationsfluß, d.h. von der Ausführung zur Planung [ORE93]. Ursächlich für diese Defizite ist einerseits, daß traditionell – begründet durch den Taylorismus – die vorwärtsorientierten (häufig auch als Top-Down verstandenen) Informationsflüsse im Vordergrund des Interesses stehen. Andererseits ist aber auch die Definition der mit der Rückführung der Information verfolgten Ziele weitaus schwieriger. Schließlich ist in vielen Fällen bereits der Umgang mit Fehlern an sich ein (psychologisches) Problem, da damit häufig persönliche Schuldzuweisungen verbunden sind.

Offenes Problem: Rückfluß von Informationen

Die zentrale Zielsetzung der Fehleranalyse ist, sicherzustellen, daß Informationen über die Vor- und Nachteile von planerischen Ergebnissen, z.B. Konstruktionen und Arbeitsplänen, aufbereitet werden und dahin zurückfließen, wo sie benötigt werden. Es sind also drei miteinander zusammenhängende Teilprobleme zu lösen:

- Sammlung,
- Aufbereitung und
- Bereitstellung von fehlerrelevanten Informationen.

Von besonderer Bedeutung für die Lösung dieser Probleme ist, daß neben einer geeigneten technisch-
methodischen Unterstützung auch die organisatorische
Einbindung der Vorgehensweise sichergestellt wird. Unter
diesem Blickwinkel sind eine Reihe von Schnittstellen der
Fehleranalyse in ihrer organisatorischen Einbindung zu
beachten (Bild 3.5.2).

Einbettung der Feh-
leranalyse in die Un-
ternehmensabläufe

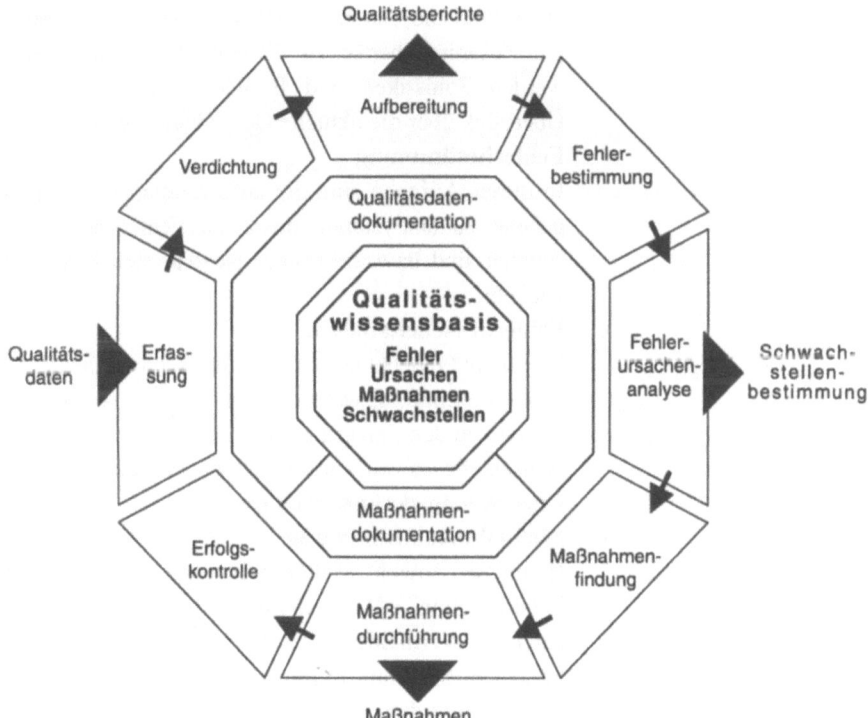

Bild 3.5.2: Hauptarbeitsschritte der Fehleranalyse

Die einzelnen Arbeitsschritte werden nachfolgend näher
betrachtet:

- **Erfassung**
  Die Qualitätsdaten, d.h. produkt-, prozeß- und anlagen-
  bezogene Daten aus der laufenden Fertigung und
  Montage sind möglichst zeitnah zu erfassen. Diese
  Daten müssen um weitere Informationen, beispielswei-
  se aus der Instandhaltung, ergänzt werden.

- **Verdichtung**
  Der Umfang der Daten wird vor einer Verarbeitung
  soweit möglich reduziert. Hierzu müssen geeignete
  Verdichtungsverfahren, z.B. mit Hilfe der Statistik,
  geplant und eingesetzt werden.

- **Aufbereitung**
  Die Aufbereitung umfaßt zwei Teilaufgaben. Zum
  einen sind die Daten zeitlich in Beziehung zu setzen,
  um Zusammenhänge zu verdeutlichen. Zum anderen
  werden Statistiken und Berichte erstellt, die einen
  Überblick über die aktuelle Qualitätslage geben.

- **Fehlerbestimmung**
  In dieser Aufgabe sind die aufbereiteten Daten dahingehend zu analysieren, inwieweit Fehler bereits entstanden sind bzw. erkennbar ist, daß sich Fehler entwickeln.

- **Fehlerursachenanalyse**
  Für die aufgedeckten Fehler ist im Rahmen dieser Auf-
  gabe zu ermitteln, welche Ursachen über welche Kau-
  salkette zu den Fehlern geführt haben. Hierbei wird die
  Kausalkette soweit zurückverfolgt, daß die auslösende
  Ursache aufgedeckt werden kann.

- **Maßnahmenbestimmung**
  Es müssen sowohl Maßnahmen zur kurzfristigen Feh-
  lerbeseitigung, z.B. Nacharbeit oder Aussortieren, als
  auch zur Vermeidung des Wiederauftretens der Fehlerursache bestimmt werden.

- **Maßnahmendurchführung**
  Für alle Maßnahmen sind Verantwortliche und Termine
  zur Durchführung festzulegen und zu überwachen.

- **Erfolgskontrolle**
  In regelmäßigen Abständen sind die installierten Maßnahmen auf ihre Wirksamkeit hin zu überprüfen.

Die beschriebenen Aufgaben sind ohne weitergehende Unterstützung nur sehr aufwendig lösbar. Insbesondere die
Erfassung und Verdichtung der vielfältigen Produkt- und
Prozeßdaten ist ohne Rechnereinsatz kaum möglich. Auch
die aufgrund zunehmender Komplexität des Fehlergeschehens aufwendiger werdenden Aufgabenblöcke der Fehlerbestimmung, Fehlerursachenanalyse und Maßnahmenfindung können durch geeignete rechnerunterstützte
Hilfsmittel weitgehend vereinfacht werden. Insgesamt kann
festgestellt werden, daß eine rechnergestützte, wissensbasierte Unterstützung der Fehleranalyse für eine praxisorien-
tierte Gestaltung der Abläufe sinnvoll ist. Auf die Ziele, die
mit einer solchen Unterstützung verfolgt werden, wird nachfolgend eingegangen.

Unterstützung der
Fehleranalyse durch
rechnerunterstützte,
wissensbasierte Hilfen

3.5.2 Ziele der rechnergestützten Fehleranalyse

Zielsetzung der rechnerunterstützten Fehleranalyse ist nicht
alleine die Verarbeitung von qualitätsbezogenen Produkt-
und Prozeßdaten, sondern vor allem auch die Unterstützung
der Fehlerbestimmung, Fehlerursachenanalyse und der
Maßnahmenfindung. Hierdurch soll das Fehleranalysewissen in anderen, insbesondere planerischen Bereichen verfügbar gemacht werden.

Fehleranalysewissen
verfügbar machen

Das entwickelte System ist als offene, wissensbasierte
Softwarekomponente im Rahmen des aufgebauten Quali-
tätsinformationssystems integriert worden, wobei insbesondere folgende Schnittstellen betrachtet wurden:

Offene wissens-
basierte Lösung

- Zur Fehler-Möglichkeits- und Einfluß-Analyse
  (FMEA), um die Grundlage für Fehler-Ursache-
  Zusammenhänge aus den planenden Bereichen zu
  erhalten und umgekehrt Erfahrungswissen aus
  Fertigung und Montage in die planenden Bereiche
  zurückführen zu können.
- Zur statistischen Versuchsplanung, um das Wissen über
  Fehler-Ursache-Zusammenhänge für die Fehleranalyse
  zu vertiefen und umgekehrt der Versuchsplanung
  Erfahrungen aus den ausführenden Bereichen
  übermitteln zu können.

- Zur statistischen Prozeßregelung (SPC), um einerseits die rechtzeitige Feststellung von Fehlern sicherzustellen und andererseits den Einsatz der SPC-Verfahren zu verbessern.

Organisatorische Einbindung sicherstellen

Von besonderer Bedeutung war dabei die Entwicklung eines Modells für die organisatorische Einbindung des Fehleranalysesystems in die betrieblichen Abläufe, um die ständige Aktualisierung und Verbesserung der Wissensbasen sicherzustellen.

Kernproblem: Wissen erfassen

Eine wesentliche Voraussetzung für einen wirkungsvollen Einsatz der Fehleranalyse ist offensichtlich das breite Wissen über die Produkte und Prozesse, aber auch über die Fertigungsanlagen. Diese Wissensbasis möglichst vollständig mit einem vertretbaren Aufwand erfassen zu können, stellt das Kernproblem der wissensbasierten Fehleranalyse dar. Auf dieses Kernproblem und seine Lösung wird im nächsten Abschnitt eingegangen.

3.5.3 Fehleranalysewissen aufbauen und wirkungsvoll einsetzen

Die Erfassung von Wissen wird in den meisten Expertensystemansätzen als eine in sich abgeschlossene Phase der Entwicklung wissensbasierter Systeme gesehen. In einer anderen, späteren Phase wird die Wartung und Pflege der Wissensbasen als getrennter Vorgang betrachtet.

Wartung und Pflege von Wissensbasen ist bislang wenig untersucht

Während zur Gestaltung der Wissenserfassung umfangreiche Erkenntnisse vorliegen, ist der Bereich der Wartung und Pflege von Wissensbasen weit weniger betrachtet worden. Andererseits ist aber die Fehleranalyse gerade dadurch geprägt, daß laufend neues Wissen gewonnen wird, d.h., daß die erstmalige Erstellung von Wissensbasen nur einen ersten Schritt darstellen kann. Gerade weitere Phasen, wie die Online- und Offline-Bearbeitung von Wissensbasen, aber auch die Erstellung von Varianten bedürfen der Unterstützung (vgl. Bild 3.5.3).

Wie wird die Wissensbasis aufgebaut?

Stellvertretend werden nachfolgend die Phasen der Basisakquisition erläutert. Bei der Basisakquisition wird eine erste Version der Wissensbasis unter besonderer Berücksichtigung aller wesentlichen strukturellen Merkmale des Fertigungsprozesses in das System eingegeben.

Das System führt den Benutzer mittels einer festen Abfra-   *Das System leitet den*
gestrategie durch die Basisakquisition. Dabei ist es nicht nur   *Benutzer an*
möglich, einzelne Schritte der Erstellung zu wiederholen
oder die Erstellung zu unterbrechen, sondern auch einzelne
Aspekte getrennt einzugeben. Dieses Verfahren hilft dem
Benutzer, den Überblick über den jeweiligen Stand der
Arbeit zu behalten und es wird schon an dieser Stelle eine
größtmögliche Vollständigkeit in den wesentlichen Zusammenhängen des modellierten Fertigungsprozesses erzielt.

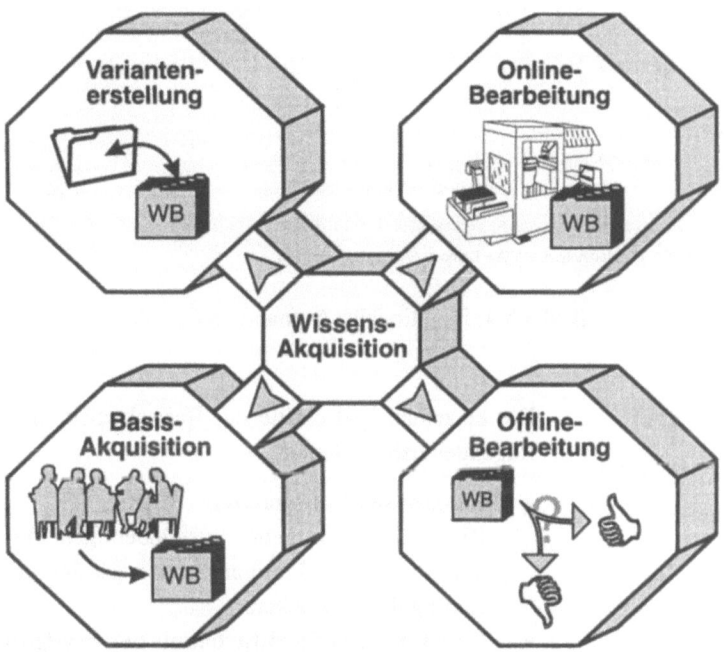

Legende: WB = Wissensbasis

Bild 3.5.3: Phasen der Wissensakquisition

Die Informationen, die der Bearbeiter in den einzelnen   *Die Schritte bauen*
Schritten eingibt, werden in den jeweils folgenden Schritten   *aufeinander auf*
zur Unterstützung der Abfragestrategie verwendet. Am
Ende der Erstellung ist die Wissensbasis soweit erarbeitet,
daß mit Hilfe der Test- und Bearbeitungsroutinen bereits
sinnvoll mit dem System gearbeitet werden kann (Bild
3.5.4).

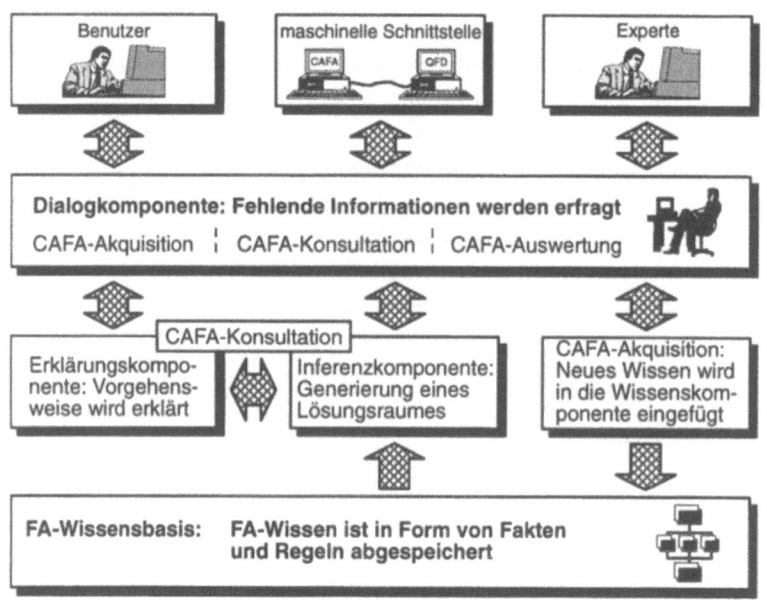

Legende: FA = Fehleranalyse; CAFA = Computer-Aided Fault Analysis

Bild 3.5.4: Funktionaler Aufbau von CAFA

Die einzelnen Teilschritte der Basisakquisition werden im folgenden näher erläutert:

- **Eingabe der Stammdaten**
  Die Stammdaten dienen zur eindeutigen Beschreibung des betrachteten Fertigungsprozesses und zur Identifizierung des Bearbeiters.

- **Erstellung des Strukturbaums der Fertigungsanlage**
  Strukturbaum der Fertigungsanlage Ausgehend vom in den Stammdaten eingegebenen Bezeichner der Fertigungsanlage erfragt das System die zugehörigen Teilkomponenten. Die Abfrage erfolgt rekursiv, so daß jede Komponente der Fertigungsanlage, wenn es erforderlich ist, in weitere Teilkomponenten aufgegliedert werden kann. Es ist an dieser Stelle zu beachten, daß alle Anlagenkomponenten, an denen später Anlagenfehler diagnostiziert werden sollen, auch als Teilkomponenten eingegeben werden. Am Ende dieses Arbeitsschritts liegt das Modell der Fertigungsanlage als hierarchischer Strukturbaum im System vor, der ebenfalls mit Hilfe eines strukturorientierten Editors bearbeitet werden kann.

- **Beschreibung des Fertigungsprozesses**

  Nach der Eingabe des Wissens über das Rohmaterial *Modellierung des* wird eine Beschreibung des Fertigungsprozesses in das *Fertigungsprozesses* System eingegeben. Das Programm erfragt hierfür vom Bearbeiter in wechselnder Abfolge jeweils den nächsten Prozeßschritt und das dadurch entstehende Zwischenprodukt, bis schließlich nach dem letzten Prozeßschritt das Endprodukt erreicht wird. Dieser Vorgang wird für die einzelnen Prozeßschritte, falls nötig, wiederholt, so daß schließlich ein Prozeßbaum entsteht.

- **Erstellung der Komponentenbäume der Produkte**

  Jedes im Fertigungsprozeß angegebene Produkt (Unter *Auch Ausgangs- und* Produkt werden hier zusammenfassend Rohmaterial, *Zwischenprodukte* Zwischenprodukte und das Endprodukt verstanden) *werden modelliert* wird, soweit es den Erfordernissen entspricht, in Produktkomponenten zerlegt. Dies geschieht analog zur Erstellung des Strukturbaums der Fertigungsanlage. Auch hier entsteht für jedes Produkt ein hierarchischer Strukturbaum.

- **Definition von Merkmalen und Fehlern der Produktkomponenten**

  Um den Zustand der einzelnen Produktkomponenten in *Was ist wichtig:* qualitäts- und funktionsorientierter Hinsicht möglichst *Merkmale und* umfassend zu beschreiben, können jedem Produkt be- *potentielle Fehler* liebig viele Merkmale zugeordnet werden. Das Programm erfragt systematisch für alle vorhandenen Produktkomponenten die relevanten Merkmale. Für jedes eingegebene Merkmal werden die möglichen Fehler am betrachteten Produkt, die durch fehlerhafte Ausprägung des jeweiligen Merkmals entstehen, vom Bearbeiter erfragt.

- **Definition von Merkmalen und Fehlern der Fertigungsanlage**

  Um den Zustand der Fertigungsanlage und ihrer Kom- *Die Fertigungsanlage* ponenten hinsichtlich ihrer Qualität und Funktionalität *als Quelle von* angemessen zu beschreiben, kann jeder Anlagenkom- *Fehlerursachen* ponente eine beliebige Anzahl an Merkmalen zugeordnet werden. Analog zur Beschreibung der Produkte werden für jedes eingegebene Merkmal die möglichen Fehler an der betrachteten Anlagenkomponente eingegeben.

Das Herz der Feh-
leranalyse – Die
Kausalstruktur

- **Eingabe der Kausalstruktur**

  Die Kausalstruktur bildet die Ursachen/Konsequenz-Beziehungen der einzelnen Produkt- und Anlagenfehler untereinander im System ab. Das Programm erfragt ausgehend von den Fehlern am Endprodukt die Ursachen, die zu der fehlerhaften Merkmalsausprägung führen können. Die entsprechenden Ursachen können nun wiederum in weiteren Fehlern begründet sein. Die Kette der Ursachen, die dadurch entsteht, endet immer an einem grundlegenden Fehler. Dieser hat seine Ursache nicht mehr in einem weiteren Fehler und wird später durch eine Abhilfe behoben. Die Zuordnung der Ursachen wird an dieser Stelle rein qualitativ vorgenommen.

Nicht alles ist gleich
wichtig!

- **Bewertung der Konfidenzen**

  Die Zuordnung der Ursachen und Konsequenzen ist in vielen Fällen nicht eindeutig und ein Fehler kann durch eine Vielzahl von Ursachen entstehen. Um die Ursachen, die zu einem Fehler führen, den tatsächlichen Gegebenheiten in der Praxis anzupassen, ist es unerläßlich, die Ursachenzuordnungen um Konfidenzen zu erweitern. Die Konfidenz kennzeichnet die Häufigkeit, mit der der betrachtete Fehler in der jeweiligen Ursache begründet ist.

- **Beschreibung von Abhilfemaßnahmen**

  Den bei der Eingabe der Kausalstruktur als grundlegend gekennzeichneten Fehlern werden, sofern diese bekannt sind, Abhilfen zugeordnet.

- **Beschreibung von Prüfungen**

Modellieren der
durchführbaren
Prüfungen

  Um die Qualität des späteren Diagnoseergebnisses zu verbessern, ist es möglich, mittels einer Prüfung die Ausprägungen verschiedener Merkmale, die sich an der Maschine oder an den Produkten befinden können, zu überprüfen. Dabei werden dann Fehler an den entsprechenden Merkmalen festgestellt und die Informationen über deren Auftreten im Ablauf des Systems berücksichtigt.

Analog zur Basisakquisition werden für die anderen Phasen der Wissensakquisition eine große Zahl von speziellen Eingabehilfen geschaffen. Diese Eingabehilfen sowie die Abfolge ihrer Anwendung ist darüber hinaus auch von Unternehmen zu Unternehmen unterschiedlich und muß daher leicht anpaßbar sein. Die Wissensakquisitionskomponente (vgl. Bild 3.5.4) muß in der Lage sein, verschiedenste Arten von Wissen zu editieren. Dementsprechend sind eine Vielzahl von Editoren zu realisieren.

Das aufgebaute Fehleranalysewissen wird von der Konsultationskomponente zur Problemlösung genutzt. Der funktionale Ablauf einer Konsultation (vgl. Bild 3.5.5) wurde so gestaltet, daß das System CAFA möglichst flexibel in bestehende Abläufe des Unternehmens eingepaßt werden kann.

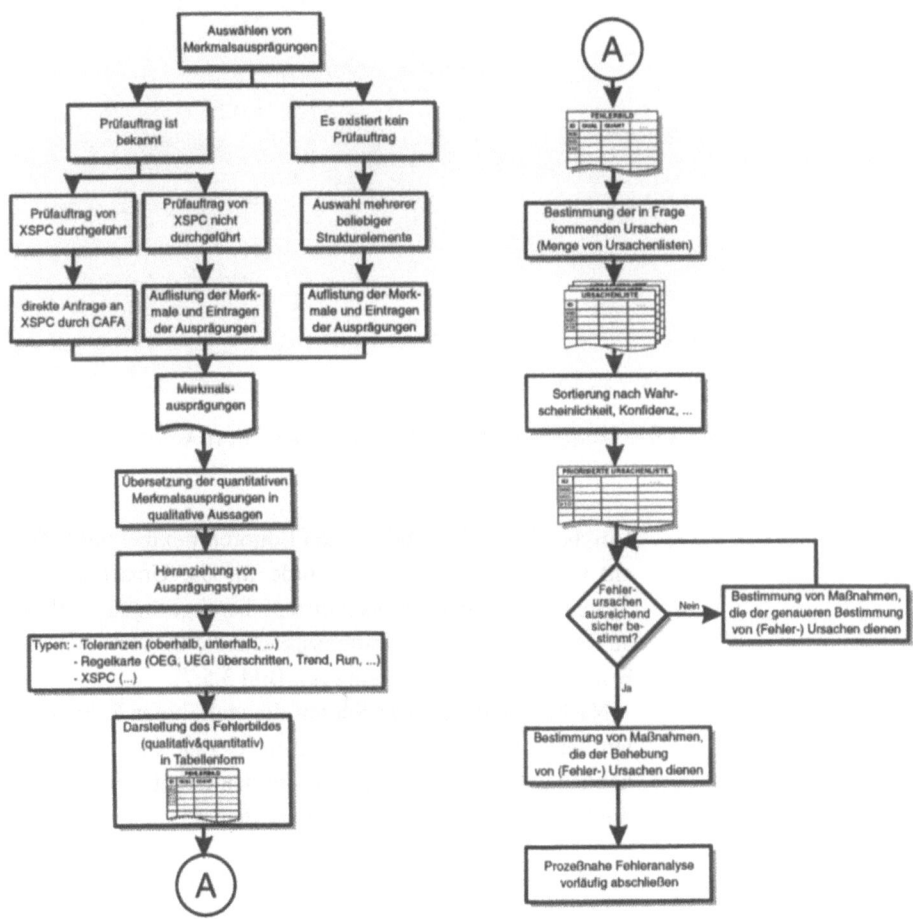

Bild 3.5.5: Konsultationsablauf in CAFA

Die Dialogkomponente dient als Schnittstelle zwischen CAFA und dem Benutzer. Als zentrale Komponente sind eine Reihe von hierarchisch strukturierten Editoren anzusehen (vgl. Bild 3.5.6).

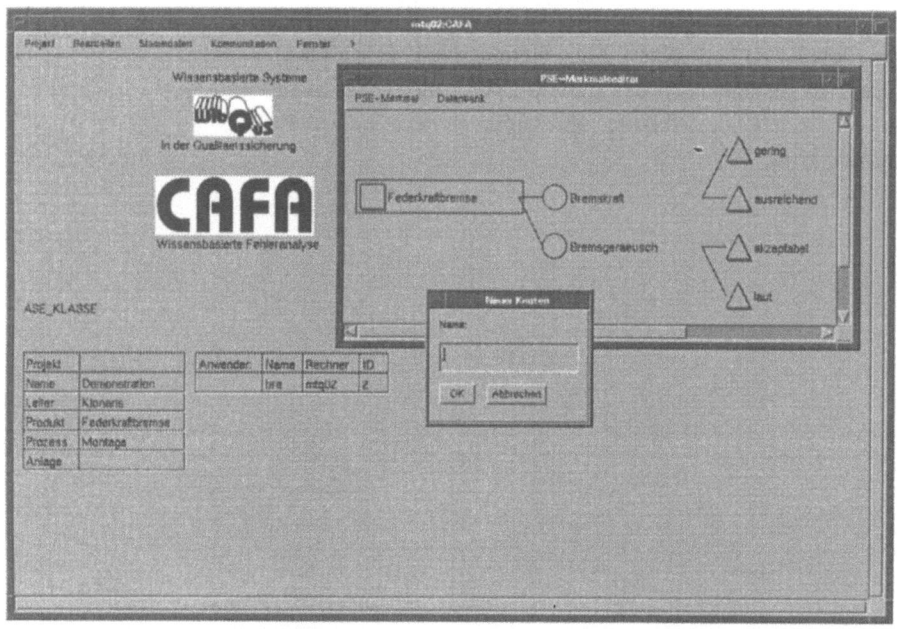

Bild 3.5.6: Bildschirmoberfläche des Systems CAFA

Um die Vielzahl der benötigten Editoren flexibel und effizient realisieren zu können, wurde für die Umsetzung des Systems ein Realisierungskonzept herangezogen, welches auf Basis einer Konfigurationssprache die Beschreibung der benötigten Editoren erlaubt (vgl. Bild 3.5.7).

Nachfolgend wird speziell auf die vielfältigen Schnittstellen der Fehleranalyse eingegangen. Gerade hier ist ein erhebliches Potential vorhanden, um den hohen Aufwand für die Wissenserfassung weiter zu verringern.

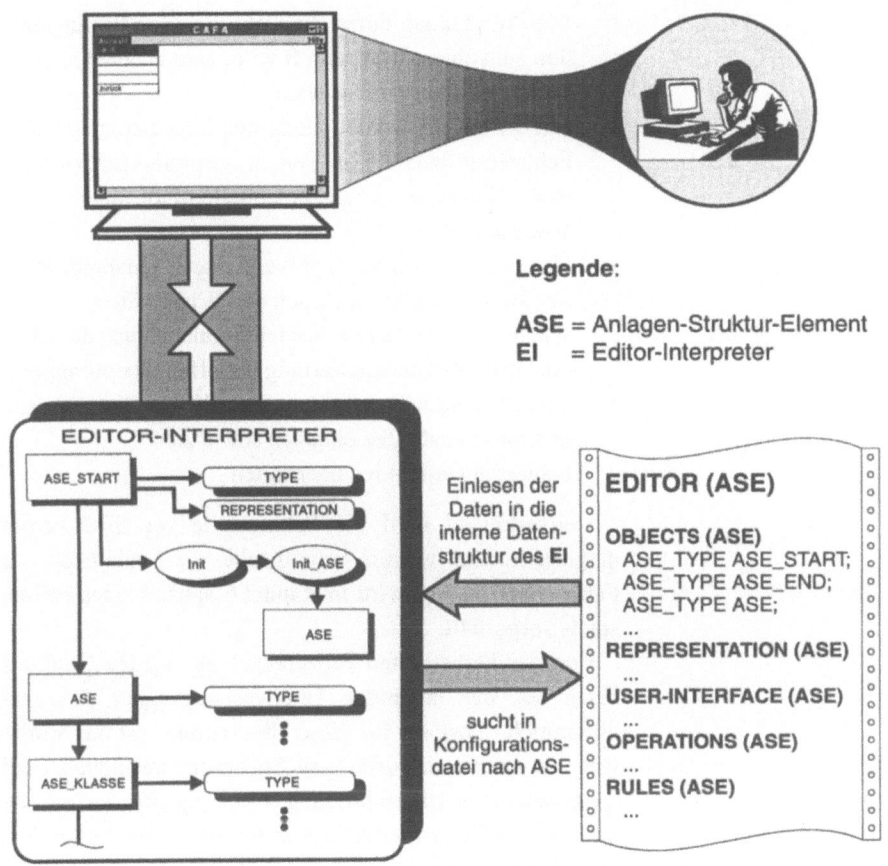

Bild 3.5.7: Realisierungskonzept von CAFA

3.5.4 Abteilungsübergreifende Kooperationsmöglichkeiten

Das WibQuS-Konzept sieht vor, die abteilungsübergreifende Kooperation vor allem auf Ebene der Methoden, die in den Abteilungen angewandt werden, zu unterstützen. Für die rechnerunterstützte Fehleranalyse sind hier
vor allem folgende Bezüge interessant:

Kooperation auf Methodenebene

- Vom Quality Function Deployment (QFD) wird die
  Produktstruktur inkl. der definierten Merkmale
  übernommen.

- Die Prüfplanung liefert die Definition von Prüfungen, d.h. zum einen, was geprüft wird, zum anderen aber auch, was alles prüfbar wäre.
- Mit der FMEA werden vielfältige Informationen zur Fehlerfortpflanzung im System, zu Produktstrukturen, sowie Kausalwissen und potentielle Maßnahmen ausgetauscht.
- Von der SPC werden (ggf. verdichtete) Qualitätsdaten, SPC-orientierte Maßnahmen und Wissen über statistisch motivierte Kausalzusammenhänge, die z.B. die Qualitätsdatenauswertung betreffen, übernommen.
- Von der Felddatenerfassung wird Wissen über kausale und funktionale Beziehungen sowie zu Fehlerschwerpunkten übermittelt.

Stellvertretend wird die Schnittstelle zur SPC vertieft dargestellt. Eine weitere Schnittstelle, die Schnittstelle zur Felddatenerfassung, wird in Kapitel 5 anhand eines Fallbeispiels vorgestellt.

Von der Statistischen Prozeßregelung werden Qualitätsdaten aus der laufenden Überwachung eines Prozesses übermittelt. Auslöser für diese Übermittlung ist das Vorliegen von statistisch auffälligen Stichprobenresultaten, beispielsweise die Überschreitung von Eingriffsgrenzen oder das Auftreten von Trends bzw. Runs. Nach der Auswertung und Analyse der übermittelten Daten werden in CAFA sowohl kurzfristig zu ergreifende Maßnahmen (beispielsweise „Anhalten der Fertigungsanlage") als auch längerfristig greifende Maßnahmen vorgeschlagen. Desweiteren können Aussagen über die Richtigkeit von Grundannahmen der SPC getroffen werden, die wiederum in Maßnahmen zur Steuerung des SPC-Systems umgesetzt werden können [PFE 91].

3.5.5 Nutzenaspekte der Fehleranalyse

Durch den wachsenden Grad der Marktsättigung in nahezu allen Bereichen der industriellen Produktion sind die Unternehmen gezwungen, laufend weiterentwickelte und überarbeitete Produkte in den Markt zu bringen, wobei insbesondere die Qualität der Produkte von besonderer Wichtigkeit für den Markterfolg ist. Dabei werden sowohl die Produkte als auch die Produktionsverfahren und -anlagen immer komplexer, so daß es für den einzelnen Mitarbeiter immer problematischer wird, Fehler rechtzeitig zu erkennen, die Fehlerursachen zu bestimmen und geeignete Abstellmaßnahmen zu ergreifen.

Zur Unterstützung des Mitarbeiters bei der Durchführung dieser Arbeitsschritte sind in den letzten Jahren häufig rechnerunterstützte und insbesondere wissensbasierte Systeme entwickelt worden, mit denen meist Diagnoseprobleme in bezug auf bestimmte Maschinen oder Anlagen angegangen wurden. Mit dem hier verfolgten Lösungskonzept werden eine Reihe von Problemen behoben, mit denen bisherige Ansätze behaftet waren.

- Erstens wird die Wissensakquisition deutlich vereinfacht. Hierzu wurde vom heute meist propagierten Einsatz eines Wissens-Ingenieurs abgesehen, da diese Vorgehensweise zu kostenintensiv und langfristig auch zu unflexibel ist. Statt dessen unterstützt CAFA die Wissensakquisition soweit, daß der Fachexperte die Wissensbasen ohne weitere Hilfe aufbauen kann.
- Zweitens ist es im Konzept gelungen, die laufende Aktualisierung und Verbesserung der Wissensbasen wesentlich zu erleichtern. Hierzu sind Lösungen entwickelt worden, die sowohl organisatorisch als auch EDV-technisch umsetzbar sind und zu einer ständigen Wissenssammlung, -verarbeitung und -verbesserung führen.
- Drittens wurden die Grundlagen geschaffen, um ein wissensbasiertes Fehleranalysesystem in bestehende Abläufe und DV-Systeme einzubinden. Auf der Grundlage des WibQuS-Trader Ansatzes wurden die Schnittstellen der Fehleranalyse sowohl zu Planungabläufen als auch zur Fertigung und Montage realisiert.

Als Fazit bleibt festzuhalten, daß es mit dem System CAFA möglich ist, unterschiedliches Fehleranalysewissen zu akquirieren. CAFA ist flexibel konfigurierbar und kann daher auf die Belange des einzelnen Unternehmens angepaßt werden. Hinzu kommt, daß CAFA nicht nur im Verbund, sondern auch als Insellösung nutzbringend betrieben werden kann.

3.5.6 Die Zukunft der rechnerunterstützten Fehleranalyse

Weiterentwicklung von Methode und Systemen

Die weitere Entwicklung der rechnerunterstützten Fehleranalyse wird sich in zwei Richtungen bewegen. Zum einen wird es erforderlich sein, die methodische Vorgehensweise voranzutreiben. Zum anderen sind die prototypisch erstellten Softwarelösungen in Richtung auf kommerziell verfügbare Systemkomponenten weiterzuentwickeln. Auf beide Entwicklungspfade wird nachfolgend eingegangen.

Methodische Weiterentwicklung zur Ankopplung vor allem an die FMEA

Methodisch wird die Entwicklung dahingehen, die Anforderungen der im Entwicklungbereich eingesetzten QM-Methoden, d.h. vor allem der FMEA, an die Präsentation der Fehlerdaten zu analysieren, Möglichkeiten der Auswertung zu verbessern und schließlich Wissensinhalte genauer kennenzulernen. Ansatzpunkte zur Lösung sind hier beispielsweise die Einführung regelmäßiger Teamsitzungen zur Diskussion und Erfassung von Fehleranalysewissen oder die Optimierung von Bewertungs- und Gewichtungsverfahren.

DV-technische Weiterentwicklung zur Standard-CAQ-Komponente

Bezüglich der Weiterentwicklung der Rechnerunterstützung lautet die Anforderung, ein solches System als Komponente eines CAQ-Systems zu verstehen und zu realisieren. Zur Abdeckung bislang nicht ausreichend betrachteter Aspekte des Fehlerbegriffes, wie kapazitätsbedingter Fehler oder Terminabweichungen, müssen auch andere DV-Systeme des Unternehmens, wie beispielsweise PPS-Systeme, einbezogen werden. Schließlich muß es gelingen, die Systeme als kommerzielle Lösungskomponente am Markt verfügbar zu machen.

3.6   Wissensbasierte Felddatenerfassung und -aufbereitung

Günter Warnecke, Volker Knickel, Universität Kaiserslautern, Lehrstuhl für Fertigungstechnik und Betriebsorganisation (FBK), Postfach 3049, 67653 Kaiserslautern

Jeden Tag haben die Mitarbeiter des technischen Kundendienstes bei ihren Einsätzen Kontakt zu Kunden, zu Konkurrenzprodukten und zu eigenen Produkten, die sich in der Nutzungsphase befinden. Die Informationen und Erfahrungen, die sie hierbei sammeln, können Anstöße für Innovationen und wertvolle Hinweise zur kontinuierlichen Verbesserung der Unternehmensleistung sein. WiFEA, ein wissensbasiertes System zur Felddatenerfassung und -aufbereitung, soll dazu beitragen, dieses Wissen nutzbar zu machen.

Der Service ist eine reichhaltige Quelle für Innovationen und Verbesserungen

3.6.1   Lösungsansatz

Im Rahmen des präventiven Qualitätsmanagements kann der technische Kundendienst die Rolle des Sensors für Regelkreise mit Schnittstelle zum Markt übernehmen. Er kann so wichtige Informationen wie Kundenwünsche, Konkurrenzverhalten, Fehlerinformationen u.v.m. erfassen. Sie können im Kundendienst selbst, aber auch in Entwicklung, Fertigung und anderen Unternehmensbereichen genutzt werden. Eine schnelle Reaktion auf marktseitige Veränderungen wird auf diese Weise ohne größeren Aufwand für die Informationsbeschaffung möglich. So kann beispielsweise der frühe Hinweis, daß an einer Funktionseinheit sicherheitsrelevante Mängel vorliegen, aufwendige Nachbesserungen ersparen; oder die Information, daß der Kunde am Konkurrenzprodukt vergleichsweise einfach zu realisierende Zusatzfunktionen besonders schätzt, dazu beitragen, Marktanteile zu verteidigen.

Technischer Service kann die Rolle als Sensor für Regelkreise mit Schnittstelle zum Markt übernehmen

Trotz dieser offensichtlichen Potentiale ist die durchgängige Nutzung von Felddaten in vielen Unternehmen nur ansatzweise vorhanden. Eine Ursache liegt sicherlich darin,

Felddaten werden häufig nicht oder nur ansatzweise genutzt

Lösungsansatz: Aufbau eines Berichtswesens

daß ein eigenständiger methodischer Ansatz, wie es die QFD, FMEA oder SPC darstellen, für den Bereich der Felddaten nicht existiert.

Die Lösung liegt im Aufbau eines Berichtswesens, welches die Akzeptanz der Mitarbeiter besitzt und zum Nutzen des Unternehmens eine umfassende Informationsbereitstellung sicherstellt. Die zentrale Herausforderung an dieses Berichtswesen ist darin zu sehen, den technischen Kundendienst als „Ohr am Markt" so zu aktivieren, daß er die gewünschten Informationen systematisch und vollständig erfaßt und zeitnah weiterleitet. Vor diesem Hintergrund erscheint es sinnvoll, wie in Bild 3.6.1 verdeutlicht, dieses Berichtswesen in Abhängigkeit von der Initiative zur Berichtübermittlung nach drei Berichtsarten zu gliedern:

*   „Serviceberichte", die routinemäßig zur Nachweisführung geleisteter Arbeiten nach einem Einsatz beim Kunden erstellt werden;
*   „Sonderberichte", die aus den zentralen Unternehmensbereichen angefordert werden und
*   „Feedbackberichte", die der Servicetechniker auf eigene Initiative erstellt.

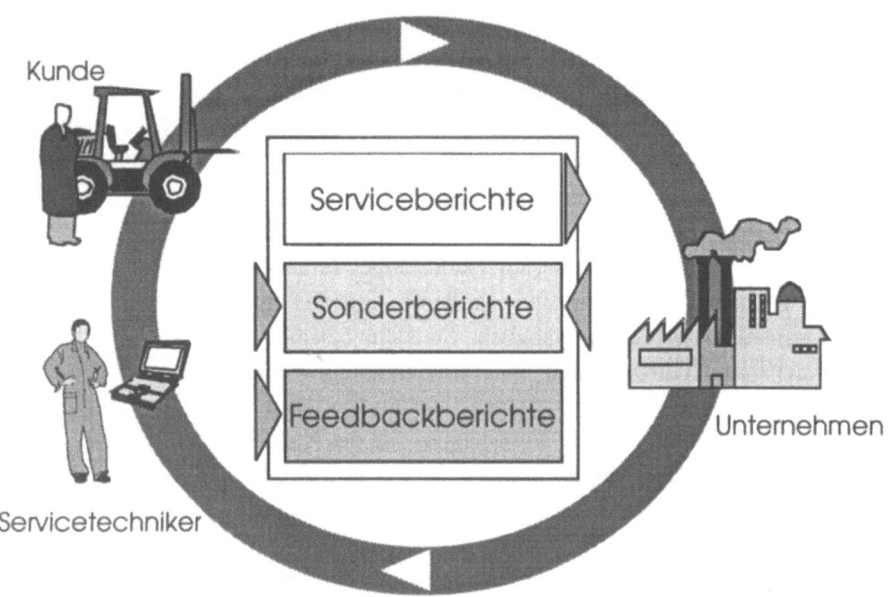

Bild 3.6.1: Szenario der Felddatenerfassung und -aufbereitung

Aufgrund der räumlichen Distanz und der unterschiedlichen Sichtweisen zwischen Berichtersteller und Berichtnutzer sowie der Reichhaltigkeit der zu übermittelnden Informationen kann ein solches Berichtswesen durch die Unterstützung integrierter wissensverarbeitender Systeme sehr effizient realisiert werden. Die Flexibilität dieser Systeme und die Möglichkeit, komplexe Zusammenhänge übersichtlich zu repräsentieren sowie eine ausgeprägte Benutzerorientierung sind hierfür maßgeblich.

Integrierte Wissensverarbeitung erlaubt die Realisierung eines effizienten Berichtswesens

3.6.2 Zielsetzung von WiFEA

Grundsätzlich werden mit der Erfassung und Aufbereitung von Felddaten folgende Ziele verbunden:

- Erkennen von Fehlern und Schwachstellen, die weder bei Qualifikationstests noch im Entstehungsprozeß erkannt und beseitigt wurden [STO94].
- Gewinnung von Daten über Zuverlässigkeit, Lebensdauer, Kosten, Kunden und Konkurrenten.
- Erschließen des Erfahrungs- und Kreativitätspotentials der Mitarbeiter im technischen Kundendienst.
- Rückmeldungen über die Wirksamkeit getroffener Maßnahmen [STO94].
- Dokumentation der Produktqualität zur Abwehr von Haftungsansprüchen [STO94].

Diese Ziele soll WiFEA, das wissensverarbeitende System zur Erfassung und Aufbereitung von Felddaten, fördern, in dem es zum einen auf der Erfassungsseite dafür sorgt, daß die richtigen Informationen vollständig in geeigneter Form bei geringstmöglichem Aufwand erfaßt werden. Zum anderen soll es auf der Aufbereitungsseite aktuelle Informationen zur Verfügung stellen und unterstützende Hilfsmittel anbieten. Um darüber hinaus das System den wechselnden Anforderungen und Situationen des Unternehmens anzupassen, wurden auch Systempflegetätigkeiten in die Konzeption miteinbezogen, die auf das Notwendigste reduziert wurden.

WiFEA soll umfassende Informationsversorgung bei geringstmöglichem Aufwand gewährleisten

3.6.3 Konzept und Nutzung von WiFEA

Das Systemkonzept von WiFEA besteht, entsprechend der Gliederung des Berichtswesens, aus einem Servicebericht-modul, einem Sonderberichtmodul und einem Feedbackbe-richtmodul. Jedes dieser Berichtsmodule ist seinerseits gemäß den zentralen Aufgaben eines rechnerunterstützten Berichtswesens in die Submodule Berichterfassung und Berichtaufbereitung aufgeteilt. Die beiden erst genannten Module verfügen des weiteren über Systempflegemodule.

Die Integration von WiFEA in die Qualitätswissensbasis wird durch einen sog. Mapping-Modul gewährleistet. Bild 3.6.2 verdeutlicht die oben skizzierte Struktur.

Im folgenden werden die Lösungskonzepte zu jeder Be-richtsart in der Reihenfolge Berichterstellung, Berichtaufbe-reitung und Systempflege dargestellt.

Die Aufgaben des Mapping-Moduls werden bei der Er-läuterung des Integrationskonzeptes in Abschnitt 3.6.4 dargestellt.

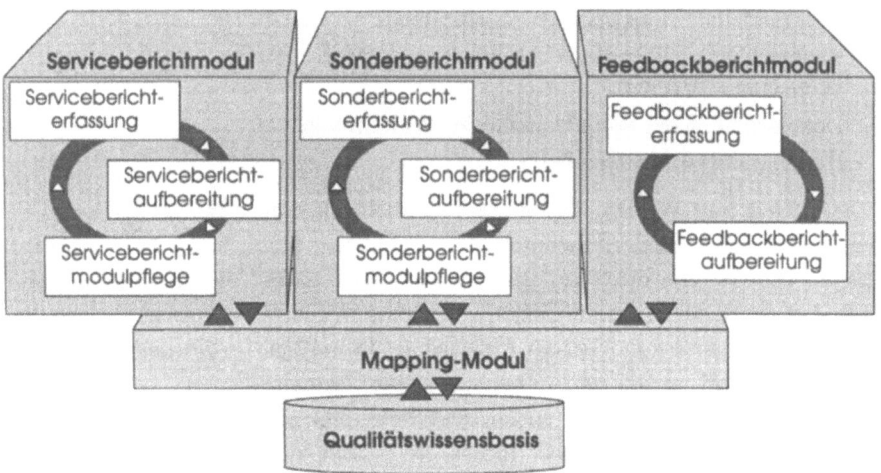

Bild 3.6.2: Systemkonzept der wissensbasierten Felddatenerfassung und -aufbereitung

Serviceberichte

Serviceberichte fallen im Rahmen der regelmäßigen Berichtstätigkeit des Servicetechnikers an. Sie werden nach Abschluß der Arbeiten beim Kunden vor Ort verfaßt.

Bei der **Serviceberichterfassung** ist zu beachten, daß der Servicetechniker seine Berichte in erster Linie zum Zwecke der Nachweisführung geleisteter Arbeiten erstellt.

Die Nutzung dieser Informationen für weitere Zwecke wird bei der Erstellung meist nicht bedacht. Sie sind deshalb oftmals unvollständig oder fehlerhaft. Hier können Schulungsmaßnahmen aber auch rechnergestützte Systeme zur Erstellung der Serviceberichte Abhilfe schaffen. WiFEA unterstützt die korrekte Berichterstellung durch die abgebildete Berichtsstruktur, die zu erfassenden Berichtsinhalte und die zur Verfügung gestellten Hilfsmittel.

Der Servicetechniker wird so durch die Berichtsstruktur geleitet, daß eine lückenlose Erfassung gewährleistet wird. Im Kopfteil des Serviceberichts werden Informationen zum Kunden, zum Auftrag selbst und identifizierende Informationen zum Produkt erfaßt. Letztere sind insbesondere für spätere lebensdauerbezogene Auswertungen von Bedeutung. Das System nimmt dem Servicetechniker bei diesen Aufgaben durch automatisches Einlesen bereits vorliegender Informationen Eingabeaufwand ab.

Von besonderer Bedeutung im Hinblick auf Verbesserungspotentiale ist die Erfassung von fehlerbezogenen Informationen. Hierzu zählen Ausfallorte, Symptome, Ursachen, Maßnahmen, eingesetzte Materialien, Fehlerbedeutungen und die Art der Abrechnung (Garantie, Kulanz, Kundenrechnung). Zur Eingabe dieser Informationen sind formalisierte und semiformalisierte Eingabemöglichkeiten vorgesehen.

Für formalisierte Eingaben stehen vordefinierte Elemente zur Verfügung. Sie haben den Vorteil, daß sie später für quantitative Auswertungen verwendet werden können. Ihre Eingabe erfolgt über strukturierte Kataloge oder alternativ dazu über hypermediale Eingabeformen. Zur Angabe des Ausfallortes wird beispielsweise eine Graphik des Produktes bereitgestellt. Von dort kann der Benutzer über Menüs auf graphische Abbildungen von Baugruppen und Teilen weitergehen, bis er zum Ausfallort gelangt. Diesen kann er dann als Eingabe in seinen Bericht übernehmen. Ein weite-

Üblicherweise dienen Serviceberichte der Abrechnung von Serviceaufträgen

Serviceberichte sind deshalb i.d.R. unvollständig

Mit Hilfe von vollständigen und korrekten Serviceberichten lassen sich Verbesserungspotentiale identifizieren

Formale und semiformale Eingabehilfen helfen bei der korrekten und vollständigen Berichterstellung

Formale Eingaben können quantitativ ausgewertet werden

res Beispiel für die Verwendung von hypermedialen Hilfsmitteln ist der Einsatz von Hypertexten zur Ableitung und Erfassung von Maßnahmen, wie in Bild 3.6.3 dargestellt.

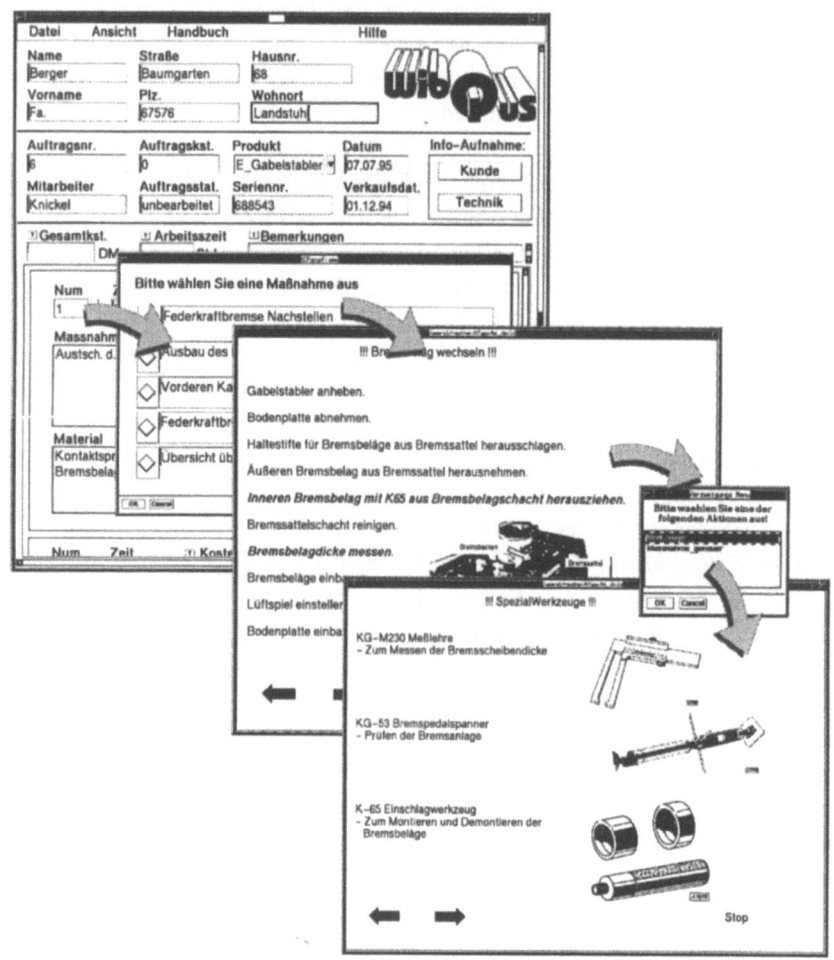

Bild 3.6.3: Einsatz von Hypertexten zur Maßnahmenermittlung

Ausgehend von Vorschlägen, die das System dem Servicetechniker auf Anfrage unterbreitet und in Hypertexten darstellt, kann sich der Servicetechniker über sog. Hypertextknoten, das sind Textstellen, die man mit Programmanweisungen hinterlegen kann, weitergehende Informationen zielorientiert suchen. Über diese Knoten kann auch eine angezeigte Maßnahme in den Servicebericht übernommen werden.

Die oben skizzierten formalisierten Eingabeformen haben allerdings den Nachteil, daß sie nicht jeder Erfassungssituation gerecht werden. Beispielsweise ist die Eingabe einer Fehlerursache, die noch nicht als vordefiniertes Element vorgesehen wurde, damit nicht möglich. Für solche Fälle stehen semiformalisierte Eingabemöglichkeiten zur Verfügung. Hierbei handelt es sich um Klartextangaben, die eine eindeutige Zuordnung zu den oben genannten fehlerbezogenen Informationen haben. Diese Zuordnung erleichtert die Systempflege und erlaubt qualitative Analysen. Zur Eingabe semiformalisierter Angaben werden Editoren zur Verfügung gestellt, die über dem jeweiligen Eingabefeld aufgerufen werden.

Semiformale Eingaben können qualitativ ausgewertet werden

Die **Serviceberichtaufbereitung** fußt auf korrekten Eingaben in den Berichten. Zur Aufbereitung der formalisierten Informationen eignen sich insbesondere Kennzahlen und quantitative Methoden. Typische Kennzahlen sind Schadenshäufigkeit, mittlere Lebensdauer, mittlerer Ausfallabstand, Fehlerkosten bezogen auf Teile oder Komponenten u.v.m. Gängige Methoden sind Zeitvergleiche der Kennzahlen, Isochronen-Diagramme, Pareto-Analysen, Korrelationsanalysen, Weibullanalysen [PFE93b] etc.

Will man vermeiden, daß die Akzeptanz für Auswertungen in meterlangen Ausdrucken und Zahlenbergen versinkt, müssen die Mitarbeiter in die Lage versetzt werden, zielgruppenspezifische Analysen durchzuführen. Hierfür stellt der Serviceberichtmodul von WiFEA den Benutzern eine Methodenbank zur Verfügung, die bei der Auswahl einer geeigneten Methode Unterstützung leistet. Im Dialog mit dem Benutzer werden Kriterien wie die Art der Aufgabenstellung, die Erfahrung des Mitarbeiters im Umgang mit den Methoden oder die Zielgruppe, für die Auswertung erfragt. Auf diese Weise werden jene Methoden eingegrenzt, die für eine Anwendung in Frage kommen. Daneben steht es erfahrenen Mitarbeitern aber auch frei, ohne Unterstützung direkt auf die Methoden zuzugreifen.

Zielgruppenspezifische Berichtaufbereitung erhöht die Akzeptanz

Nach der Wahl einer Methode werden in Abhängigkeit von methodenspezifischen Parametern, wie dem Betrachtungszeitraum oder Bezugsobjekten (Produkte, Komponenten, Fehlerarten etc.) geeignete Datenselektionen festgelegt. Die anschließende rechnergestützte Methodenanwendung findet nun nicht in der Methodenbank selbst statt, sondern in spezialisierten Standardprogrammpaketen (z.B. Statistik- oder Tabellenkalkulationsprogrammen). Deshalb muß der Benutzer als letzten Parameter der Datenselektion das Programmpaket angeben, in dem die Methodenanwendung erfolgen soll. Auf Basis dieser Angaben kann daraufhin eine Datei generiert werden, welche zum Import in das spezifizierte Programmpaket geeignet ist. Die weitere Methodenanwendung findet nun dort statt.

Aufgabe der Methodenbank ist demzufolge, das Wissen über methodenbezogene Auswertemöglichkeiten von Felddaten zur Verfügung zu stellen sowie die methodenspezifische Bereitstellung der gesammelten Felddaten aus der Datenbasis. Der Vorteil dieser Lösung gegenüber einer Methodenbank, in der auch die Methodenanwendung enthalten ist, liegt darin, daß die Fähigkeiten von Standardprogrammpaketen zur Berechnung und graphischen Darstellung voll genutzt werden können. Außerdem bleibt WiFEA durch die Wahl dieser Architektur offen für das Hinzufügen neuer Auswertemethoden. Schließlich können die Mitarbeiter in vielen Fällen auf bereits bekannte Standardprogrammpakete zurückgreifen.

Serviceberichtpflege dient der Aktualisierung

Im Rahmen der **Serviceberichtpflege** findet die Aktualisierung der Kataloge und multimedialen Hilfsmittel sowie die Wartung der Methodenbank statt. Die erstgenannte Aufgabe ist vor allem zu Beginn des Marktzyklusses eines Produktes besonders intensiv, weil zu diesem Zeitpunkt viele Fehler, Ursachen, Symptome etc. noch unbekannt sind. Sie stehen demzufolge auch nicht als formale Eingaben zur Verfügung. In solchen Fällen verwenden die Servicetechniker die oben beschriebenen semiformalen Eingabemöglichkeiten des Erfassungsmoduls. Aufgabe der Serviceberichtpflege ist es nun, diese semiformalen Angaben in formale Elemente zu überführen. Wenn beispielsweise die Servicetechniker wiederholt als Ursache für laute Laufgeräusche den Freitext „Verschleiß des Lagers" angeben, so muß dies gesammelt und als Katalogelement definiert werden. Zur Sammlung und Verdichtung der Einzelaussagen wird ein spezielles Instrument zur Verfügung gestellt. Die damit verdichteten Informationen werden mit Hilfe der gewählten Entwicklungsumgebung eingearbeitet.

Die Wartung der Methodenbank umfaßt die Neudefinition von Methoden, d.h. Eingliederung der Methode in die Methodenauswahllogik, Festlegen von möglichen Datenselektionen und Definition von Exportformaten zur Auswertung der Felddaten in Standardprogrammpaketen. Diese Arbeiten erfolgen ebenfalls unter Rückgriff auf die gewählte Entwicklungsumgebung.

Sonderberichte

Sonderberichte werden aufgrund des speziellen Informationsbedarfs von Fachabteilungen des Unternehmens angefordert. So könnte beispielsweise das Marketing ein Interesse am Vergleich bestimmter Produktmerkmale mit der Konkurrenz haben; oder die Entwicklung interessiert sich, vor dem Hintergrund einer kostengünstigeren Auslegung, für den Verschleißzustand bestimmter Teile.

Sonderberichte sollen spezifischen Informationsbedarf decken

Bei der Sonderberichterfassung im Auftrag anderer Unternehmensbereiche muß berücksichtigt werden, daß durch die Mehrbelastung Widerstände bei Servicetechnikern auftreten können. Befürchtungen, der Zusatzaufwand könne zu Lasten anderer Aufgaben gehen, müssen durch Information der Mitarbeiter ausgeräumt werden. Kritisch zu hinterleuchten ist auch die Objektivität der gesammelten Informationen, denn inkorrekte Einschätzungen können zu Verfälschungen führen. Für eine derartige Erfassung spricht allerdings, daß durch den engen Kontakt zwischen Servicetechnikern und Kunden wertvolle Informationen zu erhalten sind, die auf andere Weise nicht oder nur schwer zu erlangen wären. Diese Informationen zeigen oft wesentlich früher Entwicklungen als solche, die mit traditionellen Instrumenten gewonnen werden. Dabei sind die zusätzlichen Kosten eher gering einzuschätzen.

Ein effizientes Hilfsmittel zur Sonderberichterfassung muß einerseits, aufgrund des wechselnden Bedarfs, inhaltlich flexibel gehalten werden. Es darf aber andererseits nur ein Mindestmaß an Aufwand bereiten, um die Akzeptanz der Servicetechniker zu wahren. Als Lösungsansatz für diese Problemstellung wurde das aus der Marktforschung bekannte Instrument der Befragung gewählt. Für die spezielle Situation im Feld werden den Servicetechnikern rech-

Zur Sonderberichterfassung werden DV-gestützte Kurzfragebögen eingesetzt

nergestützte Kurzfragebögen mitgegeben, die aus der Unternehmenszentrale in deren lokale Systeme eingespielt werden. Unterschieden werden Fragebögen, die sich an den Servicetechniker selbst richten und Fragebögen, die der Servicetechniker im Interview mit dem Kunden bearbeitet. Erstere enthalten schwerpunktmäßig technische Fragestellungen, z.B. zu Merkmalen des reparierten oder gewarteten Produktes. Fragebögen, die im Dialog mit dem Kunden ausgefüllt werden, enthalten Fragen zu Kundenwünschen, Konkurrenzvergleichen u.ä.

Ein rechnergestützter Kurzfragebogen besteht aus Kopfteil, Fragen- und Abschlußteil. Im Kopfteil ist die Anrede fixiert sowie Ziele und Zwecke, die mit dem Fragebogen verfolgt werden. Der Fragenteil enthält die eigentlichen Fragestellungen. Hinsichtlich der Antwortmöglichkeiten können offene und geschlossene Fragen unterschieden werden. Bei offenen Fragen wird der Wortlaut der Antwort als Klartext in entsprechende Felder des Fragebogens eingetragen. Bei geschlossenen Fragen werden Antwortmöglichkeiten vorgegeben, aus denen der Befragte auswählen kann. Der Abschlußteil enthält schließlich noch Strukturmerkmale, wie beispielsweise Branche, Position u.v.m. Die erstellten Fragebögen werden per Datenübertragung in das Unternehmen zur Sonderberichtaufbereitung weitergeleitet.

*Sonderbericht-
aufbereitung liefert
Trends und Früh-
warninformationen*

Mit der **Sonderberichtaufbereitung** können systematische Analysen oder Marktforschungsaufgaben nicht ersetzt werden, sie soll vielmehr dazu beitragen, den Markt und das Produktverhalten noch besser zu verstehen und Frühwarninformationen zur Erkennung von Trends liefern.

*Geschlossene Fragen
werden quantitativ
ausgewertet*

Im Rahmen der Aufbereitung von Sonderberichten muß zwischen der Auswertung von geschlossenen Fragen und offenen Fragen unterschieden werden. Bei geschlossenen Fragen liegen die Antwortkategorien bereits fest, sie sind in diesem Sinne formalisiert. Deshalb erfolgt die Auswertung wie bei den Serviceberichten mittels quantitativer Methoden. Die Regel sind hier einfache Verdichtungen, die mit Histogrammen oder Tortendiagrammen visualisiert werden. Weniger geeignet sind komplexere Verfahren wie Clusteranalysen oder Faktoranalysen, denn die gewonnene Datenbasis besitzt oftmals nicht die Qualität und den Umfang, die für die korrekte Anwendung dieser Methoden erforderlich wären. Methodenbezogene Berechnungen und graphische

Aufbereitungen erfolgen, wie bei den Serviceberichten erläutert, auf Basis importierter Dateien durch spezialisierte Standardprogramme.

Bei offenen Fragen kann ein breites Spektrum an Antworten auftreten, die möglicherweise überraschend sind. Beispielsweise könnte die Frage nach erwünschten Zusatzfunktionen am Produkt neue Anregungen für Produktinnovationen liefern. Zur Auswertung offener Fragen müssen jedoch die Einzelantworten jedes Fragebogens von einem Mitarbeiter inhaltlich bewertet und zu Kategorien zusammengefaßt werden. Für diese Aufgabe bietet ihm der Sonderberichtmodul ein DV-gestütztes Instrument mit dem Einzelaussagen zu thematischen Blöcken gebündelt werden. Stellt man diese Informationsblöcke nun Teams oder Fachabteilungen zur Verfügung, so können dort die geeigneten Schlußfolgerungen gezogen werden.

Die Antworten auf offene Fragen sind häufig überraschend

Im Rahmen der **Sonderberichtpflege** erfolgt der Fragebogenentwurf durch qualifizierte Mitarbeiter des Unternehmens. Für diese Aufgabe steht ihnen ein DV-System zur Verfügung, mit dessen Unterstützung sie in einem ersten Schritt einen rechnergestützten Kurzfragebogen anlegen und den Kopftext des Fragebogens eingeben können. Weiterhin besteht die Möglichkeit Kriterien zu spezifizieren, die zur Auswahl des Fragebogens im Feld dienen. Im nächsten Schritt erfolgt dann die Definition der Fragen. Hierfür muß zu jeder Frage der Fragetext formuliert werden. Außerdem erfolgt hier die Unterscheidung, ob es sich um eine offene oder geschlossen Frage handelt. Bei geschlossenen Fragen müssen zusätzlich noch Zahl und Wortlaut der zur Auswahl stehenden Antworten festgelegt werden. Bild 3.6.4 zeigt die eingesetzten Hilfsmittel. Nach Abschluß dieser Arbeiten erzeugt das System den Fragebogen, der nun in die lokalen Systeme der Servicetechniker eingespielt wird.

Im Rahmen der Sonderberichtpflege werden rechnergestützte Kurzfragebögen erstellt

Feedbackberichte

Unter Feedbackberichten sind dokumentierte Hinweise und Vorschläge zu verstehen, die von den Servicetechnikern aus eigener Initiative erstellt werden. Sie sind als freiwillige Sonderleistung des Mitarbeiters zu betrachten. Diese Berichtart soll insbesondere dazu beitragen, die Erfahrungs- und Kreativitätspotentiale der Servicetechniker zu erschließen.

Feedbackberichte helfen dabei, das Erfahrungs- und Kreativitätspotential der Servicetechniker zu erschließen

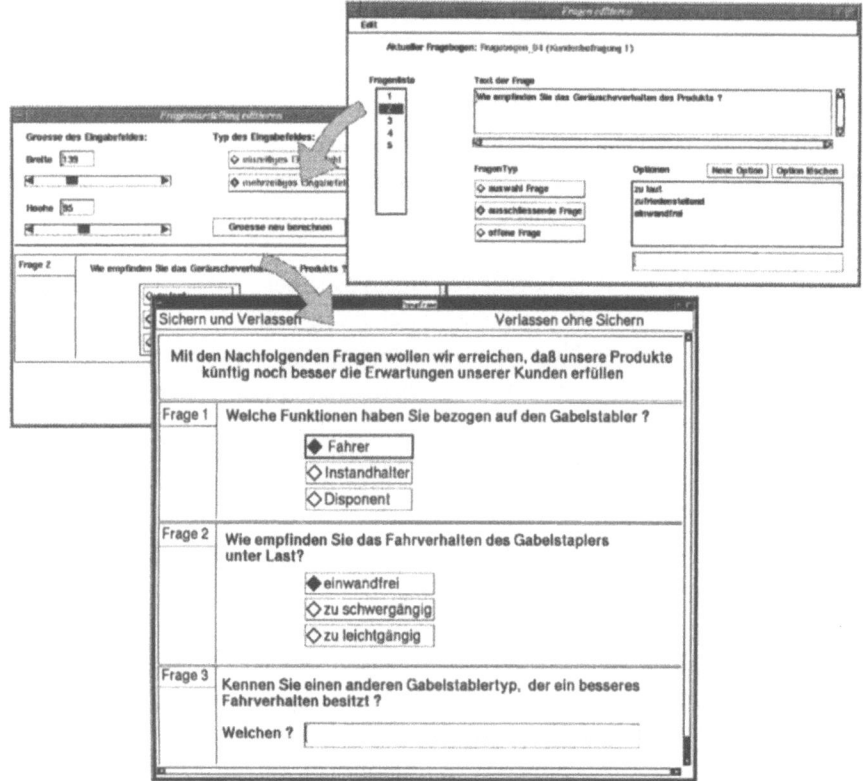

Bild 3.6.4: DV-Hilfsmittel zur Erstellung eines Fragebogens

Die **Feedbackberichterfassung** durch die Servicetechniker erfolgt in der Regel im Rahmen der Reiseberichterstattung oder in einer regionalen Kundendienstniederlassung. Aufgrund ihrer Außendiensttätigkeit ist es den Servicetechnikern in der Regel nur schwer möglich, mit ihren Anregungen an die richtige Stelle im Unternehmen durchzudringen. Hier kann die Nutzung eines rechnergestützten Systems helfen, organisatorische Hürden sowie zeitliche und räumliche Grenzen zu überwinden. Entscheidend für die Akzeptanz eines solchen Systems ist dessen einfache Bedienbarkeit. Ein rechnergestütztes System zur Feedbackerfassung sollte die Eigeninitiative der Mitarbeiter nicht abschrecken.

Dieser Tatsache trägt der Feedbackerfassungsmodul Rechnung. Wie in Bild 3.6.5 dargestellt, kann der Service-

techniker seine Anregungen mit Hilfe einer einfachen Maske als Klartextaussagen dokumentieren.

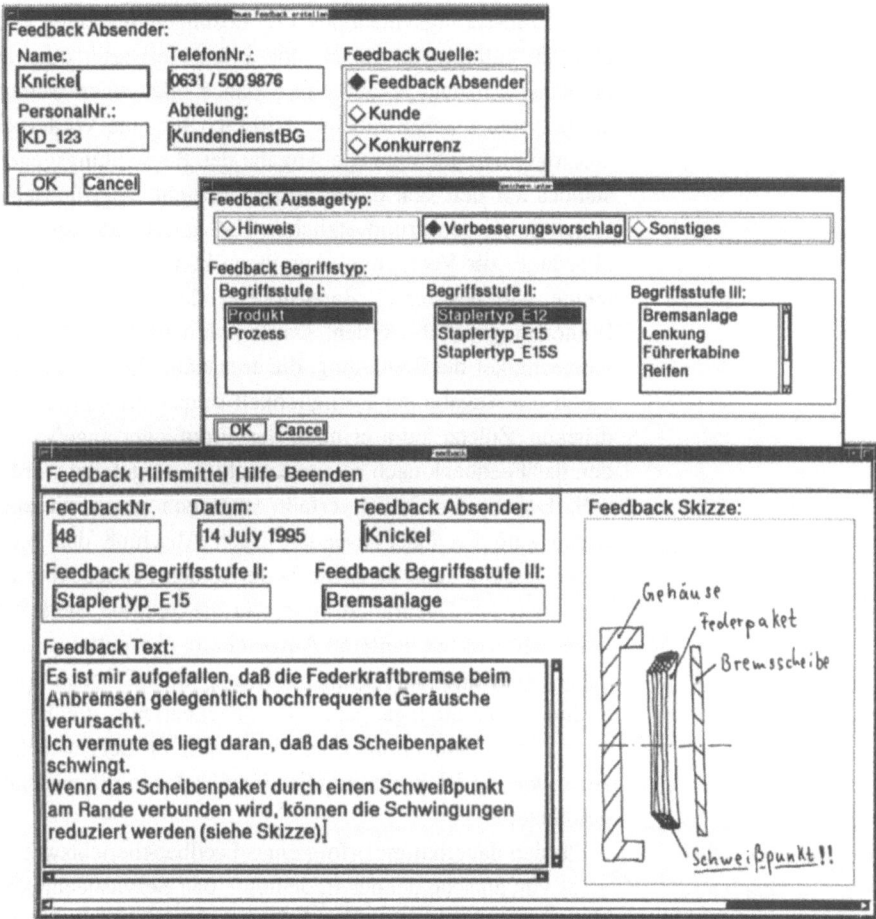

Bild 3.6.5: Beispiel für die Erfassung von Feedback

Für die Darstellung komplexerer Zusammenhänge besteht
darüber hinaus die Möglichkeit, den Klartext um einge-
scannte Handskizzen zu ergänzen.

Eine Kategorisierung des Feedbacks durch den Ersteller erlaubt die gezielte Weiterverarbeitung

Zur Erleichterung der Weiterverarbeitung im Unternehmen können neben diesen Eingaben auch Kategorisierungsmerkmale festgelegt werden. So kann der Mitarbeiter bestimmen, wie er sein Feedback verstanden sehen möchte. Als Verbesserungsvorschlag, der Lösungen für einen Problemfall enthält, für die er eine Prämie erwartet oder als Hinweis, mit dem er auf eine Chance oder einen Mangel aufmerksam machen möchte. Hilfreich für eine Weiterverarbeitung ist außerdem die Angabe des Betrachtungsgegenstandes auf den sich das Feedback bezieht. Hierfür stehen Kataloge zu den grundsätzlichen Kategorien „Prozeß" und „Produkt" zur Verfügung. Aus ihnen können spezielle Elemente wie bestimmte Baugruppen oder organisatorische Einheiten gewählt werden. Darüber hinaus kann der Servicetechniker die Bedeutung, die er seinem Hinweis beimißt durch die Angabe der Dringlichkeit seines Vorschlags ausdrücken. Zuletzt kann er noch den Empfänger angeben, an den das Feedback nach seiner Ansicht weitergeleitet werden soll. Das System selbst erfaßt zusätzlich identifizierende Daten zum Feedbackabsender. Nach Abschluß der Feedbackerfassung kann der Mitarbeiter seinen Feedbackbericht wiederum per Datenübertragung an die zentrale Stelle des Unternehmens zur weiteren Aufbereitung übermitteln.

Die **Feedbackberichtaufbereitung** umfaßt nach einer Sichtung der eingegangenen Feedbackberichte die Erstellung von Rückmeldungen an die jeweiligen Servicetechniker sowie die Weiterleitung des Feedbacks an die zuständigen Stellen.

Die zügige Bearbeitung des Feedbacks ist Voraussetzung für dauerhaften Erfolg

Für den dauerhaften Erfolg eines Feedbackberichtswesens ist es von entscheidender Bedeutung, den Servicetechnikern zügig eine angemessene Rückmeldung auf ihre Anregungen zu geben. Ein Mitarbeiter, der immer wieder vertröstet wird oder sich aus seiner Sicht ungerecht behandelt fühlt, wird künftig keinen Feedbackbericht verfassen.

Das Feedbackaufbereitungsmodul fördert die zügige Bearbeitung in dem es Hilfsmittel für eine transparente und effiziente Abwicklung bereitstellt. So kann eine Übersicht erzeugt werden, die zu jedem Feedbackbericht den Bearbeitungsstatus, den Eingangstermin, die Bearbeitungsdauer und verantwortliche Personen anzeigt. Im Zuge der Bearbeitung werden dem Servicetechniker mit Hilfe des DV-Systems eine Eingangsbestätigung, gegebenenfalls Rückfragen und

Zwischeninformationen sowie eine Abschlußinformation übermittelt.

Da es oftmals nur an der Formulierung der Rückmeldungen liegt, ob sich der Mitarbeiter verstanden und gerecht behandelt fühlt, stellt das System je nach gewähltem Rückmeldungstyp jederzeit änderbare Antwortschablonen bereit. Weitergehende Hinweise zur korrekten Abwicklung können über ein Hilfesystem abgerufen werden. Die Übermittlung der Rückmeldung an den Servicetechniker erfolgt in gleicher Weise wie die Übermittlung des Feedbackberichtes. Die Weiterleitung an die zuständige Stelle zur Begutachtung kann über die in WibQuS gewählte Kommunikationsarchitektur erfolgen.

Die durchgängige rechnerunterstützte Bearbeitung der Feedbackberichte bietet neben den oben skizzierten Möglichkeiten der effizienten und benutzergerechten Abwicklung auch die Möglichkeit zum Aufbau einer Ideendatenbank. Nicht immer können akzeptable Vorschläge auch realisiert werden. Sei es weil sie geplanten Konzepten zuwider laufen oder weil eine spezifische Situation der Umsetzung im Wege steht. Diese Anregungen können jedoch für die Zukunft noch einen Wert haben. Durch die Vergabe der Kategorisierungsmerkmale und mit Hilfe von Volltextsuchen kann bei Bedarf in einfacher Weise ein Ideenvorrat mit wertvollen Anregungen zusammengestellt werden.

Durch die Sammlung von Feedbackberichten entsteht ein Ideenvorrat für künftige Aufgabenstellungen

3.6.4 Integration von WiFEA in das WibQuS-Qualitätsinformationssystem

Die Integration von WiFEA in das WibQuS-Qualitätsinformationssystem trägt dazu bei, die anderen Teilsysteme mit marktnahen Informationen zu versorgen. WiFEA selbst nutzt die Integration, um Informationen bezüglich neuer Produktstrukturelemente und kausaler Fehlerbeziehungen zu erhalten sowie Anstöße zur Einleitung von Maßnahmen zu geben.

*Integration auf
Datenebene ermög-
licht anderen
WibQuS-Systemen
Zugriff auf Informa-
tionen aus
Serviceberichten*

Im Hinblick auf den Automatisierungsgrad kann die Integration auf Datenebene und die Integration durch Auftragsvergabe unterschieden werden. Die erstgenannte Integrationsform stellt den Benutzern anderer Systeme grundsätzlich den Zugriff auf alle Daten frei, die in Serviceberichten enthalten sind, sowohl in verdichteter als auch in unverdichteter Form. Dieser Zugriff ist voll automatisiert, d.h. von Seiten des WiFEA-Systems erfolgt kein Benutzereingriff für die Datenbereitstellung. Dem Fehleranalysesystem CAFA können auf diese Art beispielsweise alle bedeutenden Fehler einer Baugruppe verfügbar gemacht werden.

*Integration durch
Auftragsvergabe er-
laubt Benutzern ande-
rer WibQuS-Systeme,
Maßnahmen
anzustoßen*

Die Integration durch Auftragsvergabe kann dagegen genutzt werden, um Auswertungen der semiformalen Angaben in Service- und Feedbackberichten anzufordern. Weiterhin kann auf diesem Wege auch die Pflege, Erfassung und Aufbereitung von Sonderberichten veranlaßt werden. So können Benutzer des QFD-Systems rechnergestützte Kurzfragebögen zur Ermittlung von Kundenforderungen in Auftrag geben.

Technisch ist die Integration von WiFEA in das WibQuS-Qualitätsinformationssystem folgendermaßen gelöst. Als Schnittstelle zwischen WiFEA und dem Quality Trader, der als Vermittlungsstelle zu den anderen Teilsystemen zu sehen ist, dient eine SQL-Datenbank. Sie empfängt auf der Eingangsseite Anfragen und Aufträge anderer Teilsysteme und nimmt auf der Ausgangsseite die von WiFEA generierten Antworten auf. Diese werden dann über den Quality Trader den anfragenden Teilsystemen zur Verfügung gestellt. Die Schnittstellenfunktionalitäten zwischen WiFEA und der SQL-Datenbank übernimmt ein sog. Mapping-Modul. Seine Aufgabe ist es, relational strukturierte Daten aus der SQL-Datenbank auszulesen und sie in WiFEA-interne objektorientierte Strukturen zu übersetzen und umgekehrt. Das skizzierte föderative Integrationskonzept hat den Vorteil, daß es eine sich evolutionär entwickelnde Datenhaltung erlaubt.

3.6.5   Realisierung von WiFEA

Ausgehend von dem im zweiten Kapitel dargestellten Vorgehen wurde die Realisierung der WiFEA-Module mit Hilfe eines objektorientierten Ansatzes fortgeführt. Grundlegender Vorteil objektorientierter Ansätze ist es, daß sie den Entwurf von Modellen mit hoher Realitätsnähe ermöglichen und gleichzeitig eine einfache Überführung der Modelle in lauffähige Programme erlauben. Unter den bekannten Ansätzen von Booch, Jacobsen, Martin-Odell, Raumbaugh, Shlaer-Mellor, die in ihren Modellierungsmöglichkeiten vergleichbar sind, fiel die Wahl auf die Martin-Odell-Methode [MAR93]. Hauptgrund für diese Entscheidung war die Tatsache, daß ihre Anwendung durch eine professionelle Entwicklungsumgebung unterstützt wird, mit der Modelle grafisch entworfen und anschließend direkt, ohne weitere Zwischenschritte, in Programme überführt werden können. Bei iterativem Vorgehen, welches für komplexere Systemrealisierungen die Regel ist, kann somit zu jedem Zeitpunkt die Anpassung in einem übersichtlichen graphischen Modell vorgenommen werden, statt in komplexem Programmcode. Hierdurch wird der sonst übliche Bruch zwischen Modell und Programmcode vermieden, der oftmals die Systempflege erheblich erschwert. Durch diese Eigenschaft können auch grundlegende Systempflegeaufgaben von WiFEA wie z.B. das Einbinden einer neuen Methode in die Methodenbank oder die Definition zusätzlicher Dialoge effizient bewältigt werden.

WiFEA ist mit Hilfe objektorientierter Technologie realisiert

Die Martin-Odell-Methode sieht für die Datenmodellierung den Entwurf von Objektdiagrammen vor. Für die Funktionsmodellierung werden sog. Prozeßdiagramme verwendet. Objektdiagramme beschreiben die statische Objektstruktur, d.h. Sachverhalte aus dem Bereich der Felddatenerfassung und -aufbereitung wie Bezeichnungen, Klassifikationen und Beziehungen. Prozeßdiagramme beschreiben das dynamische Verhalten der Objekte, d.h. Prozesse und zeitliche Reihenfolgen. Prozesse können Programmoperationen, Maskendialoge oder auch Subdiagramme sein. Letztere erlauben eine hierarchische Strukturierung des dynamischen Verhaltens, wodurch die Übersichtlichkeit der Modelle erhöht wird. Die Prozesse werden durch Input/Output-Beziehungen sog. Datenflüsse miteinander ver-

Graphische Programmierung vereinfacht die Implementierung und Systempflege von WiFEA

bunden. Inhalte dieser Datenflüsse sind als Objekte in den Objektdiagrammen abgebildet.

Im Rahmen der Realisierung von WiFEA wurden zu Beginn die Objektdiagramme der Teilmodule entworfen. Anschließend wurden, für jeden Teilmodul, gesondert die Prozeßdiagramme entwickelt. Hierbei zeigte sich des öfteren, daß noch Ergänzungen in den Objektdiagrammen erforderlich waren. Da die Martin-Odell-Methode einen flexiblen Übergang zwischen Daten- und Funktionsmodellierung vorsieht, war dies jedoch ohne Schwierigkeiten möglich. Bild 3.6.6 zeigt die beiden Diagrammarten exemplarisch.

Objektorientiertes Vorgehen hat sich bewährt

Insgesamt hat sich das objektorientierte Vorgehen nach der Martin-Odell-Methode und der Einsatz der dazu passenden Entwicklungsumgebung als praktikabler Ansatz für die Realisierung von WiFEA erwiesen.

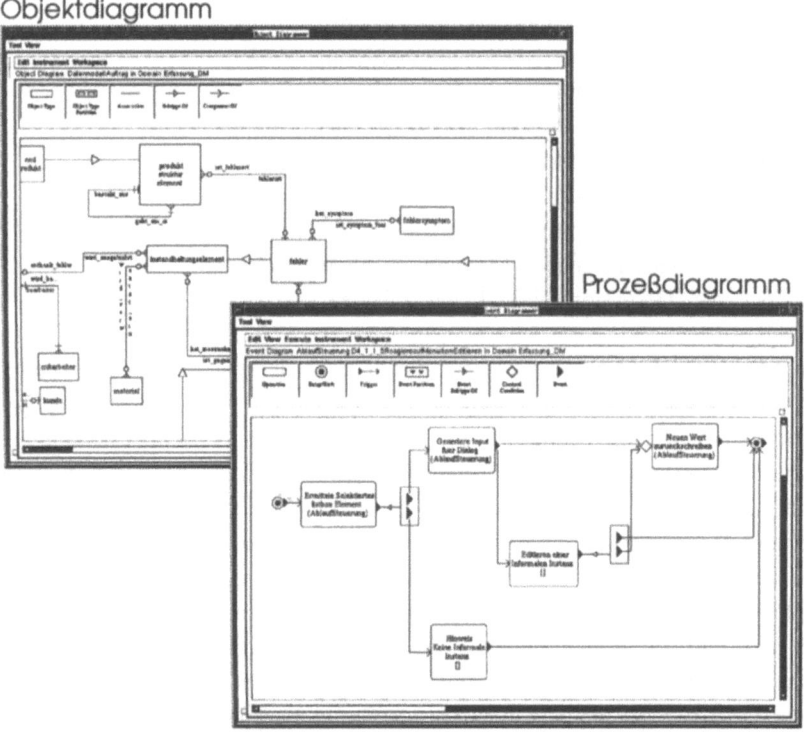

Bild 3.6.6: Beispiel für den Entwurf von Objekt- und Prozeßdiagrammen

3.6.6 Ausblick

Zentrales Ziel der Entwicklung von WiFEA ist die Gewährleistung einer bedarfsgerechten Versorgung planender Bereiche mit Informationen aus dem Feld. Der Einsatz inte-
grierbarer wissensbasierter Techniken erlaubt es hierbei,
betriebliche Kommunikationsbarrieren effizient zu überwinden. Das skizzierte Berichtswesen liefert hierzu den
erforderlichen organisatorischen Rahmen.

Von Praktikern wurde die Bedeutung einer systematischen Rückkopplung aus dem Feld betont und der gewählte
ganzheitliche Ansatz aus Technik und Organisation als
nützlich bezeichnet. Dabei wurde darauf hingewiesen, daß
der Schlüssel für eine erfolgreiche betriebliche Umsetzung
in der Akzeptanz und Motivation der Servicetechniker liegt.
Weiterhin wurde die Nutzung der gesammelten Informationen für ein systematisches Fehlermanagement angeregt, um
insbesondere Wiederholfehler zu vermeiden.

Nur der ganzheitliche Ansatz aus Technik und Organisation, der auch den Menschen berücksichtigt, führt zum Erfolg

Die prototypisch realisierten Teilmodule von WiFEA
konnten mit praxisnahen Daten erfolgreich getestet werden.
Für eine betriebliche Anwendung ist es erforderlich, sie
robuster zu gestalten und sie in ihren Funktionen an die
Anforderungen der jeweiligen Serviceorganisation (z.B.
Händlerservice, Herstellerservice etc.) sowie an das betriebliche DV-Umfeld anzupassen.

Das WiFEA-Konzept muß an die jeweilige Situation des Unter-nehmens angepaßt werden

Die Bestrebungen in Richtung multimedialer Kommunikation und Datenautobahnen lassen einen innovativen
Schub auch für den Service erwarten. So könnten beispielsweise Telekonferenzen mit Entwicklern zur effizienten Lösung komplizierter Fehlerfälle beim Kunden beitragen. In DV-Systemen abgebildete „Schwarze Bretter", die
es erlauben, Fragen und Anregungen einem breiten Kreis
von Mitarbeitern zugänglich zu machen, könnten den übergreifenden Austausch von Erfahrungen fördern.

Datenautobahnen lassen einen innovati-ven Schub erwarten

4 Querschnittsthemen – Der Austausch von Wissen

4.1 Der Kausalprozessor

Hans-Jürgen Warnecke, Michael Kempf, Universität Stuttgart, Institut für Industrielle Fertigung und Fabrikbetrieb, Nobelstraße 12, 70569 Stuttgart.

Der Kausalprozessor dient als zentraler Server für Relationen unterschiedlichster Art

Der Kausalprozessor dient als zentraler Server für Relationen aller Art, das heißt alle Informationen über Relationen werden dort gesammelt und allen Unternehmensbereichen zur Verfügung gestellt. Unter einer Relation hat man sich hierbei einen Zusammenhang zwischen zwei Ereignissen vorzustellen. Der Kausalprozessor kann sogar Wissen über Zusammenhänge aus verschiedenen Bereichen zu neuem Wissen verknüpfen. Seine Funktion geht deshalb über die eines reinen Datenaustausches hinaus. Jedes Modul, das eine Qualitätssicherungsmethode unterstützt, darf jederzeit Wissen über Relationen zu einem bestimmten Thema abrufen oder bereitstellen.

Relationen werden in zwei Hauptkategorien eingeteilt: Kausalzusammenhänge und korrelierte Ereignisse

Im Kausalprozessor werden zwei Hauptarten von Relationen unterschieden: Einerseits können dort beliebige Ursache-Wirkungszusammenhänge abgelegt werden. Die Fehler mit ihren Fehlerursachen in einer Fehlermöglichkeits- und -einflußanalyse (FMEA) sind ein Beispiel für diese Art von Relationen [KEM92]. Andererseits können auch korrelierte Ereignisse verarbeitet werden, wie z.B. zwei korrelierte Merkmale, die von der Statistischen Versuchsmethodik (SVM) ermittelt wurden. Es sind aber auch noch andere Abhängigkeiten denkbar und auch abbildbar, wie z.B. Zusammenhänge zwischen Kundenwünschen und technischen Qualitätsmerkmalen, wie sie bei der Quality Function Deployment Methode (QFD) betrachtet werden. In Bild 4.1.1 ist eine Klassifizierung der verschiedenartigen Relationen angegeben. Die Menge der kausalen Zusammenhänge und die der Korrelationen sind keineswegs disjunkt, da auch den Korrelationen eine Kausalität zugrunde liegen kann.

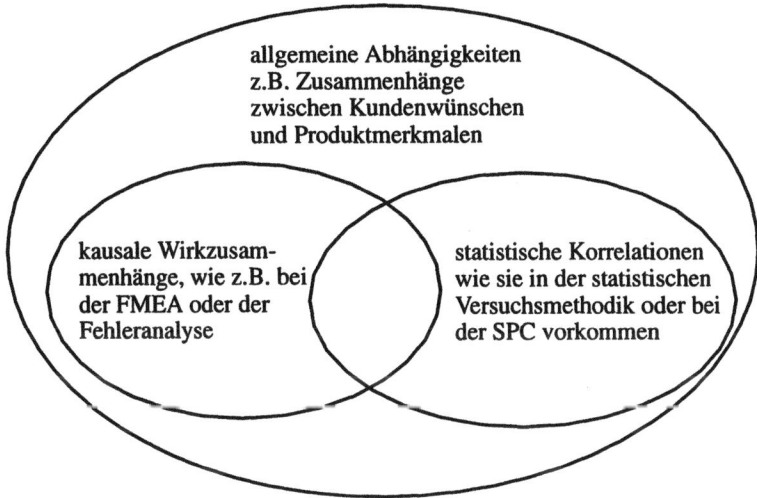

Bild 4.1.1: Klassifikation der verschiedenen Typen von Relationen

4.1.1 Ziele des Kausalprozessors

Informationen über Ursache-Wirkungszusammenhänge, wie sie beispielsweise bei der FMEA betrachtet werden, können grundsätzlich auch an anderer Stelle von Nutzen sein. So zum Beispiel beim Servicetechniker, der im Feld eine Diagnose vornimmt und auf diese Informationen zurückgreifen will. Werden durch die statistische Versuchsmethodik (SVM) Korrelationen zwischen bestimmten Parametern festgestellt, so kann dieses Wissen beispielsweise für die Bildung eines Modells zur Überwachung und Regelung

Der bereichsübergreifende Austausch von Kausalwissen sichert bessere Qualität

eines Produktionsprozesses von Bedeutung sein. Relationen und Zusammenhänge solcher Art fallen in nahezu allen Unternehmensbereichen an und sollen allgemein verfügbar gemacht werden.

Durch das Verketten von Kausalitäten werden neue Zusammenhänge erzeugt

Hierzu muß der Kausalprozessor qualitätsrelevantes Wissen aus allen Unternehmensbereichen sammeln und jedem Benutzer auf Anfrage die für ihn relevanten Kausalzusammenhänge zur Verfügung stellen. Für das Verketten von Relationen sowie das Vermeiden von Redundanzen müssen vom Kausalprozessor semantisch gleiche Ereignisse in verschiedenen Relationen identifiziert werden können. Der Kausalprozessor muß Plausibilitäts- und Konsistenzprüfungen durchführen können und soll somit widerspruchsfreies Kausalwissen garantieren.

4.1.2 Systemkonzept

Kausalprozessor ermöglicht intelligente Suche nach Ursachen und Auswirkungen bestimmter Situationen

Der Kausalprozessor kann als intelligente Datenbank angesehen werden. Er läßt einerseits zu, wie in herkömmlichen Datenbanken, Relationen abzulegen bzw. nach bestimmten Kriterien abzufragen. Andererseits kann er Relationen verketten, auch wenn sie durch verschiedene Module definiert wurden. Darüber hinaus kann er nach Vorgabe eines bestimmten Ereignisses eine intelligente Suche nach wahrscheinlichen Ursachen oder Wirkungen innerhalb der Kausalrelationen durchführen. Die Ergebnisse werden um so besser ausfallen, je höher der Verkettungsgrad der Kausalzusammenhänge ist.

4.1.3 Formalisierung von Kausalrelationen

Eine Relation besteht aus Ursache, Wirkung, Bewertung und Quelle

Eine Relation des Kausalprozessors hat die folgende Form:

$$r = (u, w, b(u,w), q),$$

wobei u das ursächliche Ereignis, w das Folgeereignis von u sowie $b(u,w)$ ein Maß für die "Stärke" der Relation darstellen. Beispiele für eine solche Bewertungszahl $b(u,w)$ sind die bedingte Wahrscheinlichkeit $P(w|u)$ [PER88] oder Sicherheitsfaktoren $CF(w,u)$ [HEC86]. q steht für die Quelle,

d.h. dasjenige Teilsystem, das die Relation definiert hat. Die
Ereignisse u und w sehen folgendermaßen aus:

(p, m, z), wobei

p   Produkt, Prozeß oder Anlage (also ein Verweis auf ein   *Ein Ereignis bezieht*
     Produktstrukturelement PSE, einen Prozeßschritt PS   *sich auf die Ausprä-*
     oder ein Anlagenstrukturelement ASE)   *gung eines Merkmals*

m   Merkmal oder Merkmalsvektor (bei PSE, PS bzw.
     ASE ein Produktmerkmal, Prozeßparameter bzw.
     Anlagenparameter)

z   Zustandsbeschreibung des Ereignisses (die Ausprä-
     gung des Merkmals oder Merkmalvektors)

Der Kausalprozessor enthält nur den eigentlichen Kausal-   *Eine Relation kann*
zusammenhang. Nähere Informationen zu den in den Rela-   *als Kante zwischen*
tionen betroffenen Merkmalen, Produkten oder Prozessen   *zwei Ereignisknoten*
werden an anderer Stelle gehalten. In Bild 4.1.2 ist eine   *interpretiert werden*
Relation nach obiger Definition dargestellt.

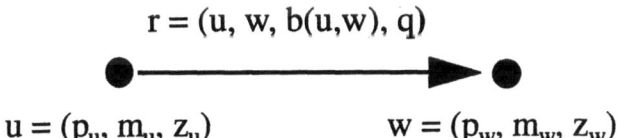

$$r = (u, w, b(u,w), q)$$

$$u = (p_u, m_u, z_u) \qquad\qquad w = (p_w, m_w, z_w)$$

Bild 4.1.2: Eine Kausalrelation mit Ursache und Wirkung

Wir wollen im folgenden einige Beispiele von Kausalzu-   *FMEA und Feh-*
sammenhängen betrachten. Nehmen wir an, die FMEA   *leranalyse definieren*
definiert folgende potentielle Fehlerursache und Feh-   *Fehlerrelationen*
lerwirkung: Ist die Spritzdüse zum Ausspritzen von Plastik-
hebel 6.06 erheblich verschmutzt, dann kann der Hebel 6.06
mit hoher Wahrscheinlichkeit nicht vollständig ausgespritzt
werden. Diese Relation sieht nun folgendermaßen aus:
Die Ursache u ist das Ereignis, daß die Spritzdüse erheblich verschmutzt ist. Damit entsprechen den Parametern p,
m, z der Definition die folgenden Werte:

p   =   Druckspritzgerät

m   =   Verschmutzungsgrad der Düse

z   =   50-80 %

Für die Wirkung w ergeben sich die Werte analog. Die Bewertungszahl b(u,w) ist hier P(w|u), die Wahrscheinlichkeit, daß die Wirkung w eintritt, unter der Bedingung, daß die Ursache u schon eingetreten ist. FMEA steht in der Relation für die Quelle q, die diese Relation bereitstellt. In der formalen Notation ergibt sich somit:

r_1 =   ((Druckspritzgerät, Verschmutzungsgrad der Düse, 50-80%), (Plastikhebel 6.06, Ausgespritztheitsgrad, 60-90%), P(w|u) = 0.9, FMEA)

Betrachten wir noch ein zweites Beispiel. Angenommen die Fehleranalyse entdeckt für die Nichtmontierbarkeit des Plastikhebel 6.06 folgende Ursachen:

1.   Der Plastikhebel 6.06 ist unvollständig ausgespritzt
2.   Das Schraubengewinde vom Zwischenstück 6.02 ist schlecht geschnitten

Wenn die Fehleranalyse dem Kausalprozessor diese Zusammenhänge zur Verfügung stellt, entstehen zwei neue Relationen:

r_2 =   ((Plastikhebel 6.06, Ausgespritztheitsgrad, 60-90%), (Montage, Montierbarkeit, nicht möglich), P(w|u) = 1, Fehleranalyse)

r_3 =   ((Zwischenstück 6.02, Schraubengewinde, fehlerhaft), (Montage, Montierbarkeit, nicht möglich), P(w|u) = 0,95, Fehleranalyse)

Der Kausalprozessor verknüpft die verschiedenen Relationen

Nehmen wir an, die FMEA und die Fehleranalyse haben dem Kausalprozessor die obigen Zusammenhänge r_1, r_2 und r_3 zur Verfügung gestellt. Nun ist das Wirkungsereignis der Relation r_1 identisch mit der Ursache in Relation r_2. Der Kausalprozessor muß die beiden Relationen nun verketten können. Dies kann er sicherlich nicht, wenn die obigen Fehlerereignisse nur verbal beschrieben werden, da man semantisch gleiche Ereignisse auf fast beliebig viele Arten verbal formulieren kann. Deshalb muß die Definition der Ereignisse ebenfalls geeignet formalisiert werden.

Dies ist durch das gemeinsame Produkt-Prozeßmodell weitestgehend gewährleistet. Jedes Modul, das eine Relation und damit zwei Ereignisse definiert, ist gezwungen, den Kausalzusammenhang und die Kausalelemente geeignet detailliert zu beschreiben. Für jedes Ereignis ist es dann nachvollziehbar, auf welches Bauelement, auf welchen Produktionsprozeß oder auf welche Maschine es sich bezieht. Dasselbe gilt für das Qualitätsmerkmal, den Prozeßparameter oder den Maschinenparameter. Bei der Definition der Ausprägung werden dem Benutzer die bereits existierenden Ereignisse bezüglich des betroffenen Merkmals angezeigt. Er muß dann das richtige auswählen oder aber, falls es noch nicht existiert, eine neue Ausprägung definieren. Der Kausalprozessor kann somit identische Ereignisse erkennen und die betreffenden Relationen verketten. Der daraus entstehende Kausalgraph ist in Bild 4.1.3 zu sehen.

Ereignisse müssen eindeutig identifizierbar sein

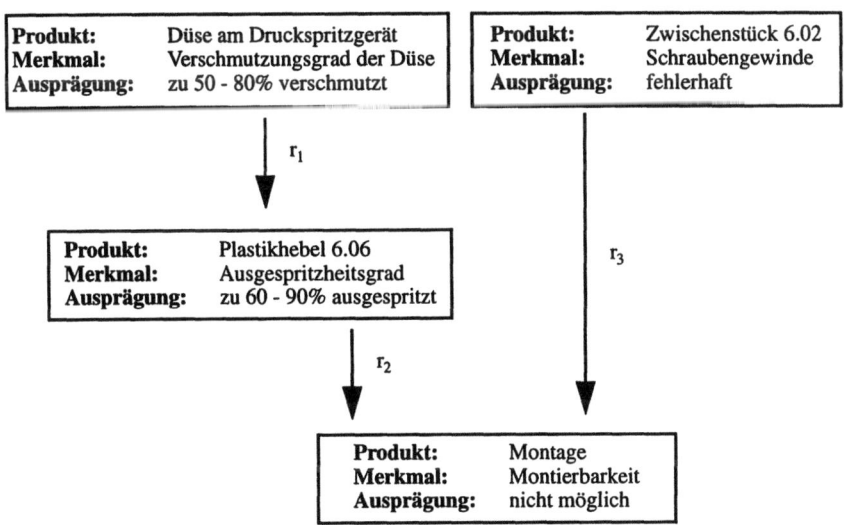

Bild 4.1.3: Die Relationen r_1, r_2 und r_3 zu einem kausalen Netz verknüpft

4.1.4 Bereitstellen von Relationen

Anfragen an den Kausalprozessor sind jederzeit möglich

Jeder Bereich kann jederzeit eine Anfrage an den Kausalprozessor stellen. Wir unterscheiden hierbei die einfache Anfrage und die Anfrage mit Schlußfolgerungsmechanismus. Bei der zweiten Art wird durch ein anfragendes System durch Übermitteln eines Ereignisses (Symptom) oder einer Menge von Ereignissen (Syndrom) eine Inferenz (Schlußfolgerungsmechanismus) gestartet, die hierzu die wahrscheinlichsten Ursachen und/oder Wirkungen liefert. Diese Art der Anfrage wird im übernächsten Abschnitt noch ausführlich diskutiert.

Anfragen sind einfach formulierbar

Die einfache Anfrage selektiert jeweils eine Menge von Relationen oder Ereignissen und stellt diese ohne Wertung dem anfragenden System zur Verfügung. Es kann beispielsweise nach allen Ereignissen, die ein bestimmter Bereich definiert hat, gefragt werden oder aber nach allen Relationen, die sich auf einen bestimmten Prozeßparameter beziehen. Wir geben im folgenden eine nicht vollständige Liste mit einigen Anfragebeispielen. Zunächst einige relationenorientierte Anfragen:

- gib alle Relationen, die sich auf eine bestimmte Anlage, einen bestimmten Prozeß oder ein bestimmtes Produkt beziehen
- gib alle Relationen, die sich in der Ursache auf eine bestimmte Anlage, einen bestimmten Prozeß oder ein bestimmtes Produkt beziehen
- gib alle Relationen, die sich in der Wirkung auf eine bestimmte Anlage, einen bestimmten Prozeß oder ein bestimmtes Produkt beziehen
- gib alle Relationen, die sich auf ein bestimmtes Merkmal beziehen
- gib alle Relationen, die ein bestimmtes Teilsystem definiert hat

u.s.w.

Nun noch eine Beispielliste mit ereignisbezogenen Anfragen:

- gib alle Ursachen zu einem gegeben Ereignis
- gib alle Ursachen erster Stufe zu einem gegeben Ereignis
- gib alle Wirkungen zu einem gegeben Ereignis
- gib alle Ereignisse zu einem bestimmten Qualitätsmerkmal

u.s.w.

Durch die Teilsysteme können dem Kausalprozessor nur Relationen zur Verfügung gestellt werden. Isolierte Ereignisse können nicht definiert werden. Ereignisse können nur an im Kausalprozessor bereits existierende Ereignisse als Ursache oder Wirkung angehängt werden, womit ja eine neue Relation erzeugt wird.

Der Kausalprozessor sorgt für Konsistenz der Daten

Der Benutzer kann natürlich auch eine Relation zwischen zwei bereits existierenden Ereignissen definieren. Der Kausalprozessor überprüft dann, daß im Ereignisgraphen, dem gerichteten Netz der Kausalrelationen, keine zyklischen Abhängigkeiten entstehen. Ist dies der Fall, wird die verursachende Relation abgewiesen.

4.1.5 Ähnlichkeit von Ereignissen

Betrachten wir noch einmal das Beispiel vom vorletzten Abschnitt mit den Relationen r_1 und r_2. Wir ändern nun jedoch das ursächliche Ereignis in der Relation r_2 so ab, daß die Ausprägung des Ausgespritztheitsgrades des Plastikhebels 6.06 zwischen 0% und 80% liegt. Die beiden Relationen r_1 und r_2 sehen nun also folgendermaßen aus:

Der Kausalprozessor kann ähnliche Ereignisse verarbeiten

$r_1 =$ ((Druckspritzgerät, Verschmutzungsgrad der Düse, 50-80%), (Plastikhebel 6.06, Ausgespritztheitsgrad, 60-90%), $P(w|u) = 0.9$, FMEA)

$r_2 =$ ((Plastikhebel 6.06, Ausgespritztheitsgrad, 0-80%), (Montage, Montierbarkeit, nicht möglich), $P(w|u) = 1$, Fehleranalyse)

Die Ähnlichkeits-
funktion gibt den
Grad der Ähnlichkeit
zweier Ereignisse an

Die Wirkung von r_1 und die Ursache der Relation r_2 sind nun keine identischen Ereignisse mehr und eine Verkettung der beiden Relationen ist somit nicht mehr möglich. Die Ereignisse beziehen sich auf dasselbe Merkmal und auf dasselbe Bauelement, nur die Ausprägungsmengen der beiden Ereignisse sind verschieden. Sind diese beiden Mengen disjunkt, können die Ereignisse nicht verknüpft werden. Ist dies jedoch nicht der Fall, können sie mit einer bestimmten, positiven Wahrscheinlichkeit verkettet werden. Ebenso kann dann sowohl in kausaler Richtung als auch in diagnostischer Richtung geschlossen werden, nur "etwas unsicherer" als im Beispiel des vorletzten Abschnitts. Diese Tatsachen motivieren dazu, einen Ähnlichkeitsbegriff für Ereignisse einzuführen.

Wie definieren deshalb ein sogenanntes Ähnlichkeitsmaß für Ereignisse. Seien e_1 und e_2 zwei Ereignisse, die sich auf dasselbe Produkt und dasselbe Merkmal beziehen, jedoch keine identischen Ausprägungen besitzen, also $e_1 = (p, m, z_1)$ und $e_2 = (p, m, z_2)$. In Bild 4.1.4 ist ein Beispiel für ähnliche Ereignisse angegeben.

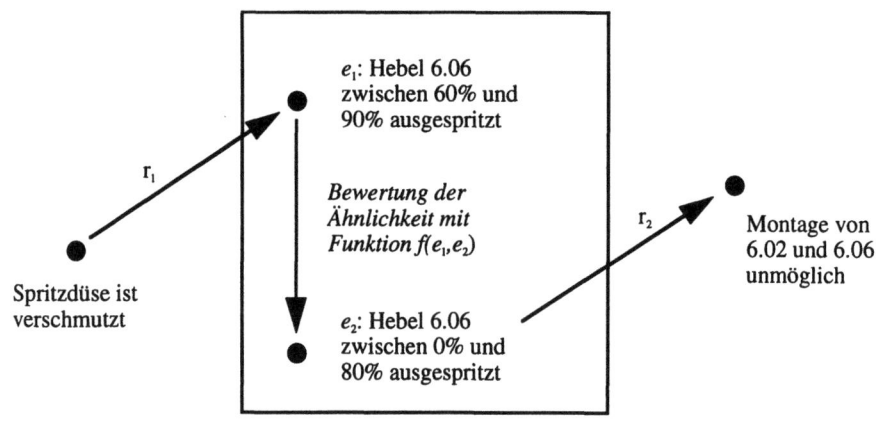

Bild 4.1.4: Beispiel zweier ähnlicher Ereignisse e_1 und e_2

Wir definieren nun folgende Ähnlichkeitsfunktion f:

$$f(z_1, z_2) = \frac{|z_1 \cap z_2|}{|z_1 \cup z_2|}$$

Sind die Ausprägungsmengen disjunkt, so nimmt die Ähnlichkeitsfunktion f den Wert 0 an, sind sie identisch, wird f den Wert 1 annehmen. Für alle anderen Fälle wird die Ähnlichkeitsfunktion f irgend einen reellen Wert zwischen 0 und 1 annehmen, je nach Übereinstimmungsgrad der beiden Mengen z_1 und z_2. Der Wert der Ähnlichkeitsfunktion repräsentiert die ungünstige Richtung des Schlußfolgerns. Ist eine Menge in der anderen enthalten, so kann zumindest in einer Richtung exakt geschlossen werden (siehe hierzu Bild 4.1.5), obwohl f einen Wert kleiner als 1 annimmt.

In bestimmten Richtungen kann bei ähnlichen Ereignissen exakt geschlossen werden

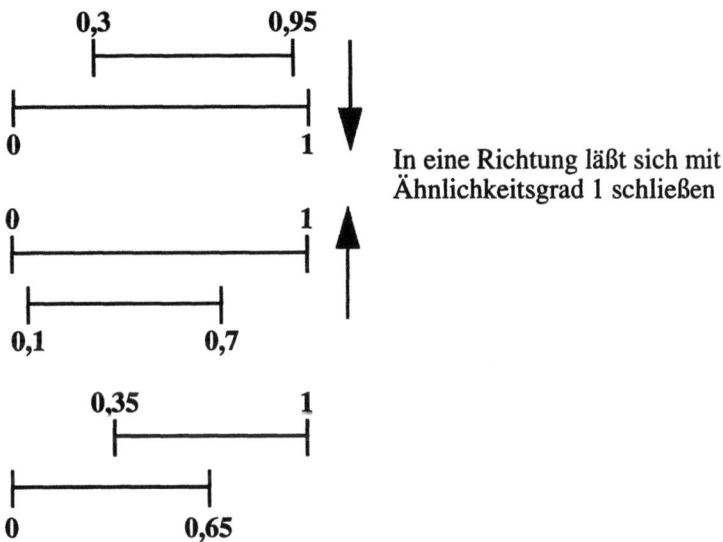

In eine Richtung läßt sich mit Ähnlichkeitsgrad 1 schließen

Bild 4.1.5: Beispiele ähnlicher Intervallausprägungen

Das Konzept der Ähnlichkeit von Ereignissen kann helfen, insbesondere in Graphen mit niederem Vernetzungsgrad, doch noch einigermaßen relevante Daten zu extrahieren. Der Benutzer muß hierbei im Einzelfall entscheiden, ob die gelieferten Relationen im konkreten Fall weiterhelfen.

4.1.6 Inferenzmechanismen

Der Kausalprozessor kann einen intelligenten Schluß-folgerungsprozeß durchführen

Der im Kausalprozessor benutzte Inferenzmechanismus basiert auf einem Algorithmus, der für Bayes'sche Belief Networks [PER86] entwickelt wurde. Dabei werden an jedem Ereignis die lokale Auftrittswahrscheinlichkeit P(Ereignis) sowie die Übergangswahrscheinlichkeiten P(Ereignis | vorhergehendes bzw. nachfolgendes Ereignis) an den Kanten benötigt. Der Inferenzmechanismus benutzt nun ein Botschaftensystem, das entlang der Kanten Mitteilungen verschickt, die dann lokal mit den vorgegebenen Wahrscheinlichkeiten den "Belief" jedes Ereignisses berechnen. Abschließend kann dann eine Liste der Ereignisse sortiert nach Belief-Werten als Ergebnis zurückgeliefert werden.

Graph wird nach wahrscheinlichen Ursachen durchsucht

Das Botschaftensystem des Algorithmus ist der zentrale Schritt, um neues Wissen durch die Struktur zu propagieren und damit aktualisierte Belief-Werte bezüglich eines aufgetretenen bzw. vorgegebenen Ereignisses zu erhalten. Die Botschaften werden längs der Kanten in beide Richtungen versandt. Das heißt, daß einerseits diagnostisches Wissen entgegen der Orientierung im Ereignisgraph versandt wird und andererseits gleichzeitig kausale Informationen entlang der Kanten versandt werden. Zur Unterscheidung werden die diagnostischen Botschaften mit λ bezeichnet und die kausalen mit π.

Konkret handelt es sich bei allen Berechnungen um Matrix- oder Vektoroperationen, da die Übergangswahrscheinlichkeiten als Matrix und die lokalen Wahrscheinlichkeiten sowie die Botschaften als Vektoren angelegt sind. [PER86]

Beispielsweise würde die Berechnung in Bild 4.1.6 sich folgendermaßen darstellen:

$$BEL(\text{Spritzdüse verschmutzt}) = \lambda \cdot P(\text{Hebel nicht vollständig ausgespritzt} \mid \text{Ereignis aufgetreten})$$

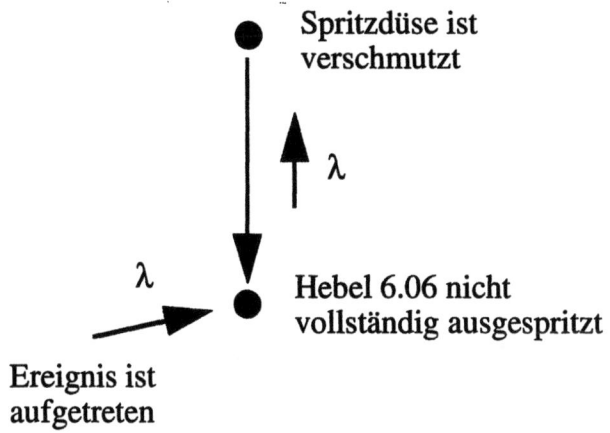

Spritzdüse ist
verschmutzt

λ

λ

Hebel 6.06 nicht
vollständig ausgespritzt

Ereignis ist
aufgetreten

Bild 4.1.6: Ein Inferenzschritt im Netz

Dieser Ausbreitungsprozeß wird durch das gesamte Netz fortgesetzt. Dabei werden die λ-Botschaften an den Wurzelknoten als π-Botschaften zu allen Nachfolgern weiterversandt. Die π-Botschaften werden bis zu den Blättern weitergeleitet. So wird im schlechtesten Fall das Netz zweimal durchlaufen, bevor die Berechnungen zum Stillstand kommen. Bild 4.1.7 zeigt, wie sich Botschaften in einem komplexeren Netz ausbreiten. Eine Inferenz liefert also Belief-Werte unter Berücksichtigung aller anderen verknüpften Ereignisse.

Neue Erkenntnisse werden durch den gesamten Graphen propagiert

Im Bild 4.1.7 würde zum Beispiel die Erkenntnis, daß der "Hebel 6.06 nicht vollständig ausgespritzt" ist eine Erhöhung des Beliefs in das Ereignis "Spritzdüse verschmutzt" bewirken, genauso wie der Belief in "Montage von 6.02 und 6.06 unmöglich" erhöht würde. Der Belief in "Schraubengewinde 6.02 schlecht geschnitten" hingegen würde sich verringern.

Ein aufgetretenes Ereignis ändert auch die momentanen Wahrscheinlichkeit anderer Ereignisse

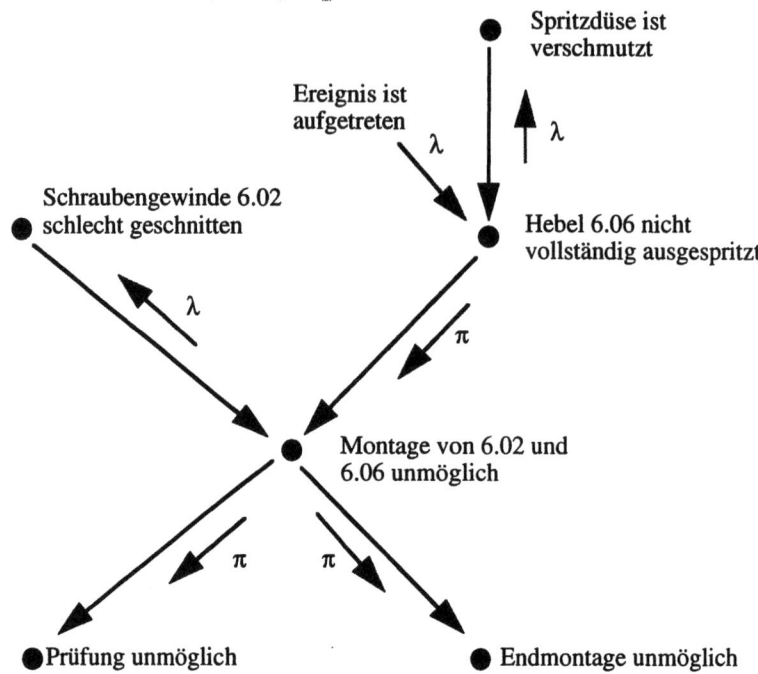

Bild 4.1.7: Botschaften in einem Netz

4.1.7   Realisierung

*Für die Imple-
mentierung wurde ein
objektorientierter
Ansatz gewählt*

Der Prototyp wurde mit Hilfe einer LISP-Entwicklungsumgebung realisiert. Der objektorientierte Aufsatz CLOS (COMMON LISP OBJECT SYSTEM) wurde für die Implementierung der Relationen und Ereignisse verwendet. Insbesondere für die Versendung der Botschaften bei den Schlußfolgerungsmechanismen nach Bayes konnte der objektorientierte Ansatz effizient eingesetzt werden.

*Der Kausalprozessor
besitzt eine benutzer-
freundliche Bediener-
schnittstelle*

Die Benutzeroberfläche des Prototypen wurde mit CLIM (COMMON LISP INTERFACE MANAGER) erstellt. Hierbei hielten wir uns an die Standards von OSF-Motif. In Bild 8 ist die Benutzeroberfläche des Kausalprozessors für den Verwalter des Kausalwissens dargestellt. Für die Speicherung der Relationen sowie den Austausch von Daten mit anderen Systemen über den Vermittlungsagenten (Quality Trader) wurde eine ORACLE-Datenbank eingesetzt.

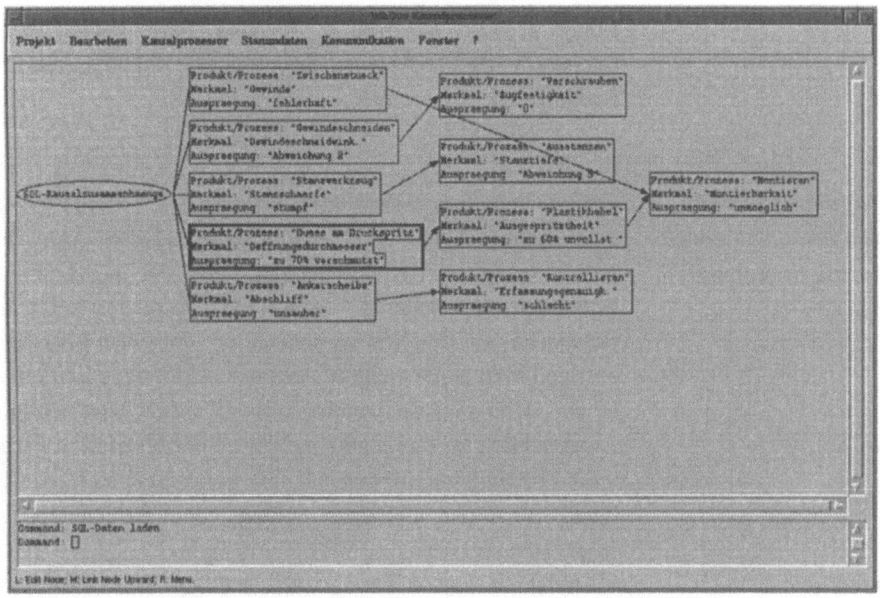

Bild 4.1.8: Benutzeroberfläche des Kausalprozessors

4.2   Informationsmanagement im Qualitätskreis – ein vernetzter Ansatz

Matthias Jarke, Manfred A. Jeusfeld, Peter Peters, Peter Szczurko, RWTH Aachen, Informatik V, Ahornstraße 55, 52056 Aachen

Qualitätswissen entsteht lokal, hat jedoch globale Bedeutung

Qualität wird von allen Handelnden eines Unternehmens in einer gemeinsamen Anstrengung erwirtschaftet. Das Ergebnis hängt zum einen von der Güte der angewandten Methoden, zum anderen von der Verfügbarkeit des Qualitätswissens ab. Das Wissen entsteht bei einzelnen Mitarbeitern und muß in der richtigen Form zum richtigen Zeitpunkt an den richtigen Entscheidungsträger weitergeleitet werden. Ausdrücklich sei hier auch das Wissen der Kunden in Form ihrer Produktwünsche genannt. Sie bestimmen letztlich die Qualitätskriterien und diese sollten jedem Entscheidungsträger bewußt sein.

Informationsmangel und Informationsflut gefährden das unternehmensweite Qualitätsmanagement

Zuviel Austausch von Wissen bedeutet eine Informationsflut, die Entscheidungen verzögert. Fehlendes Wissen hingegen führt systematisch zu Fehlentscheidungen. Das Dilemma ist im Qualitätsmanagement akut, da es alle Phasen des Produktzyklus betrifft. Mitarbeiter mit verschiedenen Aufgaben und Ausrichtungen beteiligen sich daran. Die zunehmende Dezentralisierung verlagert zudem die Kompetenz für Entscheidungen und Information in immer kleinere Teams. Informationstechnik soll die Kooperation der Teams unterstützen und insbesondere durch *Feedback-Zykel* die Entwicklungszeiten verkürzen.

Zwei Barrieren behindern den Informationsaustausch: unterschiedliche Fachsprachen und inkompatible Systeme

Es stellt sich heraus, daß zwei verzahnte Barrieren zu überwinden sind. Die erste Barriere ist die *Sprachlücke* zwischen den Handelnden im Qualitätskreis. Gesucht ist ein Verfahren, mit dem die unterschiedlichen Sichtweisen und Begriffe der Handelnden miteinander in Einklang gebracht werden können. Die Lösung ist ein Verfahren zur kooperativen Erstellung der Qualitätsbegriffsbasis. Die zweite Barriere ist die *Systemlücke* zwischen den heterogenen Systemen der Unternehmung. Systemlücken sind durch unterschiedliche Rechnerplattformen, Programmiersprachen und

Kommunikationsprotokolle gekennzeichnet. Als Lösung schlagen wir relationale Datenbanksysteme in Verbindung mit einem wissensbasierten Vermittlungsagenten vor.

Die Planungsphase wird durch das wissensbasierte System ConceptBase [JGJ95] begleitet. Beiträge zur Planung erfolgen von den *Methodeningenieuren*, d.h. den für Einführung der Qualitätsmethoden verantwortlichen Mitarbeitern. Die frühzeitige Aufdeckung von Inkonsistenzen und Konflikten wird durch ConceptBase aktiv unterstützt. Diese Maßnahme verringert die Planungszeit und liefert gleichzeitig besser aufeinander abgestimmte Informationsflüsse.

Planende und ausführende Experten ziehen Nutzen aus der vernetzten Infrastruktur

Der *Anwendungsingenieur* profitiert in der Ausführungsphase von der für ihn unsichtbaren Dienstleistung eines Vermittlungsagenten. Sein Teilsystem nutzt dessen Funktionen zum Informationsaustausch mit anderen Teilsystemen und zur Verteilung von Aufgaben im Qualitätsteam.

4.2.1 Planung der Informationsflüsse

Obwohl die Methodeningenieure große Erfahrung bei der Entwicklung und Anwendung ihrer QM-Methoden besitzen, sind die methodenübergreifenden Arbeitsabläufe und die Möglichkeiten der Interaktion zwischen den Methoden nur rudimentär bekannt. Die Schaffung einer gemeinsamen Sprache ist die Basis für die Kommunikation unter den Methodeningenieuren und schafft gleichzeitig die Voraussetzung für die Vernetzung der Teilsysteme, d.h. der Arbeitsumgebung in der Ausführungsphase. Ist eine Einigung über die Bedeutung der Begriffe hergestellt, so können die Abhängigkeiten zwischen den QM-Methoden beschrieben werden.

Die Qualitätsbegriffsbasis wird mit einer gemeinsamen Sprache aufgebaut

Die Vorgehensweise zum Aufbau der Qualitätsbegriffsbasis hat sich an den Gegebenheiten in der Unternehmung zu orientieren: Die Methodeningenieure sind autonom bei der Gestaltung ihrer Teilsysteme und der dort unterstützten Aufgaben. Ihr Terminkalender erlaubt nicht beliebig viele Teamsitzungen. Ergo kommt nur eine Planungsmethode in Frage, in der große Teile zeitlich und räumlich verteilt zu erledigen sind. Die Eigenschaften der Teilsysteme werden nur insofern gemeinsam geplant, als sie andere Teilsysteme mitbetreffen.

Die Planungsphase findet zeitlich und räumlich verteilt statt

Ein vernetztes Quali-
tätsmanagement-
systems bedarf der
Organisation

Die Planungsmethode hat drei Dimensionen: Organisation, sprachlicher Rahmen und eingesetzte Werkzeuge. Das Team der mit der Planung beauftragten Methodeningenieure legt zum Projektstart einen Zeitplan fest, an dessen Ende als Ziel die Qualitätsbegriffsbasis steht. Innerhalb des Zeitplans wechselt sich verteiltes Arbeiten mit Teamsitzungen ab.

Informationswünsche
sind mit Angeboten in
Einklang zu bringen

Wir schlagen folgendes Muster vor. Zunächst werden das Sprachmodell und die Werkzeuge festgelegt. Dann planen die Methodeningenieure jeweils individuell die Informationsflüsse ihres Teilsystems. In der anschließenden Vernetzungsphase werden Informationswünsche von Teilsystemen auf Informationsangebote anderer Teilsysteme abgebildet. Zum Abschluß werden alle Konzepte der Qualitätsbegriffsbasis einer gemeinsamen Begutachtung unterzogen. Vorteil dieser Organisation ist ihre Ausrichtung auf die Vernetzung der Teilsysteme. Die gemeinsame Begutachtung macht die Qualitätsbegriffsbasis zu einem Vertrag zwischen den Methodeningenieuren.

Das Sprachmodell ist
die formale Grundla-
ge für die Planung
der Informationsflüsse

Der informationstechnische Rahmen verdient eine genauere Betrachtung. Bild 4.2.1 zeigt vier Abstraktionsstufen von Information gemäß [ISO90a], die bei der Erstellung einer Informationsinfrastruktur eine Rolle spielen [JJS93]. Die oberste Ebene wird vom sogenannten Sprachmodell eingenommen. Das Sprachmodell definiert die Konstrukte, mit denen die Qualitätsbegriffsbasis erstellt wird. In WibQuS haben die Methodeningenieure sich für ein *aufgabenorientiertes Sprachmodell* entschieden:

Die **Handelnden** bearbeiten **Aufgaben**, besitzen **Objekte** und kennen **Methoden**. Aufgaben gehen von Informations-Objekten aus und liefern Objekte. Methoden unterstützen Aufgaben.

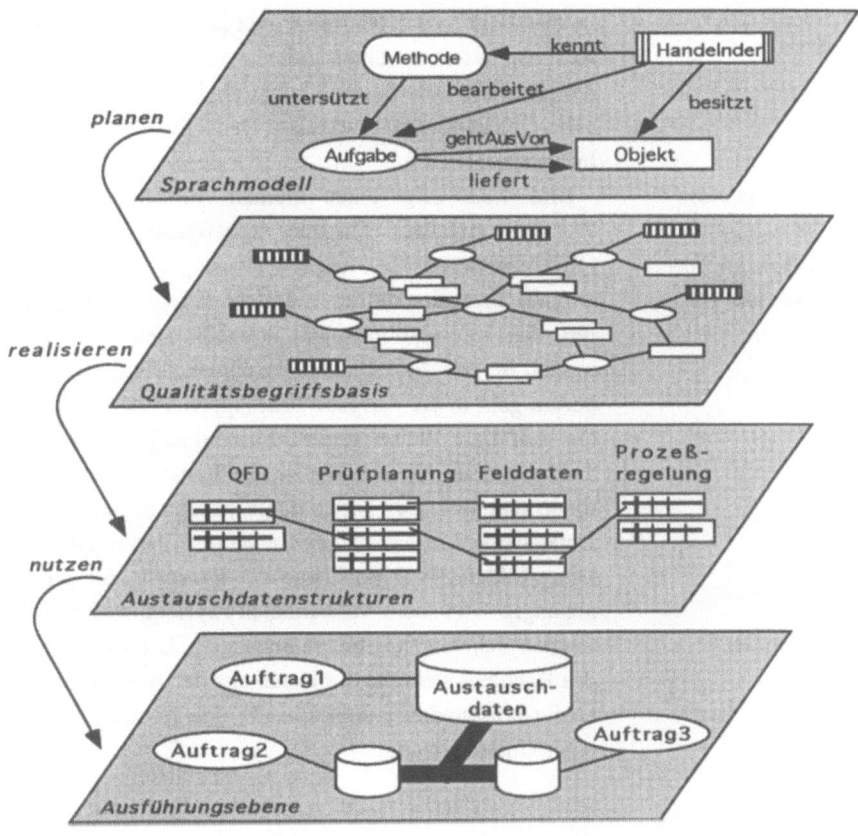

Bild 4.2.1: Vier Abstraktionsebenen für Information

Der Handelnde spielt eine wichtige Rolle im Sprachmodell. *Der Mensch wird in* Alle Abläufe im Qualitätsmanagement sollten auf ihn zu- *die Planung mit ein-* rückführbar sein. Alle vier Kategorien können zerlegt wer- *bezogen* den, etwa Aufgaben in Teilaufgaben. Aufgrund der Ein- fachheit des Sprachmodells bietet sich eine graphische Notation der Qualitätsbegriffsbasis an (vgl. Bild 4.2.2). Die Knotenformen symbolisieren die Zuordnung zum Sprach- modell.

Das Sprachmodell ist das Muster für die zweite Ebene des *Aufgabe-Objekt-* Rahmens, die Repräsentation der Qualitätsbegriffsbasis. *Ketten stellen geplan-* Alle Begriffe werden in die vier Kategorien des Sprachmo- *te Informationsflüsse* dells eingeordnet. Ihre Beziehungen orientieren sich an den *zwischen Teilsystemen* Verbindungen im Sprachmodell. An dieser Stelle sei betont, *dar* daß alle Objekte teilsystemübergreifende Bedeutung haben.

Informationsflüsse werden häufig über Dekomposition von Aufgaben und Objekten etabliert

In der Regel wird also eine Aufgabe, die ein Objekt als Ausgabe liefert, zu einer anderen Methode gehören als die Aufgabe, die von diesem Objekt als Eingabe ausgeht. Aufgabe-Objekt-Ketten sind also Darstellungen für geplante Informationsflüsse.

Bild 4.2.2 zeigt einen kleinen Ausschnitt aus der in WibQuS erstellten Qualitätsbegriffsbasis. Die Methode QFD unterstützt die Aufgabe Prozeßplanen, die als Teilaufgabe Prozeßmodellieren enthält. Diese Teilaufgabe liefert das Informationsobjekt Prozeßmodell. Das Prozeßmodell ist Teil des Objekts Prozeßplan. Dieses Objekt wiederum geht in die Aufgabe Prüfungplanen der Prüfmethode ein. Auf diese Weise ist ein Informationsfluß zwischen dem Teilsystem für QFD und dem Teilsystem für die Prüfmethode etabliert. Der Leser möge beachten, daß hier keine Details über *Austauschdatenstrukturen* dargestellt werden. Diese bilden die dritte Ebene des Rahmens. Sie sind stark abhängig von den verwendeten Systemplattformen und werden daher weiter unten behandelt. Die unterste Ebene des Rahmens steht für die Daten aus der Ausführungsphase, also *Qualitätsdaten* dem Einsatz des fertigen Systems in einer Unternehmung.

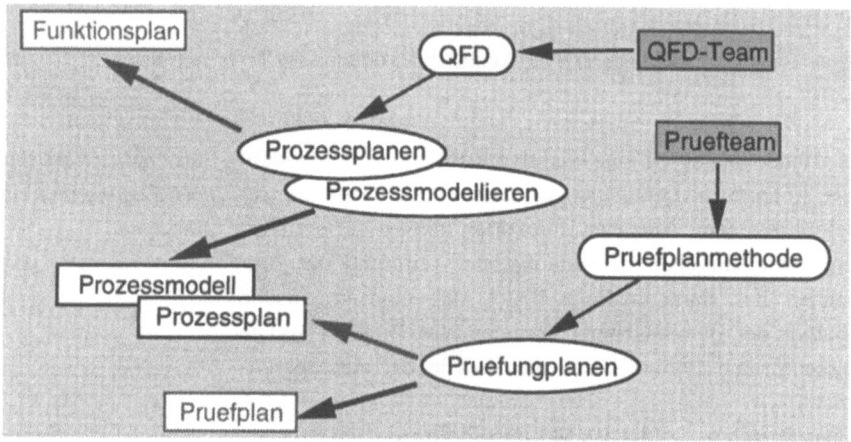

Bild 4.2.2: Ausschnitt aus der Qualitätsbegriffsbasis

Nachdem die organisatorische Vorgehensweise und der informationstechnische Rahmen der Planungsphase vorgestellt sind, stellt sich die Frage nach einem geeigneten Werkzeug für die Planung der Informationsflüsse. Es muß verteiltes Arbeiten und die Repräsentation innerhalb des Sprachmodells unterstützen. Zudem ist Hilfestellung bei der Beurteilung der Konsistenz und Vollständigkeit der geplanten Informationsflüsse wünschenswert. Das wissensbasierte Objektbanksystem ConceptBase erfüllt diese Anforderungen. Seine Wissensrepräsentationssprache Telos [MBJK90] basiert auf einer graphischen Notation und ist über ein Metaklassenkonzept auf anwendungsspezifische Sprachmodelle anpaßbar. Hinzu kommt eine ausdrucksstarke deduktive Komponente, mit der Integritätsbedingungen, Ableitungsregeln und Anfragen formuliert werden können [JEUS92].

Ein Werkzeug macht das verteilte Arbeiten in der Planungsphase effektiver

Zu Beginn der Planungsphase wird die Wissensbank von ConceptBase mit den vier *Metaklassen* des Sprachmodells initialisiert. Die Mehrbenutzerfähigkeit erlaubt beliebig vielen Methodeningenieure über ein Rechnernetz von ihrem Arbeitsplatz auf ConceptBase zuzugreifen und ihre Beiträge als *Instanzen* der vier Metaklassen einzuspeisen. Einfache Fehler wie Bezugnahme auf undefinierte Objekte werden automatisch erkannt und gemeldet. Der aktuelle Stand ist jederzeit für jeden Methodeningenieur abrufbar und graphisch darstellbar (vgl. Abb. 4.2.4).

ConceptBase kann auf einfache Weise an das Sprachmodell angepaßt werden

ConceptBase bietet Integritätsbedingungen und Anfragen als Hilfsmittel zur Entdeckung von Schwachstellen in der Qualitätsbegriffsbasis an. Die Bedingungen können durch die Methodeningenieure selbst festgelegt werden und je nach Stand der Planungsphase verschärft oder abgeschwächt werden. Ein Beispiel sind die 'Sackgassen', d.h. Objekte, die zwar von einer Aufgabe als Ausgabe geliefert werden, jedoch von keiner Aufgabe als Eingabe genutzt werden.

Schwachstellen in der Vernetzung werden durch spezielle Anfragen aufgespürt

```
QueryClass Sackgasse isA Objekt with

   constraint

      c: $ exists A1/Aufgabe

           (A1 liefert this) and

           not exists A2/Aufgabe

           (A2 gehtAusVon this) $
end
```

Die obige Anfrage liefert alle Sackgassenobjekte als Antwort. Möchte man am Ende der Planungsphase sicherstellen, daß keine existieren, so braucht man lediglich die Formel direkt an die Metaklasse 'Objekt' zu binden. Anfragen und Integritätsbedingungen können im Prinzip zu jedem Zeitpunkt der Planungsphase definiert und modifiziert werden. Die Methodeningenieure haben mit ConceptBase also ein Werkzeug, dessen Konsistenzkontrolle an die Erfordernisse des jeweiligen Stands der Planungsphase angepaßt werden kann.

Abschließende Begutachtung durch die Methodeningenieure

Da Begriffen eine semantische Bedeutung aus der Anwendungswelt anhaftet, können nicht alle Unzulänglichkeiten der Qualitätsbegriffsbasis automatisch erkannt werden. Ein gewisser Rest muß von den Methodeningenieuren selbst aufgespürt und beseitigt werden. Obwohl die Hauptarbeit in diesem Fall beim Menschen liegt, erleichtert ConceptBase die Organisation erheblich. Jedem Begriff können als Attribute sein Ersteller sowie seine Begutachtung durch die Methodeningenieure zugeordnet werden.

Konflikte sind Anlaß für Lösungen

In dem Beispiel zur Analysemethode haben drei Teilnehmer den Begriff akzeptiert, je einer hat ihn nicht verstanden bzw. abgelehnt. Die Begutachtung der Begriffe kann verteilt erfolgen. Der Ersteller eines Begriffs kann jederzeit mit ConceptBase seine 'problematischen' Begriffe erfragen, d.h. solche Begriffe, die nicht verstanden oder abgelehnt wurden. Manche der Konflikte sind durch bilaterale Gespräche auflösbar. Der restlichen Konflikte sollten in einer Teamsitzung mit allen Methodeningenieuren besprochen werden.

```
Individual Analysemethode in Methode
  unterstuetzt
    aufg1 : Felddatenerfassung
  definiert_von
   Ersteller : Volker_Knickel
  nicht_verstanden_von
    unsicher : Robert_Grob
  akzeptiert_von
    ok1 : Peter Szczurko;
    ok2 : Rolf Flamm;
    ok3 : Ute Schnitzler
  nicht_akzeptiert
    nicht_ok : Peter Peters
end
```

4.2.2 Realisierung mit wissensbasierter Vermittlung

Die Realisierung des Informationsaustausches in einem verteilten QM-System erfordert eine Vielzahl von Entwurfsentscheidungen. Sie hängen stark von den verfügbaren Rechner- und Softwareplattformen ab. Eine Reihe von Anforderungen sind an die Realisierung zu stellen:

Die Realisierung muß die Autonomie der Teilsysteme berücksichtigen

- Die einzelnen QM-Teilsysteme sollen weitgehend autonom voneinander realisiert werden können.
- Die Austauschstrukturen sollen an veränderte Bedingungen leicht anpaßbar sein.
- QM-Teilsysteme sollen auf die Informationen entfernter Teilsysteme zugreifen können, als wären sie lokal gespeichert.
- Das verteilte QM-System soll die Aufgabenverteilung unter den Anwendungsingenieuren unterstützen.
- Standardisierte Software ist Eigenanfertigungen vorzuziehen. Offene Lösungen sind besser als proprietäre Lösungen (nur ein Anbieter).

Aus den Anforderungen folgt, daß Qualitätsdaten über ein Rechnernetz auszutauschen sind. Also ist eine Darstellung festzulegen, die sowohl von spezifischen Rechnerplattformen als auch von für die Realisierung der Teilsysteme ver-

Relationale Datenbanken bieten Plattformunabhängigkeit

wendeten Programmiersprachen unabhängig ist. Relationale Datenbanksysteme sind zur Zeit die beste Plattform zur Realisierung. Ihre standardisierte Sprache SQL erlaubt sowohl Datendefinition (in Form sogenannter relationaler Schemata) als auch Datenmanipulation (in Form von Anfragen und Änderungsoperationen). Relationale Datenbanksysteme sind zudem praxisbewährt. Vielfach liegen qualitätsrelevante Daten bereits in relationaler Form vor.

SQL als Pufferspra-che zwischen den Teilsystemen

Bild 4.2.3 zeigt das Architekturbild des verteilten QM-Systems mit dem sogenannten *Quality Trader* als Vermittlungsagenten. Jedes Teilsystem ist über ein relationales Datenbanksystem (SQL-Server; die Produktnamen sind eingetragene Warenzeichen der jeweiligen Hersteller) an das Rechnernetz (hier: Internet) angeschlossen. Der SQL-Server stellt Informationen für andere Teilsysteme bereit und empfängt seinerseits Informationen von ihnen. Er ist gewissermaßen der Puffer zur Außenwelt. Jedes Teilsystem mag im Hintergund eine 'private' Wissensbank verwalten, deren Inhalt für die Außenwelt nicht direkt sichtbar ist.

Föderierte Datenban-ken sind das Vorbild, Ziel ist die Weiter-leitung von Information

Die Architektur ist ein Spezialfall der föderierten Datenbanksysteme [SL90], in denen autonome Datenbanksysteme Teile ihrer Daten über sogenannte Partizipationsschema in ein föderiertes Schema bereitstellen. Auf diesem wiederum werden die Teilsysteme als Anwendungsprogramme realisiert. In unserem Falle werden alle Partizipationsschemata vom Quality Trader verwaltet.

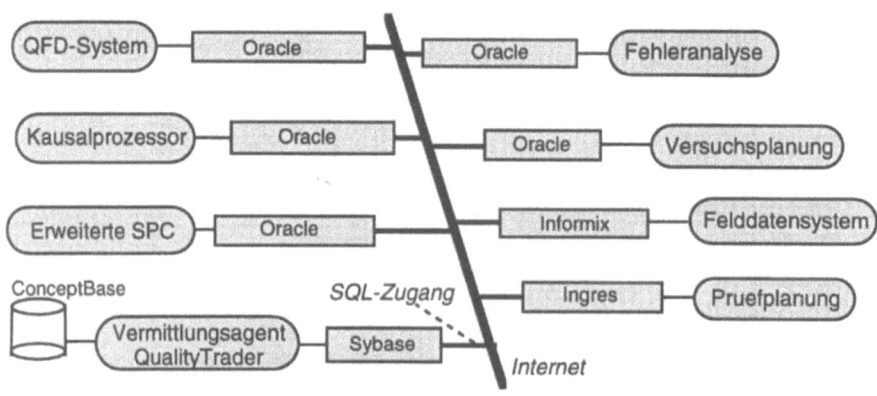

Bild 4.2.3: Architekturbild mit Vermittlungsagent

Ein Partizipationsschema besteht aus – Definitionen von relationalen Tabellen in den SQL-Servern der Teilsysteme. Sie legen die Datenstruktur der Elemente der Relationen (Tupel) fest. Relationale Datenbanken sind insofern einfach als die Komponenten eines Tupels einem 'atomaren' Typ (Zahl, Zeichenkette u.ä.) angehören müssen. Das Besondere an der Architektur ist, daß die Qualitätsbegriffsbasis als Teil der Wissensbank des Quality Traders mitgeführt wird. Der Plan des verteilten QM-Systems ist also gleichermaßen Teil des Systems. Auf diese Weise können die Austauschdatenstrukturen aus den Strukturen der Qualitätsbegriffsbasis entwickelt werden und zu diesen in Beziehung gesetzt werden. ConceptBase ist in der Lage die Konzepte als Subsprachen von Telos zu repräsentieren und zu verwalten.

Aus der Pragmatik des Ansatzes ergeben sich drei Arten von Austauschdatenstrukturen: multilaterale, bilaterale und organisatorische. Die multilateralen Austauschdatenstrukturen werden von allen QM-Teilsystemen benötigt. Hierunter fallen Datenstrukturen zur Beschreibung von Produkten, Fertigungsprozessen und -anlagen. Das WibQuS-Team hat sich für eine Anlehnung an den sich entwickelnden Standard STEP/Express entschieden und dessen Definitionen um qualitätsrelevante Merkmale erweitert. Die multilateralen Datenstrukturen bilden den Grundstock der Austauschdatenstrukturen. Im Unternehmen werden die zugehörigen Datenbanken von Teilsystemen wie dem CAD-System bereitgestellt, die somit mittelbar am Qualitätsmanagement beteiligt sind.

Austauschdaten-strukturen betreffen mindestens zwei Teilsysteme

Bilaterale Austauschdatenstrukturen werden für den Informationsaustausch zwischen zwei bzw. wenigen QM-Teilsystemen herangezogen. Anlaß und Rechtfertigung für ihre Definition ist ein entsprechender Informationsfluß (Aufgabe-Objekt-Kette) in der Qualitätsbegriffsbasis. Verantwortlich sind natürlicherweise die Methodeningenieure der an dem Informationsfluß beteiligten Methoden. Bild 4.2.4 zeigt in dem *Graph-Browser* einen Ausschnitt aus dem Bereich der erweiterten Methode zur statistischen Prozeßregelung (XSPC). Unter anderem wird dort ein Objekt 'Prüfstrategie' benötigt. Dieses Objekt ist durch eine Reihe von Relationen realisiert, die unter dem Oberbegriff 'Maßnahmen' zusammengefaßt sind. Die *Selektionsfenster* auf der rechten Seite der Abbildung enthalten die Listen der

Die Austauschdaten-strukturen werden zusammen mit der Qualitätsbegriffsbasis verwaltet

Datenbankanfragen realisieren den Zugriff auf Qualitätsinforma- tion

Aufgaben, Objekte und Methoden der Qualitätsbegriffsbasis. Der Benutzer kann mit ihnen den Fokus des Graph-Browsers bestimmen. Man beachte die enge Beziehung zu Bild 4.2.1: der Graph-Browser zeigt ganz oben die Metaklassen des Sprachmodells, in der Mitte einen Teil der Qualitätsbegriffsbasis und unten einen Ausschnitt der Austauschdatenstrukturen (Relationen). Folglich ist nachvollziehbar, welche Datenstrukturen die auszutauschenden Informationsobjekte aufnehmen.

Während nun klargestellt ist, daß die angebotene Information in Relationen dargestellt ist, bleibt die Frage, wie ein Teilsystem darauf zugreifen kann. In vielen Fällen ist eine gewünschte Information nämlich nicht direkt aus einer Relation ablesbar, sondern ist nur aus der Kombination mehrerer Relationen zu gewinnen. Für solche Zwecke gibt es die Anfragesprache als Teil von SQL. Um die Teilsysteme von dem Ort der Relationen unabhängig zu machen, werden die Anfragen in der Wissensbank des Quality Traders abgespeichert und mit einem eindeutigen Namen versehen. Auf diese Weise kann eine Anfrage allein durch ihren Namen und ggf. einzusetzende Parameter spezifiziert werden.

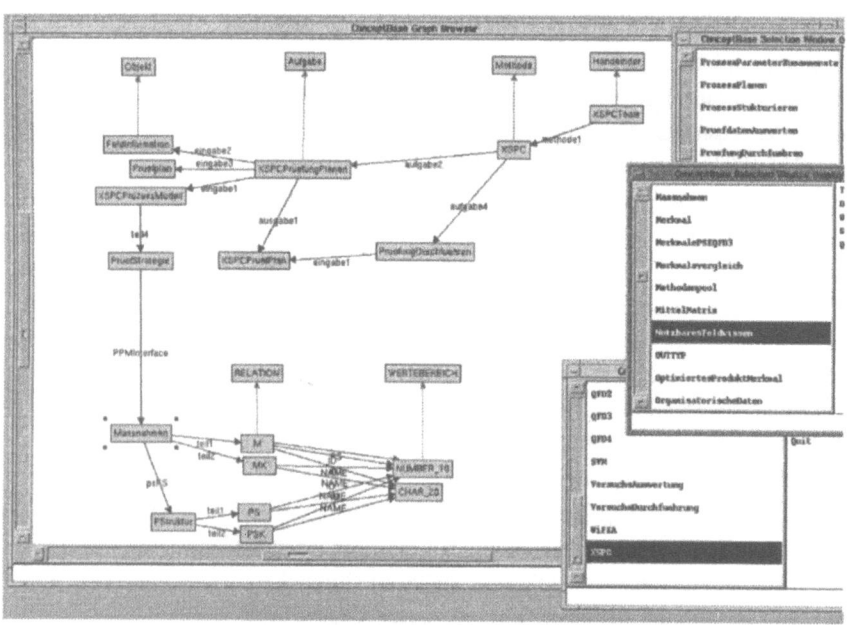

Bild 4.2.4: ConceptBase als Modellierungswerkzeug

Die dritte Gruppe von Austauschdatenstrukturen dient der Organisation des Zusammenspiels der Teilsysteme. Die zentrale Relation ist 'AUFTRAG'. Mit ihr werden sowohl Anfragen zwischen Teilsystemen kodiert als auch Aufgaben zwischen den Anwendungsingenieuren verteilt. Ein Auftrag hat einen Identifikator, einen Typ sowie auftraggebende und -nehmende Teilsysteme. Zusätzlich hat ein Auftrag Parameter und einen Bearbeitungsstatus.

Das Zusammenspiel der Teilsysteme geschieht über Aufträge

Sind alle Informationsflüsse auf diese Weise durch Austauschdatenstrukturen kodiert, so müssen die darin enthaltenen Relationen den Datenbanken der QM-Teilsysteme zugeordnet werden. Dies wird ebenfalls in der Wissensbank des Quality Traders dokumentiert. Nun können die SQL-Server der Teilsysteme durch den Quality Trader automatisch initialisiert werden, d.h. ihre Datenbankschemata werden durch entsprechende SQL-Anweisungen definiert. Dieser letzte Vorbereitungsschritt versetzt die Teilsysteme in die Lage, Informationen auszutauschen. Hier zeigt sich ein Vorteil der gewählten Architektur: die Kommunikationsmechanismen werden ausschließlich über die standardisierte Sprache SQL abgewickelt. Dies minimiert den Implementierungsaufwand, da alle Teilsysteme nach außen gleichartig erscheinen. Die Datenbankschemata der SQL-Server sind zur Laufzeit des Systems änderbar. Bestimmte Anpassungen, wie etwa das Hinzufügen neuer Datenstrukturen, können daher vorgenommen werden, ohne das Gesamtsystem zu unterbrechen.

Der Quality Trader initialisiert den Kommunikationskanal

Jedes QM-Teilsystem besitzt die oben erwähnte Relation AUFTRAG in seinem SQL-Server. Diese Relation spielt die zentrale Rolle bei der technischen Realisierung des Informationsaustausches und wird im folgenden vereinfacht wiedergegeben. Als Beispiel nehmen wir an, daß der QFD-Ingenieur die Ausfallrate eines Bauteils wissen möchte. Der Ablauf ist wie folgt:

Aufträge und Anfragen werden wie in einer Telefonzentrale vermittelt

1. Im Teilsystem des QFD-Ingenieurs (DACAPO) werden die Parameter der Anfrage bestimmt. Im Beispiel ist dies die Nummer des Bauteils, etwa 1234.
2. Das Teilsystem DACAPO fügt ein neues Element in die Relation AUFTRAG ein. Sein Identifikator ist 'Ausfallrate', Argument ist 1234. Auftraggeber ist 'DACAPO', Auftragnehmer ist 'Quality Trader'. Der Typ des Auftrags ist 'Anfrage'. Der Status wird auf '1' gesetzt (Auftrag fertig formuliert).

3. Der Quality Trader durchsucht regelmäßig die Relation AUFTRAG in den Teilsystemen nach Einträgen mit Status '1'. Im unserem Beispiel wird der Auftrag 'Ausfallrate' gefunden.

4. Der Quality Trader analysiert den Typ ('Anfrage') und bestimmt den zugehörigen SQL-Code, der in seiner Wissensbank abgespeichert ist. In den SQL-Code wird das Argument '1234' eingesetzt. Der Status des Auftrags bei DACAPO wird durch den Quality Trader auf '2' (in Bearbeitung) gesetzt.

5. Der Quality Trader bestimmt den Ort der in der Anfrage erwähnten Relationen und erweitert die Relationennamen um den Namen des zugehörigen SQL-Servers. Das Ergebnis ist eine auswertbare SQL-Anfrage.

6. Der Quality Trader initiiert die Anfrageauswertung durch seinen lokalen SQL-Server. Dieser SQL-Server ist in der Lage, die Relationen der Teilsysteme so zuzugreifen, als wären sie lokal definiert.

7. Das Ergebnis der Anfrage wird vom Quality Trader in vorbestimmte Relationen bei DACAPO übertragen. Der Status wird auf '3' (Auftrag bearbeitet) gesetzt.

8. DACAPO erkennt den neuen Status, liest die Ergebnisse und setzt den Status auf '4' (Auftrag beendet).

Durch die Vermittlung des Quality Traders werden die Teilsysteme von Details der anderen Teilsysteme unabhängig. Die eigentliche Vermittlung findet in den Schritten 4 und 5 in Form der Abbildung des Auftrags auf eine ausführbare SQL-Anfrage statt. Bild 4.2.5 zeigt schematisch die Kontrolle der Anfragebearbeitung über das Statusfeld.

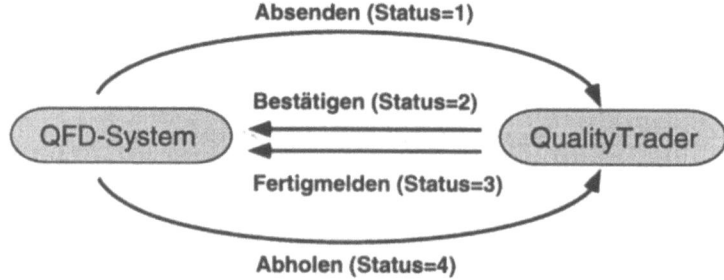

Bild 4.2.5: Ablauf der Anfragebearbeitung

Aufträge, die nicht durch einfache Anfragen realisierbar sind, nutzen den gleichen Mechanismus. Das auftraggebende Teilsystem spezifiziert dazu das auftragnehmende Teilsystem als Zielsystem (anstatt wie oben den Quality Trader). Der Quality Trader leitet dann den Auftrag unverändert an den Adressaten weiter. Das Zielsystem ist dann für die Bearbeitung des Auftrags verantwortlich. Man sollte beachten, daß die Auftragsbearbeitung unter Umständen sehr aufwendig ist. Man denke an Aufträge an das Versuchslabor, die Korrelation von Prozeßparametern zu bestimmen. Vor Annahme eines solchen Auftrags findet daher eine Abstimmung der Beteiligten statt. Der Quality Trader unterstützt solche Verhandlungen über die Verwaltung der Statusinformation eines Auftrags.

Aufträge werden verhandelt

Die Realisierung des Quality Traders baut auf der bereits existierenden Komponente ConceptBase und auf den SQL-Servern auf. Darüber hinaus wurden Komponenten entwickelt, um Planung und Einsatz des Systems zu unterstützen.

Ein *Simulationswerkzeug* geht von den geplanten Informationsflüssen der Qualitätsbegriffsbasis aus und formt daraus ein stochastisches Modell zur Analyse von Engpässen. Vergröbert kann man sich die geplanten Informationsflüsse als Straßenverbindungen zwischen Städten (Teilmethoden) vorstellen. Das Simulationswerkzeug ist in der Lage, Vorhersagen über wahrscheinliche Verkehrsdichten (überlastete bzw. unterlastete Teilmethoden) zu machen. Auf diese Weise kann der Effekt von Änderungen an den Informationsflüssen weit qualifizierter als mit der begrenzten Anfragesprache von ConceptBase beurteilt werden.

Simulation macht Vorhersagen über Engpässe

Ebenfalls auf Basis der Qualitätsbegriffsbasis wurde ein graphisches *Anfragewerkzeug* [PLR95] realisiert. Zweck des Werkzeugs ist, dem Benutzer einen effizienten Zugang zu den Qualitätsdaten in den heterogenen Teilsystemen zu verschaffen. Der Benutzer spezifiziert einen Bezugspunkt als Kombination von Handelnden, Objekten und Aufgaben. Daraufhin werden ihm die Austauschdatenstrukturen des entsprechenden Ausschnitts aus der Qualitätsbegriffsbasis graphisch präsentiert. Die Zugehörigkeit der Austauschdatenstrukturen zu den Objekten der Qualitätsbegriffsbasis ist explizit in der Wissensbank des Quality Traders repräsentiert. Daher kann der Benutzer auf graphische Weise durch Auswahl von Knoten und Einfügung von Beziehun-

Anfragen werden graphisch entworfen

gen eine Anfrage entwerfen, die automatisch in ausführbaren SQL-Code transformiert wird.

Informationsaus-
tausch ist beobacht-
bar und testbar

Für die Überwachung der Ausführungsphase wurde ein *Auftragsmonitor* implementiert. Er ist direkt an den Quality Trader gekoppelt und stellt tabellarisch den Zustand der Aufträge im Gesamtsystem dar. Der Auftragsmonitor ist auch als Werkzeug zum Test der Funktion der Teilsysteme geeignet. Aufträge können interaktiv eingegeben werden. Die Antwort des auftragnehmenden Teilsystems wird in einem Ergebnisfenster dargestellt. Auf diese Weise können reale Aussagen über die Güte der Infrastruktur, etwa hinsichtlich der Antwortzeiten, gemacht werden.

4.2.3 Erfahrungen in Planung und Realisierung

WibQuS als Fallstudie

Das hier vorgestellte Informationsmanagementkonzept wurde bei der Realisierung des WibQuS-Prototypen praktisch erprobt. Das Projektteam war aufgrund seiner interdisziplinären Zusammensetzung ein Abbild des Teams von Methodeningenieuren, das mit der Realisierung eines unternehmensweiten QM-Systems beauftragt ist.

Das Sprachmodell
war allgemeingültig

Die Planungsphase war wesentlich von dem Umgang mit dem Werkzeug ConceptBase geprägt. ConceptBase ermöglichte ein verteiltes Vorgehen bei der Modellierung der Informationsflüsse. Das am Anfang festgelegte Sprachmodell hat sich als sehr stabil und allgemeingültig erwiesen. So nutzte ein Methodeningenieur ein auf der SADT-Methode basierendes Entwurfswerkzeug zur Modellierung seiner Informationsflüsse. Da die SADT-Methode mit den Mitteln des Sprachmodells ausdrückbar ist, konnten die Resultate automatisch in das Format der Qualitätsbegriffsbasis transferiert werden.

Gemeinsame Planung
intensivierte die
Kommunikation

Die Werkzeugunterstützung hatte positive Effekte auf die Kommunikation im Team. Die Verwendung des gemeinsamen Sprachmodells brachte in Konflikt stehende Begriffe schnell auf die Tagesordnung. Besonders gegen Ende der Planungsphase profitierten die Teamsitzungen von den vorab erstellten Analysen der Qualitätsbegriffsbasis. Die Diskussion konnte so auf die problematischen Punkte konzentriert werden. Das Ergebnis der siebenmonatigen Planungsphase in WibQuS umfaßte etwa 520 Begriffe. Damit ist ein detailreiches Bild der Vernetzung im Qualitätskreis entstanden, das eine gute Grundlage für die Realisierung der Informationsflüsse bildete.

Die Analyse der Vernetzung zeigte, daß entwurfsnahe (QFD, Prüfplanung etc.) und fertigungsnahe Methoden (SPC etc.) in wechselseitigem Informationsaustausch stehen. Im Sinne des Qualitätskreises rückwärts gerichtete Informationsflüsse sind besonders wichtig, da sie frühzeitige Rückkopplungen auf Entwurfsentscheidungen in vorgelagerten Methoden ermöglichen. In WibQuS laufen viele der Rückflüsse mittelbar über die Teilsysteme Kausalprozessor und Fehleranalyse (vgl. Kap. 3.5).

Rückkopplungen wurden erkannt

Als Schwachpunkt stellte sich die Einfachheit des relationalen Datenmodells heraus. Komplexe Strukturen wie Produkt-Teilprodukt-Bäume müssen umständlich repräsentiert werden und können nicht direkt durch SQL-Anfragen extrahiert werden. Objektorientierte Datenbanken sind in diesem Punkt komfortabler. Jedoch sind sie bei weitem nicht so standardisiert wie relationale Datenbanken. Die in WibQuS propagierte Architektur steht und fällt mit der Einheitlichkeit einer Sprache wie SQL zur Datendefinition und zum Datenaustausch. De facto hätten alle Teilsysteme das objektorientierte Datenbanksystem desselben Herstellers benutzen müssen, um Interoperabilität auf vergleichbar einfache Weise zu erreichen. Das Resultat wäre eine nicht-offene Architektur gewesen. In Zukunft mag sich ein herstellerübergreifender Standard wie ODMG [CAT93] für Datendefinition und Kommunikation in objektorientierten Datenbanken durchsetzen und sich als Alternative zu SQL anbieten.

Komplexe Datenstrukturen waren schwer darstellbar

4.2.4 Informationsmanagement als Strategie

Ein Unternehmen kann mit Hilfe der Informationstechnik aktiv die Struktur seines Qualitätsmanagements gestalten. Die dokumentierten Informationsflüsse stellen die gemeinsame Sicht der verantwortlichen Methodeningenieure auf den Qualitätskreis der Unternehmung dar. Die Planung ist insofern verbindlich, als die technische Realisierung sich daran orientiert. Informationsaustausch außerhalb des Plans ist zwar möglich aber nicht explizit unterstützt. Diese Tat-

Planung gestaltet das Qualitätsmanagement

sache macht die Qualitätsbegriffsbasis zu einem Dokument von strategischer Bedeutung zur Analyse und Optimierung des Qualitätsmanagements in der Unternehmung.

Ist die Stimme des Kunden überall hörbar?

Qualität wird aus Kundenwünschen abgeleitet. Die erste Frage ist demzufolge: Sind die Informationsflüsse so geplant, daß alle Beteiligten Zugang zu den Kundenwünschen haben? Je indirekter der Zugang, desto länger braucht eine Änderung in den Kundenwünschen, um den entsprechenden Handelnden zu erreichen. Hat ein Qualitätsteam das Ziel, schneller auf solche Änderungen zu reagieren, so kann es dies durch eine Reorganisation der geplanten Informationsflüsse spezifizieren und anschließend durch Änderungen der Austauschdatenstrukturen technisch unterstützen. Da die Qualitätsbegriffsbasis Teil des QM-Systems ist, kann die Analyse zu jedem Zeitpunkt vorgenommen werden.

Offenheit heißt Anpaßbarkeit

Jedes Unternehmen verfolgt seine spezifische Strategien im Qualitätsmanagement. Dies betrifft nicht nur die Informationsflüsse, sondern auch die eingesetzten Methoden. Daher ist es wichtig, daß die Architektur auf Offenheit ausgelegt ist. Die Frage ist: Wie aufwendig ist die Integration einer neuen QM-Methode? Durch die Festlegung auf eine standardisierte Infrastruktur reduziert sich der Aufwand auf die Spezifikation der QM-Methode in der Qualitätsbegriffsbasis inklusive ihrer Austauschdatenstrukturen. Anpaßbarkeit und Erweiterbarkeit sind gewissermaßen eingebaut.

Die Herstellung von Qualität wird beobachtbar

Qualitätsprozesse sind nicht nur über die Aufgabe-Objekt-Ketten planbar, sondern zu einem gewissen Grad auch beobachtbar. Die vom Quality Trader vermittelten Aufträge können in einem elektronischem Logbuch aufgezeichnet und anschließend analysiert werden. Die Analyse deckt Schwachstellen wie eine hohe Zahl abgebrochener Aufträge oder lange Bearbeitungszeiten auf. Als Reaktion kann das Unternehmen den Plan revidieren. Wenn man so will, wird der in der Qualitätsbegriffsbasis dokumentierte Qualitätsprozeß ständig verbessert.

Kooperation über Unternehmensgrenzen ist vorbereitet

Qualität hängt von Faktoren innerhalb und außerhalb der Unternehmen ab. Ein Beispiel sind Zuliefererbeziehungen zwischen Unternehmen. Es liegt nahe, die Qualität unternehmensübergreifend zu planen und herzustellen. Der Ansatz von WibQuS ist auf diese Situation vorbereitet. Die Planung hat sich mit der Überlappung in den Abläufen der beteiligten Unternehmen zu befassen. Sie läuft prinzipiell wie im unternehmensinternen Fall ab. Das Ergebnis der Planung ist als Teil des Kooperationsvertrags der beteiligten Unternehmen anzusehen. Voraussetzung für den Erfolg ist, daß die unternehmensinternen Prozesse auf die Kooperation eingerichtet sind. Die Umsetzung des Informationsaustauschs ist technisch über die föderierte Datenbankarchitektur möglich.

4.3   Soziotechnologische Systemgestaltung bei der Entwicklung und Einführung Wissensbasierter Systeme

Klaus J. Zink, Martin J. Thul, Universität Kaiserslautern, Lehrstuhl für Industriebetriebslehre und Arbeitswissenschaft, Postfach 3049, 67653 Kaiserslautern

Notwendigkeit ganzheitlicher Gestaltungsansätze

Arbeitssysteme lassen sich vor dem Hintergrund eines sozio-technologischen Systemansatzes als Verknüpfung technischer (z.B. Betriebsmittel und Prozesse) und sozialer Subsysteme (z.B. die arbeitenden Personen in einem Arbeitssystem und die Beziehungen zwischen diesen) verstehen. Beide sind gleichgewichtig und müssen bei Gestaltungsprozessen gleichzeitig und gleichwertig konzipiert und realisiert werden, um zu einem optimalen Gesamtergebnis zu gelangen [ZIN84]. Die Entwicklung und Einführung von EDV-Systemen im allgemeinen und von wissensbasierten Systemen im speziellen ist daher nicht als rein technische Problemstellung aufzufassen. Vielmehr müssen neben *technischen* auch *personelle* und *organisatorische Rahmenbedingungen* sowie Wechselwirkungen zwischen diesen erfaßt und bei den durchzuführenden Gestaltungsmaßnahmen berücksichtigt werden [ZIN90a].

Umsetzung arbeitswissenschaftlicher Anforderungen

Aufgabe des arbeitswissenschaftlichen Teilprojektes "Grundlagen sozio-technologischer Systemgestaltung" war es, in Ergänzung zu den übrigen, eher technisch orientierten Teilprojekten, auch organisatorische (z.B. Partizipationsmodelle, Aufgabengestaltung) und personelle Fragestellungen (z.B. Qualifizierungsfragen) aufzugreifen. Durch frühzeitige Gestaltungshinweise flossen arbeitswissenschaftliche Forderungen in die Entwicklung wissensbasierter Systeme ein.

4.3.1 Mitarbeiterbeteiligung bei der Entwicklung und Einführung wissensbasierter Systeme

Ganzheitliche Gestaltungsansätze, wie sie der soziotechnologische Ansatz fordert, lassen sich ohne aktive Einbeziehung der betroffenen Mitarbeiter nur schwer realisieren. Nur wenn es gelingt, die Betroffenen aktiv in den Gestaltungsprozeß einzubeziehen und ihre (teilweise widersprüchlichen) Anforderungen systematisch zu erfassen und abzugleichen, läßt sich ein optimaler Abgleich zwischen personellen, organisatorischen und technischen Rahmenbedingungen erzielen. Ökonomische Vorteile und verbesserte Arbeitsbedingungen sind dann Zielsetzungen, die einander nicht länger ausschließen [ZIN93a].

Wissensbasierte Systeme und Mitarbeiterbeteiligung

Die Notwendigkeit partizipativer Ansätze wirft zwangsläufig die Frage auf, wer die relevanten Zielgruppen sind, die vom Entwicklungs- und Einführungsprozeß wissensbasierter Systeme betroffen werden. Prinzipiell lassen sich vier unterschiedliche Gruppen gegeneinander abgrenzen [ZIN90a]:

Betroffene Zielgruppen:
- *Benutzer*
- *Anwender*
- *Systementwickler*
- *Fachexperte*

Die *Benutzer* sind diejenigen, die ein wissensbasiertes System zur Bearbeitung ihrer Arbeitsaufgabe einsetzen und daher zunächst einmal eine optimale Funktionalität verlangen. Darüber hinaus erwarten sie (bzw. ihre Interessenvertreter), daß man ihren "Status quo" nicht gefährdet, eine Arbeitsbereicherung mit zunehmender Entscheidungskompetenz durch Entlastung von Routinetätigkeiten ermöglicht und die Abhängigkeit von Experten reduziert. Im Gegensatz zu den Benutzern arbeiten die *Anwender* (Unternehmensleitung, Management) nicht selbst mit einem solchen EDV-System. Sie benötigen nur die Arbeitsergebnisse, die mit seiner Hilfe erstellt werden. Dementsprechend liegt der Fokus ihrer Interessen auf schnelleren, qualitativ besseren und kostengünstigeren Arbeitsergebnissen, auf der Sicherung und Vervielfältigung des betriebsinternen Expertenwissens, auf der Reduzierung des Qualifizierungsaufwandes sowie bei der Entlastung von Fachkräften. Die dritte Zielgruppe bilden die *Systementwickler*, die für die programmiertechnische Umsetzung des wissensbasierten Systems verantwortlich sind. Sie bevorzugen in der Regel eine präzise Aufgabenstellung mit eindeutiger Federführung und klar definierten Anforderungen, die möglichst schnell programmiertechnisch umsetzbar sind. Die letzte Gruppe, die berücksichtigt werden muß, sind die *Fachexperten*, deren Wissen in die Systementwicklung einfließt. Sie sind einerseits bestrebt, ihren durch Wissensmonopole bestimmten "Marktwert" und sozialen Status zu erhalten, Wissenserosion zu vermeiden und andererseits aber größeren Freiraum für neue Tätigkeitsinhalte zu erhalten.

Zielkonflikte

Aus den oben skizzierten, teilweise gegenläufigen Interessenschwerpunkten der verschiedenen Zielgruppen wird deutlich, daß der Entwicklungs- und Einführungsprozeß ein erhebliches Konfliktpotential beinhaltet. Hier stellt sich damit unmittelbar die Frage, wie diesen Gefahren begegnet werden kann und sich ein optimales Gesamtergebnis für das Unternehmen realisieren läßt.

Entwicklungs- und Einführungsprozeß

Projektmanagement und Mitarbeiterbeteiligung

Aufgrund der Komplexität der Problemstellung und der Vielzahl der zu bearbeitenden Aufgaben, muß die Entwicklung und Einführung wissensbasierter Systeme im Rahmen von Projekten erfolgen. Da ganzheitliche Gestaltungskonzepte eine aktive Einbeziehung der Betroffenen erfordern, läßt sich unmittelbar die Notwendigkeit einer *Verknüpfung partizipativer Konzepte mit Projektmanagementansätzen ableiten.*

Das kleingruppenunterstützte Projektmanagement

Viele Projektmanagementkonzepte, die in der Literatur beschrieben werden, haben den Nachteil, daß sie technokratisch orientiert sind und somit ganzheitliche Gestaltungskonzepte nicht oder nur unzureichend unterstützen. Daher wird für die Entwicklung und Einführung wissensbasierter Systeme ein Projektmanagement benötigt, das auf eine aktive Mitarbeiterbeteiligung ausgerichtet ist. Ein solches Konzept ist z.B. das *kleingruppenunterstützte Projektmanagement* [ZIN93b].

Aufbauorganisation

Die Grundlage der Aufbauorganisation des kleingruppenunterstützten Projektmanagements bildet eine Matrixorganisation, in die unterschiedlich strukturierte Kleingruppen integriert wurden (siehe Bild 4.3.1).

Entscheidungsgremium

An der Spitze der Projektorganisation steht das *Entscheidungsgremium*. Seine Mitglieder sind Vertreter der Geschäftsleitung (Benutzer), des Betriebs- oder Personalrats, der Leiter des Gesamtprojektes (z.B. wenn die Entwicklung

und Integration verschiedener wissensbasierter Systeme
eine Aufteilung in Teilprojekte erfordert) bzw. der Projektleiter (Systementwickler) sowie die Leiter der direkt und
indirekt betroffenen Bereiche. Hierbei wird implizit davon
ausgegangen, daß der Systementwickler die Rolle des
(Teil-) Projektleiters übernimmt. Das Entscheidungsgremium legt die Aufgaben, Befugnisse und den Entschei-
dungsrahmen der Projektgruppe fest, veranlaßt das Projekt,
benennt den Projektleiter und trifft alle Entscheidungen, die
die Kompetenz der Projektgruppe übersteigen. Darüber
hinaus stellt es die erforderlichen Ressourcen bereit, legt
Prioritäten fest und läßt sich über den Projektfortschritt
berichten.

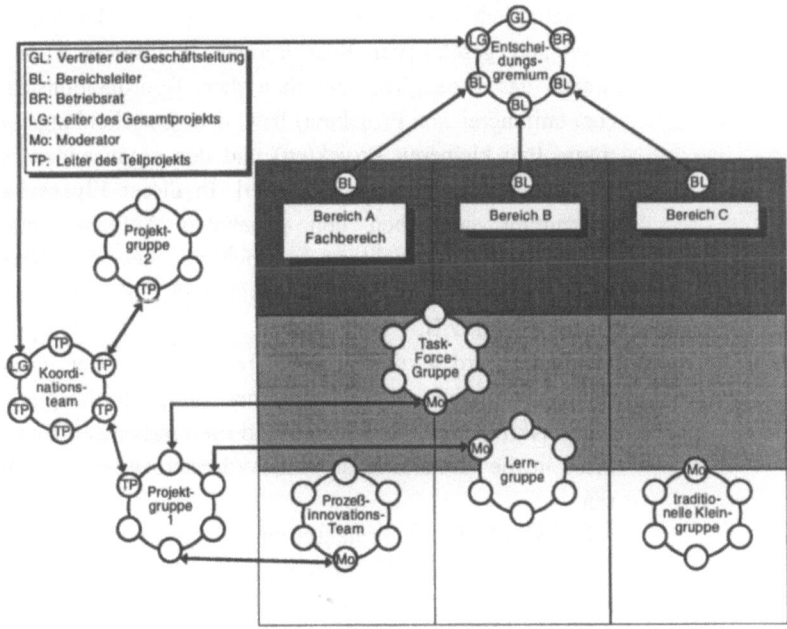

Bild 4.3.1: Kleingruppenunterstützte Projektorganisation

Koordinationsteam

Die Aufteilung eines komplexen und umfangreichen Projektes in verschiedene Teilprojekte erfordert den Einsatz eines *Koordinationsteams*, in dem insbesondere die Leiter der Teilprojekte vertreten sind. Seine Aufgabe ist es, die Aktivitäten der einzelnen Projektgruppen aufeinander abzustimmen und zu überwachen sowie bei Zielkonflikten zu vermitteln. Darüber hinaus fungiert es als Bindeglied zwischen dem Entscheidungsgremium und den Projektgruppen.

Interdisziplinäre Projektgruppe

Zentrales Element des kleingruppenunterstützten Projektmanagement ist die *interdisziplinäre Projektgruppe*. Ihre Mitglieder stammen aus den Bereichen einer Organisation, die direkt oder indirekt von der Einführung des wissensbasierten Systems betroffen sind. Ihre Aufgaben sind die systematische Planung, Koordination und Umsetzung des Entwicklungs- und Einführungsprozesses unter Beachtung wirtschaftlicher, zeitlicher, technischer, personeller, kapazitiver und gesetzlicher Restriktionen. Sie bildet darüber hinaus das Bindeglied zwischen dem Koordinationsteam (bei umfangreichen Projekten) bzw. dem Entscheidungsgremium (bei kleineren Projekten) und den ergänzenden betrieblichen Kleingruppen [ZIN90b]. In dieser Eigenschaft übernimmt sie neben den genannten Aufgaben einer "traditionellen" Projektgruppe wichtige Steuerfunktionen hinsichtlich des Einsatzes unterstützender Kleingruppen. Dazu zählen z.B.: Teilaufgaben, die von Kleingruppen bearbeitet werden können, definieren, Kleingruppen initiieren, Teilaufgaben an die einzelnen Gruppen delegieren, deren Aktivitäten koordinieren und die erarbeiteten Ergebnisse in die Gestaltung des Innovationsprozesses integrieren.

Die Mitglieder der Projektgruppe fungieren zum einen als Informations- bzw. Know-how-Lieferanten, zum anderen nehmen sie auch die Rolle des Interessenvertreters eines Bereichs wahr. Hierdurch läßt sich dafür Sorge tragen, daß sich fachbereichsspezifische Interessen und Bedürfnisse in angemessener Weise berücksichtigen lassen. Treten dabei Zielkonflikte auf, müssen diese Probleme nicht losgelöst vor dem jeweiligen Hintergrund diskutiert werden. Durch die Projektgruppenmitglieder werden die erforderlichen Hintergrundinformationen in die Projektgruppe eingebracht, und es läßt sich die Basis für eine konstruktive Konfliktbewältigung schaffen. Kompromisse, die aus einer solchen

Vorgehensweise resultieren, sind in aller Regel tragfähiger als solche, die ohne Einbeziehung der von den Konsequenzen mittelbar oder unmittelbar betroffenen Organisationseinheiten geschlossen wurden. Es besteht seltener die Gefahr, daß einzelne Interessengruppen dominieren und die Optimallösung für das Gesamtunternehmen in den Hintergrund tritt. Auch finden so getroffene Entscheidungen eine breitere Akzeptanz bei den Mitarbeitern, da Repräsentanten der verschiedenen Fachbereiche an der Entscheidungsfindung beteiligt waren [THU95].

Das essentielle Kennzeichen des kleingruppenunterstützten Projektmanagements ist die aktive Einbeziehung der betroffenen Mitarbeiter im Rahmen differenzierter *Kleingruppen*. In den direkt und indirekt betroffenen Bereichen ist die Einrichtung von Prozeßinnovations-Teams und Lerngruppen, die - soweit wie möglich - von Mitgliedern der Projektgruppe moderiert werden, vorgesehen. In den Prozeßinnovations-Teams sind in erster Linie die späteren Benutzer eines wissensbasierten Systems, aber auch die betroffenen Fachexperten vertreten. Ihre Aufgabe ist die Analyse und Bearbeitung bereichsspezifischer Probleme, die im Zusammenhang mit der Entwicklung und Einführung wissensbasierter Systeme stehen. Darüber hinaus bilden sie eine Plattform, um projektspezifische Informationen zwischen der Projektgruppe und den Mitarbeitern vor Ort effizient auszutauschen. Bei Qualifikationsdefiziten, die im Zusammenhang mit dem Projekt stehen, sieht das Konzept die Bildung von Lerngruppen vor. Im Rahmen dieser Kleingruppen besteht die Möglichkeit, Wissensmängel durch gegenseitigen Informationsaustausch zu beseitigen und die Mitarbeiter auf einen gleichen Wissensstand zu bringen. Treten bei der Projektdurchführung Probleme auf, deren Lösung ein spezifisches Fachwissen erfordert (z.B. die Akquisition des Expertenwissens), können bei Bedarf Task-Force-Gruppen gebildet werden, in denen sich die zur Lösung der Probleme erforderlichen Fachleute zusammenfinden [ZIN90b].

Differenzierte Kleingruppen

Neben der skizzierten Aufbauorganisation erfordert die Entwicklung und Einführung wissensbasierter Systeme auch eine spezielle *Ablauforganisation*. Diese basiert auf einer Phaseneinteilung, wobei jede Phase durch charakteristische Merkmale und Anforderungen gekennzeichnet ist [HAR89]:

Entwicklungs- und Einführungsphase

Problemwahl

Phase I: Wahl eines geeigneten Problems
Die Aktivitäten, die in dieser Phase durchzuführen sind, dienen dazu, die eigentliche Entwicklungsphase vorzubereiten und den Projektverlauf zu planen. Insbesondere ist dabei zu klären, welche Probleme als Anwendungsgebiet für ein wissensbasiertes System geeignet sind, ob Fachexperten zur Verfügung stehen und die anfallenden Kosten zu rechtfertigen sind.

Prototypen-entwicklung

Phase II: Entwicklung des Prototypen
Voraussetzung für die Entwicklung eines Prototypen ist die eingehende Analyse des zukünftigen Arbeitsbereichs und der anfallenden Aufgaben. Anhand der dabei ermittelten Ergebnisse lassen sich erste Anforderungen an das spätere System ableiten. Die eigentliche Entwicklung des Prototypen beginnt mit der Auswahl eines geeigneten Werkzeuges und der Wissensakquisition. An diese schließt sich die Erstellung eines funktionsfähigen Systems an.

Vollständiges System

Phase III: Entwicklung des vollständigen Systems
Nachdem der Prototyp erfolgreich erprobt wurde und damit sichergestellt ist, daß die Entwicklung zu einem System führt, welches die geforderten Leistungskriterien erfüllt, kann die Weiterentwicklung des Prototyps zum endgültigen System beginnen. Insbesondere muß hierbei die Kernstruktur des vollständigen Systems implementiert, die Wissensbasis erweitert, die Benutzerschnittstelle angepaßt und die Systemleistung geprüft werden.

Systembewertung

Phase IV: Bewertung des Systems
Den Abschluß der Entwicklungsphase bildet die Bewertung des Systems hinsichtlich der Erfüllung der geforderten Leistungskriterien. Neben rein technischen Aspekten müssen insbesondere personelle (z.B. Kriterien der Persönlichkeitsförderlichkeit) und organisatorische Aspekte (z.B. durch das System veränderte Arbeitsabläufe) berücksichtigt werden.

Systemintegration

Phase V: Integration des Systems
In dieser Phase wird das fertige wissensbasierte System in das betriebliche Arbeitssystem integriert. Neben technischen Anpassungen, wie beispielsweise die Gestaltung von

Schnittstellen zu Datenbanken oder anderen EDV-Systemen, sind Qualifizierungsmaßnahmen für die späteren Benutzer und Modifikationen der organisatorischen Rahmenbedingungen durchzuführen.

Tabelle 4.3.1: Einbeziehung der betroffenen Zielgruppen in die einzelnen Projektphasen

Zielgruppe Phase	Anwender	Benutzer	Betriebsrat	Experte	Systementwickler
Phase I: Wahl des geeigneten Problems	V, D	Inf	Inf	D	D
Phase II: Entwicklung des Prototypen	Inf, (D)	D	Inf	D	V, D
Phase III: Entwicklung des vollständigen Systems	Inf, (D)	D	Inf	D	V, D
Phase IV: Bewertung des Systems	Inf, (D)	I	Inf	I	V, D
Phase V: Integration des Systems	Inf, (D)	D	Inf	D	V, D
Phase VI: Nutzung und Wartung des Systems	Inf, (D)	D	Inf	Inf, D	Inf, D

V:	Durchführungsverantwortung
D:	Direkte Mitwirkung
(D):	Mitwirkung bei Bedarf (z.B. bei veränderten Anforderungen, Durchsetzen von Entscheidungen)
I:	Indirekte Mitwirkung
Inf:	Information

Produktiveinsatz

Phase VI: Nutzung und Wartung des Systems

Der Entwicklungs- und Einführungsprozeß endet mit dem Übergang in die Nutzungs- und Wartungsphase. Das fertige System kommt zum produktiven Einsatz, Veränderungen und Modifikationen des Systems beschränken sich weitgehend auf die Weiterentwicklung der Wissensbasis.

Ablauforganisation

Auf Basis dieser Phaseneinteilung und der zuvor getroffenen Zielgruppenabgrenzung läßt sich die *Ablauforganisation* ableiten und u.a. eine Aussage darüber machen, wann welche Zielgruppen in welchem Umfang einzubeziehen sind. Dieser Sachverhalt ist in Tabelle 4.3.1 dargestellt.

4.3.2 Hinweise zur Gestaltung von Arbeitssystemen mit integrierten wissensbasierten Systemen

Notwendigkeit von Gestaltungsrichtlinien

Die partizipative Systemgestaltung bietet zwar umfangreiche Möglichkeiten, Anforderungen und Wünsche der Betroffenen zu erfassen und in die Gestaltungsaktivitäten einzubringen. Sie hat aber dort ihre Grenze, wo den Betroffenen das notwendige Fachwissen und die entsprechenden umsetzbaren Erfahrungen aus dem betrieblichen Alltag fehlen. Abhilfe läßt sich hier durch die Verwendung spezifischer *Gestaltungsrichtlinien* (z.B. von arbeitswissenschaftlich orientierten Normen, Richtlinien und Prüflisten) schaffen.

Als Beispiele für Richtlinien bzw. Gestaltungshinweise, die für die Entwicklung und Einführung wissensbasierter Systeme relevant sind, lassen sich die in Tabelle 4.3.2 beschriebenen anführen.

Grenzen von Richtlinien

Die Anwendung dieser Richtlinien bzw. Normen leistet einen wichtigen Beitrag zur Gestaltung menschengerechter und effektiver Arbeitssysteme, obwohl sie in erster Linie technische Aspekte eines Arbeitssystems betreffen und z.B. Aufgabengestaltung oder Qualifizierung nicht oder nur unzureichend thematisieren.

Aufgabenorientierte Gestaltungsansätze

Damit wird die Frage, ob ein *technik-* oder ein *aufgabenorientierter Gestaltungsansatz* gewählt wird, entscheidend für den Erfolg oder Mißerfolg des Entwicklungs- und Einführungsprozesses wissensbasierter Systeme. Ein technisches System darf nicht als Selbstzweck verstanden werden und den Benutzern lediglich Restfunktionen in Automatisierungslücken zuordnen [ULI94]. Vielmehr sind frühzeitig Überlegungen anzustellen, welche Aufgabeninhalte sinnvollerweise einzelnen Menschen oder Teams (Aufgabeninhalte mit hohen Planungs- und Denkanforderungen) und welche z.B. einem Rechner (vorwiegend Routinetätigkeiten mit geringen Planungs- und Denkanforderungen) zuzuordnen sind.

Tabelle 4.3.2: Relevante Richtlinien

Titel	Autoren	Inhalt
Computerunterstützte Büroarbeit	Baitsch, C., Katz, C., Spinas, P., Ulich, E. [BAI89]	Leitfaden für Organisation und Gestaltung computerunterstützter Büroarbeit
Checkliste Bildschirmergonomie	Köchling, A. [KÖC90]	Arbeitsschutzanforderungen bei Bildschirmarbeitsplätzen im Büro- und Verwaltungsbereich
DIN 66234 Teil 3 [DIN81a, DIN81b]	DIN (Hrsg.)	Gruppierung und Formatierung von Daten
DIN 66234 Teil 5 [DIN81c]	DIN (Hrsg.)	Codierung von Informationen, Farbkombinationen
DIN 66234 Teil 8 [DIN88]	DIN (Hrsg.)	Grundlagen ergonomischer Dialoggestaltung bei Bildschirmarbeitsplätzen
DIN 66234 Teil X [DIN89]	DIN (Hrsg.)	Funktionen zur Dialogsteuerung
ISO 9241 Part 10	ISO (Hrsg.) [ISO90b]	Kriterien zur ergonomischen Dialoggestaltung
MITRE-Guideline	Smith, S.L., Mosier, J. [SMI86]	Richtlinien zur Gestaltung von Benutzerschnittstellen
Programming the Users Interface	Brown, J.R., Cunningham, S. [BRO89]	Beispiele und Hinweise zur Gestaltung der Benutzerschnittstelle
Siemens/Nixdorf Styleguide	Siemens/Nixdorf (Hrsg.) [SIE90]	Richtlinien zur Gestaltung von Benutzerschnittstellen
90/270/EWG	Europäische Union	Mindestvorschriften bezüglich der Sicherheit und des Gesundheitsschutzes bei der Arbeit an Bildschirmgeräten

Insofern muß der Entwicklung technischer Systeme eine detaillierte Analyse betrieblicher Aufgaben vorausgehen, und ausgehend von dieser Analyse die Konzeption und Umsetzung des technischen Systems erfolgen.

Qualitätskriterien für Software

Vor dem oben skizzierten Hintergrund kann sich auch die Gewichtung von *Qualitätskriterien für wissensbasierte Systeme* ändern. Ergonomisch gestaltete Bildschirmmasken und einwandfreie Funktionalität sind Grundvoraussetzungen, die ein solches Softwaresystem erfüllen muß. Ein Wettbewerbsvorteil für Anbieter läßt sich durch die Erfüllung dieser Anforderungen jedoch nicht mehr erzielen, da sie als "Minimalanforderungen" anzusehen sind, denen auf jeden Fall zu entsprechen ist. Entscheidend für die Konkurrenzfähigkeit ist daher eher, wie gut ein Softwaresystem den Arbeitenden bei der Erfüllung seiner Arbeitsaufgaben unterstützt und wie es sich damit in betriebliche Abläufe integrieren läßt.

4.3.3 Analyse und Bewertung von Umsetzungsergebnissen

Analyse und Bewertung von Umsetzungsergebnissen

Die Erarbeitung von Gestaltungshinweisen schafft die Grundlage für eine prospektive Arbeitssystemgestaltung. Dennoch macht sie die Analyse und Bewertung der Umsetzungsergebnisse nicht überflüssig. Entsprechend den Forderungen des sozio-technologischen Systemansatzes darf sich eine Evaluation nicht auf rein technische Aspekte beschränken, vielmehr sind auch hier personelle und organisatorische Rahmenbedingungen zu erfassen. Da am Markt angebotene Analyse- und Bewertungsinstrumentarien aber eine ganzheitliche Sichtweise nicht unterstützen, war es im Rahmen des Forschungsvorhabens erforderlich, ein entsprechendes Instrumentarium zu entwickeln.

Entwicklung eines Evaluationsinstrumentariums

Die Verfahrensentwicklung hatte dabei nicht das Ziel, ein *ganzheitliches Evaluationsinstrumentarium* von Grund auf neu entwickeln zu wollen. Zum einen würde die Entwicklung und Validierung des Verfahrens einen erheblichen Aufwand [OES92] verursachen, zum anderen existieren bereits eine Reihe praktisch erprobter Evaluationsinstrumentarien, die - obwohl sie nur einzelne Elemente eines Arbeitssystems evaluieren - eine geeignete Grundlage für ein ganzheitliches Verfahren bilden. Ziel der Verfahrensentwicklung war es vielmehr, ausgewählte Verfahren so zu modifizieren und modular miteinander zu kombinieren, daß einerseits die Validität gewahrt bleibt und andererseits alle relevanten Elemente eines Arbeitssystems berücksichtigt werden.

Anwendungsmöglichkeiten eines ganzheitlichen Evaluationsinstrumentariums

Ein ganzheitliches Evaluationsinstrumentarium bietet insbesondere die Möglichkeit, *realisierte Arbeitssysteme* hinsichtlich der Erfüllung arbeitswissenschaftlicher Anforderungen zu beurteilen. Man hat einen objektiven Vergleichsmaßstab, mit dessen Hilfe sich die komplexen Beziehungen zwischen Technik, Organisation und Mensch analysieren und bewerten lassen. Die Auswirkungen auf den Menschen können erfaßt, Schwachstellen im Arbeitssystem aufgedeckt, entsprechende Gestaltungshinweise abgeleitet und - im Sinne einer Potentialanalyse - zukünftige Gestaltungsfelder definiert werden.

Evaluation bestehender Arbeitssysteme

Aber nicht nur zur Analyse und Bewertung bestehender, sondern schon bei der *Planung und Entwicklung zukünftiger Arbeitssysteme* ist ein solches Instrumentarium einsetzbar. Es bietet hier eine Hilfe, damit Menschen, zukünftige Sachverhalte umfassend planen und hinsichtlich möglicher Konsequenzen bewerten können. Ein ganzheitliches Analyse- und Bewertungsinstrumentarium erlaubt es, Szenarien bzw. Modelle zukünftiger Arbeitssysteme zu analysieren und Aussagen zu einzelnen Elementen sowie zu den Wechselwirkungen zwischen den Elementen abzuleiten. Die Analyseergebnisse ermöglichen es dann, konkrete Hinweise abzuleiten, um menschengerechte und persönlichkeitsförderliche Arbeitsbedingungen zu schaffen.

Evaluation von Prototypen

Insofern kann ein ganzheitliches Evaluationsinstrumentarium auch partizipative Ansätze sinnvoll ergänzen. Es lassen sich beispielsweise Szenarien oder Prototypen zukünftiger Arbeitssysteme, die man auf der Grundlage der Anforderungen und Wünsche der Betroffenen entwickelt, analysieren und hinsichtlich ihrer Auswirkungen auf den Menschen bewerten. Die Evaluationsergebnisse würden dem Systemgestalter – nach Abstimmung mit den Betroffenen – Anhaltspunkte für die Weiterentwicklung des Arbeitssystems liefern. Korrekturen und Änderungen könnten in frühen Phasen der Projektdurchführung vorgenommen, die Anzahl der Korrekturschleifen verringert und somit die Zeit bis zur Realisierung des Arbeitssystems insgesamt verkürzt werden.

Verfahrensentwicklung

Einsatzfeld: Büro-
und Verwaltungs-
bereich

Die Entwicklung des ganzheitlichen Evaluationsinstrumentariums erfolgte vor dem Hintergrund der projektspezifischen Rahmenbedingungen. Das heißt, es sollten Arbeitssysteme und -aufgaben evaluiert werden, die vorwiegend im *Büro- und Verwaltungsbereich* (im Gegensatz zum Produktionsbereich) angesiedelt sind.

Zentraler Baustein:
Das KABA-Verfahren

Das zentrale Element des ganzheitlichen Evaluationsverfahrens ist das Verfahren der *Kontrastiven Aufgabenanalyse (KABA)*. Es handelt sich um ein bedingungsbezogenes, psychologisches Arbeitsanalyseverfahren, das für den Einsatz im Büro- und Verwaltungsbereich konzipiert wurde [DUN93]. Ziel einer Analyse ist die Erfassung der Auswirkungen des (geplanten) Technikeinsatzes vor dem Hintergrund der Aufgabenstruktur und die Ableitung von Gestaltungshinweisen. Insbesondere soll bei der Durchführung der Analyse die Aufgabenteilung zwischen Menschen und technischen Systemen (welche Teile der Arbeitstätigkeit übernimmt der Mensch, welche die Technik?) dahingehend evaluiert werden, daß menschliche Stärken und Besonderheiten in den Vordergrund treten und die Technik an ihnen gemessen wird. Die Kontrastive Aufgabenanalyse verfolgt somit eine arbeitszentrierte - im Gegensatz zur technikzentrierten - Sichtweise.

Im Verlauf einer Analyse wird überprüft, in welchem Ausmaß die Arbeitsbedingungen an einem Arbeitsplatz (acht) Kriterien humaner Arbeit entsprechen und welchen Einfluß die eingesetzten Informations- und Kommunikations-Techniken (I&K-Techniken) auf die Arbeitsaufgaben und -bedingungen haben. Abschließend erlaubt das KABA-Verfahren die Entwicklung von Gestaltungsvorschlägen zur Beseitigung der mit Hilfe des Bewertungsteils ermittelten Mängel und Schwächen.

Aufgrund ihres Aufbaues läßt sich die Kontrastive Aufgabenanalyse eher als ein Verfahren einstufen, das besser dazu geeignet ist, einen Überblick über ein breites Problemfeld

zu geben, als einzelne Aspekte detailliert zu analysieren
(*Screening-Verfahren*). Hier ist eine Ergänzung durch tie-
fergehende Analyseinstrumentarien erforderlich, um dem
Anspruch nach Ganzheitlichkeit gerecht zu werden.

Zur Analyse und Bewertung des Arbeitsplatzes unter ergonomischen Gesichtspunkten dient die *Checkliste Bildschirmergonomie* [KÖC90]. Das Verfahren wurde für die
Analyse von Bildschirmarbeitsplätzen im Büro- und Verwaltungsbereich konzipiert und untersucht, welche Ergono-
mieprobleme an dem betrachteten Arbeitsplatz vorhanden
sind bzw. inwieweit die zu untersuchende Arbeitssituation
Arbeitsschutzanforderungen entspricht. Ein Vorteil dieses
Instrumentariums liegt darin, daß für jeden Ergonomie-
komplex Mängel und alternative Gestaltungsmaßnahmen
über Auswertungstabellen miteinander verknüpft werden
können. Darüber hinaus sind Arbeitsschutzstandards über
detaillierte Literaturangaben ausgewiesen.

*Ergonomische Ar-
beitsplatzbewertung
mit der Checkliste
Bildschirmergonomie*

Die ergonomische Gestaltung der Software läßt sich mit
Hilfe des Verfahrens *EVADIS II* (Evaluation von Dialog-
systemen) analysieren und bewerten [OPP92]. Ziel dieses
Verfahrens ist eine ganzheitliche Analyse und Bewertung
rechnerunterstützter Arbeitssysteme im Bürobereich. Allerdings liegt der Schwerpunkt eindeutig im Bereich der
Evaluation von Benutzerschnittstellen. Die Bewertungs-
kriterien, mit deren Hilfe die ergonomische Qualität von
Software beurteilt wird, sind dabei so formuliert, daß sie
auch unmittelbar für die softwareergonomische Bewertung
wissensbasierter Systeme geeignet sind.

*Softwareergonomi-
sche Evaluation mit
EVADIS II*

Das *RHIA/VERA-Büro-Verfahren* [LEI93] basiert auf den
ursprünglich für den produzierenden Bereich entwickelten
Arbeitsanalyseverfahren RHIA und VERA. Beide Verfahren wurden für den Einsatz im Bürobereich modifiziert und
in ein Verfahren integriert. Mit Hilfe der Verfahrensteile,
die aus dem RHIA-Verfahren übernommen wurden, können
Behinderungen im Arbeitsablauf detailliert erfaßt und bewertet werden. Das aus dem VERA-Verfahren abgeleitete
Modul erlaubt eine Aussage über die Entscheidungs- und
Planungserfordernisse und damit über die Persönlichkeits-
förderlichkeit einer Arbeitstätigkeit. Das RHIA/VERA-
Büro-Verfahren ersetzt die beiden KABA-Module
"Belastungen" und "Entscheidungsspielraum", wodurch

*Detailanalysen mit
den RHIA/VERA-
Büro-Verfahren*

Erhöhung der Anwen-
derfreundlichkeit
durch TAI-
Checklisten

eine genauere Analyse dieser Aspekte der Arbeitstätigkeit möglich wird.

Bei der Entwicklung des ganzheitlichen Evaluationsverfahrens hat sich gezeigt, daß Behinderungen bei der Arbeit aus den unterschiedlichsten Bereichen resultieren können. Daher ist ihre Erfassung mit dem RHIA/VERA-Büro-Verfahren nicht unproblematisch. Es fehlen in diesem Verfahren geeignete Checklisten, die es dem Untersucher erlauben, mögliche Behinderungen systematisch zu erfassen. Aus diesem Grund wurden aus dem *Tätigkeits-Analyse-Inventar (TAI)* [FRI93] entsprechende Fragebögen abgeleitet, die eine Evaluation mit Hilfe der zuvor skizzierten Verfahren vorbereiten sollen.

Unter Verwendung der oben skizzierten Analyseverfahren konnte ein ganzheitliches Evaluationsinstrumentarium entwickelt werden, mit dessen Hilfe personelle, organisatorische und technische Rahmenbedingungen eines Arbeitssystems mit integrierten wissensbasierten Systemen geschaffen werden. Die ausgewählten Verfahren und ihre jeweiligen Einsatzschwerpunkte zeigt Tabelle 4.3.3 in einer Übersicht.

Tabelle 4.3.3: Analyseverfahren für die verschiedenen Elemente des Arbeitssystems

Elemente des Arbeitssystems	Evaluationsverfahren
Mensch:	
Benutzerqualifikation	⇒ KABA
Technik:	
Ergonomische Gestaltung der Hardware	⇒ Checkliste Bildschirmergonomie
Ergonomische Gestaltung der Software	⇒ EVADIS-II
Gestaltung des Arbeitsumfelds	⇒ Checkliste Bildschirmergonomie
Organisation:	
Aufbauorganisation	⇒ KABA
	⇒ RHIA/VERA-Büro
Ablauforganisation	⇒ KABA
	⇒ RHIA/VERA-Büro
Arbeitsaufgabe	⇒ RHIA/VERA-Büro
	⇒ KABA
	⇒ (TAI)

4.3.4 Qualifizierungskonzept zur frühzeitigen Einbeziehung der Betroffenen in den Prozeß der Entwicklung und Einführung wissensbasierter Systeme

Ein kompetenter und effizienter Umgang mit technischen Systemen setzt voraus, daß die Menschen, die mit technischen Hilfsmittel umgehen müssen, für diese Tätigkeiten auch angemessen qualifiziert sind. Leider wird diesem Aspekt in der Praxis häufig nicht genügend Beachtung geschenkt. *Frühzeitige Qualifizierungsmaßnahmen* bei der Einführung von Rechnersystemen und der damit verbundene Aufwand werden eher als zu kontrollierender und zu minimierender Kostenfaktor angesehen statt als strategische Investitionen in die Mitarbeiter [ULI95].

Notwendigkeit von Qualifizierungsmaß- nahmen

Die Notwendigkeit zielgerichteter umfassender Qualifizierungsmaßnahmen bei der Entwicklung und Einführung wissensbasierter Systeme steht außer Frage. Dennoch besteht gerade bei solchen Systemen die Gefahr, daß versucht wird, menschliche Intelligenz durch künstliche zu ersetzen. Insbesondere die Gruppe der Anwender kann dazu neigen - vor allem, wenn sie ungenügend über die Leistungsfähigkeit wissensbasierter Systeme informiert ist - durch den Einsatz von Rechnersystemen zur Wissensverabeitung Qualifizierungsmaßnahmen ersetzen zu wollen. Sie verkennen dabei, daß solche Systeme lediglich eine Werkzeugfunktion haben und die Leistungsfähigkeit des Arbeitssystems nach wie vor entscheidend von den Qualifikationen des arbeitenden Menschen abhängt.

Aber nicht nur in realisierten Arbeitssystemen ist die Mitarbeiterqualifikation ein wesentlicher Erfolgsfaktor. Schon im Verlauf des Entwicklungs- und Einführungsprozesses wissensbasierter Systeme sind die Qualifikationen der verschiedenen betroffenen Zielgruppen kritische Erfolgsfaktoren [ZIN93b]. Die Beteiligung der Betroffenen an der Entwicklung und Einführung bietet an sich schon vielfältige Qualifizierungsmöglichkeiten durch eine frühzeitige Auseinandersetzung mit den anstehenden Veränderungen. Allerdings fordern partizipative Ansätze aber auch das Vorhandensein spezifischer Qualifikationen.

Qualifizierung durch Partizipation und für Partizipation

Aufwand-/Nutzen-Betrachtung bei Qualifizierungsmaßnahmen

Qualifizierungsmaßnahmen sind in der Regel mit nicht unerheblichen Aufwand und Kosten verbunden. Um das Kosten-Nutzen-Verhältnis zu wahren, muß deshalb genau abgewogen werden, welche Qualifikationen welcher Zielgruppe wann zu fördern sind. Ein Weg, ein *differenziertes zielgruppenspezifisches Qualifizierungskonzept* zu entwickeln, ist die Wahl eines *aufgabenorientierten Qualifizierungsansatzes*. Das heißt, es ist zu klären: Welche Zielgruppen müssen wann welche Aufgaben bearbeiten und welche Qualifikationen sind hierzu erforderlich. Sind diese rollenspezifischen Qualifikationsanforderungen bestimmt worden, so lassen sich dann auch die geeigneten Qualifizierungsinstrumente bestimmen und schließlich ein brauchbares Schulungskonzept entwickeln.

Berufliche Qualifikation

Was ist berufliche Qualifikation?

Bevor auf die spezifischen Anforderungen der Entwicklung und Einführung wissensbasierter Systeme eingegangen werden kann, ist es an dieser Stelle zunächst erforderlich, den Begriff Qualifikation zu klären. Im folgenden soll unter Qualifikation das in Bild 4.3.2 dargestellte Modell verstanden werden.

Relevante Elemente beruflicher Qualifikation

Bei diesem Qualifikationsmodell lassen sich schwerpunktmäßig *Wissen/Kenntnisse* [HAC86] (hier ist der Anwendungs-/Umsetzungsaspekt von untergeordneter Bedeutung), *Kompetenzen* (Qualifikationen, die zur Bearbeitung beruflicher Aufgaben erforderlich sind), *Fertigkeiten* (z.B. Fingerfertigkeiten) [OES81] und *individuelle Leistungsvoraussetzungen* [SCH93] (vorwiegend aus der Persönlichkeit des Arbeitenden resultierende Merkmale) gegeneinander abgrenzen. Aufgrund der spezifischen Anwendungsbereiche der entwickelten Systeme liegt der Fokus der Qualifikationsförderung auf Wissen und Kompetenzen. Fertigkeiten sind aufgrund der überwiegend geistigen Tätigkeiten von untergeordneter Bedeutung; individuelle Leistungsvoraussetzungen lassen sich nur insofern berücksichtigen, wie sie die Bereitschaft zur Akzeptanz von Veränderungen betreffen. Das heißt, sie sind in erster Linie vor dem Hintergrund einer Motivationsförderung zu sehen und stehen wiederum in engem Zusammenhang mit der Vermittlung von (Hintergrund-) Wissen.

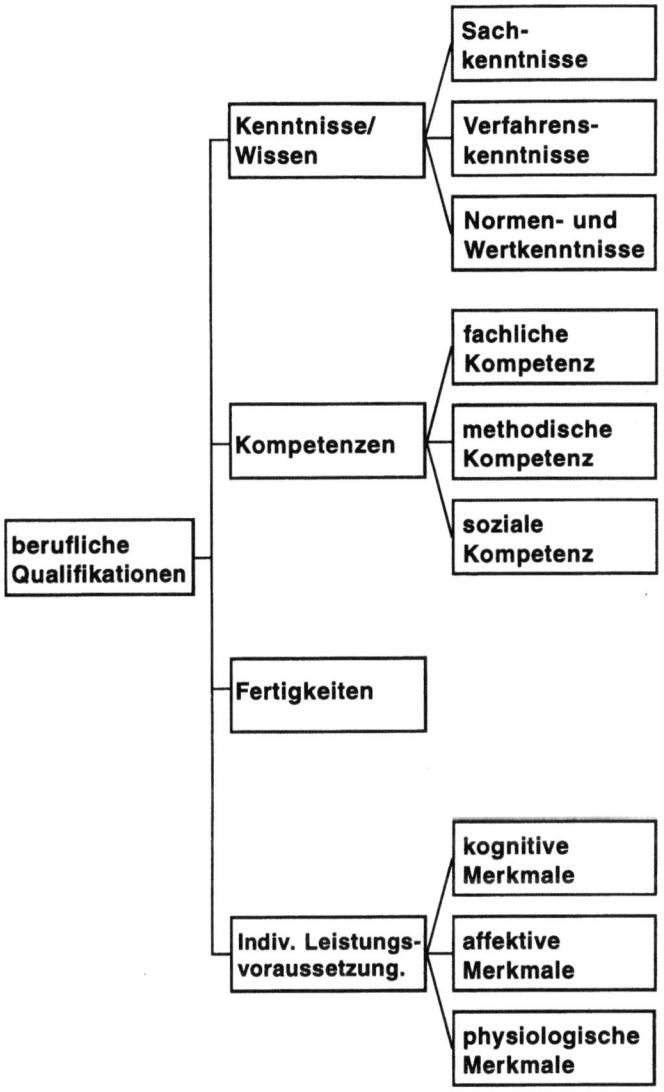

Bild 4.3.2: Strukturmodell beruflicher Qualifikation

Qualifizierungsinstrumente

Nach der Abgrenzung der zu fördernden Qualifikationselemente stellt sich nun die Frage, mit welchen Instrumenta-
rien sich diese am besten fördern lassen. Im Rahmen der
durchgeführten Untersuchungen haben sich folgende Qualifizierungsinstrumente als geeignet erwiesen:

*Qualifizierungs-
instrumente*

- **Informationsveranstaltungen**

Wissensvermittlung durch Informationsveranstaltungen

Informationsveranstaltungen dienen in erster Linie der *Wissensvermittlung*. Die Teilnehmer sind eher passiv, was zu einer eher geringeren Effektivität und Tiefe der Qualifikationsförderung führt. Ein Vorteil dieses Qualifizierungsinstrumentariums liegt aber darin, daß sich mit relativ geringem Aufwand eine große Anzahl von Personen erreichen läßt. Informationsveranstaltungen sind vorwiegend dort einzusetzen, wo man die Betroffenen beispielsweise über anstehende Veränderungen informieren will, um Vorbehalte und Ängste abzubauen.

- **Seminare/Schulungen**

Effektive aber aufwendige Qualifikationsförderung durch Seminare/Schulungen

Bei Schulungen oder Seminaren werden sowohl *Wissen* als auch *Kompetenzen* gefördert, wodurch sich eine gute Abstimmung zwischen Wissensvermittlung und Anwendungsorientierung erreichen läßt. Aufgrund der aktiven Einbeziehung der Teilnehmer ist eine effektive Qualifikationsförderung sichergestellt, allerdings verursachen diese Qualifizierungsinstrumentarien einen relativ hohen Vorbereitungs- und Durchführungsaufwand. Aus diesem Grund sollten sie vorwiegend dort angewendet werden, wo spezifische Kompetenzen erforderlich und von essentieller Bedeutung für die erfolgreiche Umsetzung eines Projektes sind. Typische Beispiele sind Projektmanagement- und Team-/Moderatoren-Schulungen.

- **Training on the job**

Lösen arbeitsbezogener Probleme durch Training on the job

Bei diesem Qualifizierungsinstrumentarium steht die Bearbeitung einer konkreten Problemstellung im Arbeitskontext im Vordergrund. Die Qualifikationsförderung erfolgt unter Anleitung eines qualifizierten Ausbilders und zielt vorwiegend auf die Förderung von *Kompetenzen* und *Fertigkeiten* ab. Die dabei mögliche intensive Betreuung und die aktive Einbeziehung des zu Qualifizierenden ermöglichen eine große Qualifikationstiefe in bezug auf die oben genannten Qualifikationselemente. Allerdings besteht die Gefahr, daß die Vermittlung theoretischen Hintergrund- und Zusammenhang-Wissens vernachlässigt wird.

- **Lerngruppen**

Eine effiziente Form einer arbeitsplatznahen Qualifizierung ist im Konzept der Lerngruppen zu sehen. Im Rahmen moderierter Gruppensitzungen können *Kenntnisse* und *Kompetenzen* dadurch erworben bzw. vertieft werden, daß Mitarbeiter voneinander lernen (Anwendung eines "Schneeballprinzips" der Qualifikationsförderung). Die aktive Einbeziehung der Teilnehmer und die Flexibilität bezüglich der eingesetzten Qualifizierungsmethoden (Vortrag, Übung etc.) machen Lerngruppen zu einem effektiven Hilfsmittel der Qualifikationsförderung, das neben den fachlichen Kompetenzen auch die Förderung sozialer Kompetenzen ermöglicht. Ein Nachteil dieses Instrumentes liegt allerdings darin begründet, daß in der Regel die Qualifizierungsmöglichkeiten durch das Qualifikationsniveau der Teilnehmer begrenzt sind.

Qualifikationsförderung im Rahmen von Kleingruppen

Qualifikationsprofile und Qualifizierungsmaßnahmen

Die Ermittlung der *"rollenspezifischen" Qualifikationsanforderungen* geht von den Arbeitsaufgaben aus, die die Betroffenen in den einzelnen Projektphasen bearbeiten müssen. Zusammenfassend lassen sich dabei folgende, zielgruppenspezifische Aufgaben identifizieren:

Zielgruppenspezifische Aufgaben

Tabelle 4.3.4: Zielgruppenspezifische Aufgaben bei der Entwicklung und Einführung wissensbasierter Systeme (Teil a)

Systementwickler	Benutzer
◆ Planung, Steuerung und Kontrolle des Projektes	◆ Formulieren der Anforderungen an das zu entwickelnde System
◆ Ermittlung von Systemanforderungen	◆ Bewerten der Umsetzung
◆ Ableitung von Systemspezifikationen	◆ Formulieren von Verbesserungsvorschlägen
◆ Programmiertätigkeiten	◆ Benutzung des EDV-Systems
◆ Verifizieren und Validieren der Software	◆ Wartung und Pflege des Systems
◆ Implementieren und Warten der Software	

Tabelle 4.3.4: Zielgruppenspezifische Aufgaben bei der Entwicklung und Einführung
wissensbasierter Systeme (Teil b)

Anwender	Experte

◆ Projektveranlassung
◆ Ressourcen-Zuteilung
◆ Projekt "promoten"
  (Machtpromotor)
◆ übergeordnete
  Entscheidungen treffen
	◆ Fachwissen bereitstellen
	◆ Umsetzung bewerten
	◆ Formulieren von
	  Verbesserungsvorschlägen
	◆ Wartung und Pflege des Systems

Qualifikationserfor-
dernisse und zu bear-
beitende Aufgaben

Anhand der oben aufgelisteten Aufgaben lassen sich nun
unmittelbar die erforderlichen Qualifikationen ableiten. Um
diesen Schritt zu verdeutlichen, werden in der folgenden
Tabelle die erforderlichen fachlichen, methodischen und
sozialen Kompetenzen von Systementwicklern und Benutzern dargestellt.

Die in der nachfolgenden Tabelle skizzierten Profile gehen von einer idealtypischen Vorstellung der Qualifikationen von Benutzern oder Systementwicklern aus. Das heißt,
nicht nur die Eignung, fachliche Probleme zu lösen
(methodische und fachliche Kompetenzen), sondern auch
die Befähigung im Umgang mit Menschen (soziale Kompetenzen) sind explizite Anforderungen an diese Zielgruppen.

Eingrenzen der zu för-
dernden Qualifi-
kationsinstrumente

Wie schon erwähnt wurde, kann die Durchführung von
Qualifizierungsmaßnahmen einen nicht unerheblichen Aufwand verursachen. Insofern wäre es aus ökonomischen
Überlegungen heraus nicht sinnvoll, jedes der oben ange-
führten Qualifikationselemente im Vorfeld der Entwicklung
und Einführung wissensbasierter Systeme fördern zu wollen. Auch können einzelne Bestandteile beruflicher Qualifikation nicht immer im Rahmen von z.B. Schulungen
gefördert werden, da sie ganz wesentlich auf Erfahrungen
beruhen, die im Laufe des Berufslebens gemacht werden.
Aus diesen Gründen heraus muß im Rahmen einer Bil-
dungsbedarfsanalyse geklärt werden, welche Qualifikationen sich überhaupt mit vertretbarem Aufwand fördern lassen und welche quasi als Eingangsvoraussetzungen gelten
müssen.

Tabelle 4.3.5: Abgeleitete Anforderungen an die Kompetenzen von Benutzern und Systementwicklern

	Systementwickler	Benutzer
fachliche Kompetenzen	• Projektmanagement • Softwareentwicklung • Anwendungsgebiet • betriebliche Abläufe	• Grundzüge des Projektmanagements • Anwendungsgebiet • betriebliche Abläufe
methodische Kompetenzen	• Projektmanagementtechniken • Programmiertechniken • spezielle Problemlösungstechniken • Organisationsfähigkeiten • Verhandlungsgeschick • Moderationstechniken • Techniken der Gruppenarbeit	• Techniken der Gruppenarbeit • Moderationstechniken • spezielle Problemlösungstechniken
soziale Kompetenzen	• Integrationsfähigkeit • Flexibilität • Kreativität • Objektivität • Fähigkeit zur konstruktiven Konfliktbewältigung • Fähigkeit, andere zu motivieren • natürliche Autoriät • Selbstsicherheit • Fähigkeit zu delegieren	• Integrationsfähigkeit • Flexibilität • Kreativität • Objektivität • Fähigkeit zur konstruktiven Konfliktbewältigung • Fähigkeit, andere zu motivieren • natürliche Autoriät • Selbstsicherheit

In Bild 4.3.3 ist am Beispiel des Systementwicklers dargestellt, welche Qualifikationselemente vorausgesetzt werden müssen und welche sich wie fördern lassen.

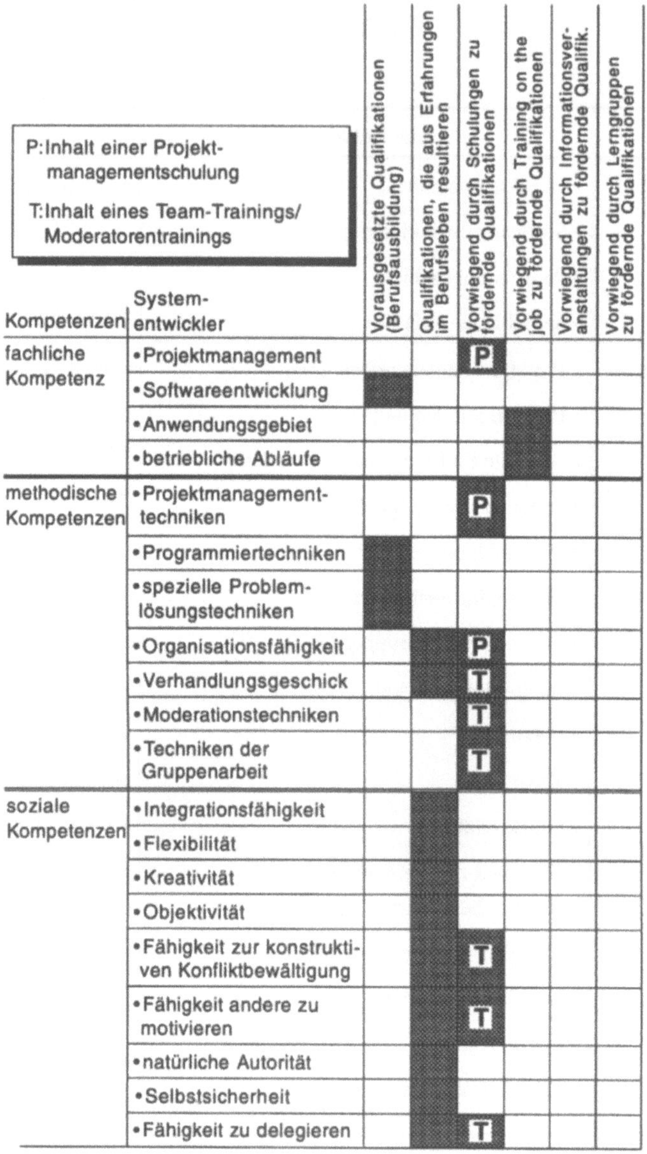

Kompetenzen	Systementwickler	Vorausgesetzte Qualifikationen (Berufsausbildung)	Qualifikationen, die aus Erfahrungen im Berufsleben resultieren	Vorwiegend durch Schulungen zu fördernde Qualifikationen	Vorwiegend durch Training on the job zu fördernde Qualifikationen	Vorwiegend durch Informationsveranstaltungen zu fördernde Qualifik.	Vorwiegend durch Lerngruppen zu fördernde Qualifikationen
fachliche Kompetenz	• Projektmanagement			P			
	• Softwareentwicklung	■					
	• Anwendungsgebiet				■		
	• betriebliche Abläufe						
methodische Kompetenzen	• Projektmanagement-techniken			P			
	• Programmiertechniken	■					
	• spezielle Problem-lösungstechniken	■					
	• Organisationsfähigkeit		P				
	• Verhandlungsgeschick		T				
	• Moderationstechniken		T				
	• Techniken der Gruppenarbeit		T				
soziale Kompetenzen	• Integrationsfähigkeit		■				
	• Flexibilität		■				
	• Kreativität		■				
	• Objektivität		■				
	• Fähigkeit zur konstruktiven Konfliktbewältigung		T				
	• Fähigkeit andere zu motivieren		T				
	• natürliche Autorität		■				
	• Selbstsicherheit		■				
	• Fähigkeit zu delegieren		T				

P: Inhalt einer Projektmanagementschulung

T: Inhalt eines Team-Trainings/Moderatorentrainings

Bild 4.3.3: Qualifizierungsmaßnahmen in bezug auf einen Systementwickler

Zeitliche Abfolge der Qualifizierungsmaßnahmen

Nachdem man die erforderlichen Qualifikationen ermittelt hat und klar ist, mit welchen Qualifizierungsinstrumentarien sich diese fördern lassen, ist nun die zeitliche Abfolge der Schulungen, Informationsveranstaltungen etc. zu planen.

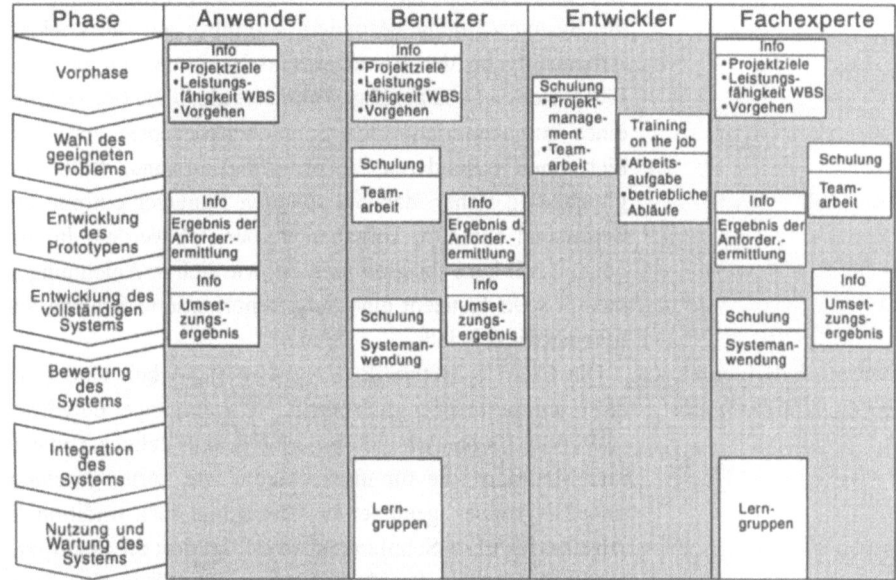

Bild 4.3.4: Zielgruppenspezifisches Qualifizierungskonzept für die Entwicklung und Einführung wissensbasierter Systeme

Bild 4.3.4 zeigt, in welcher zeitlichen Reihenfolge - bezogen auf die einzelnen Phasen des Entwicklungs- und Einführungsprozesses wissensbasierter Systeme - die Qualifizierungsmaßnahmen durchzuführen sind. Das hier vorgestellte Qualifizierungskonzept geht sowohl hinsichtlich der Qualifizierungsinhalte als auch der Qualifizierungszeitpunkte von einer idealtypischen Vorstellung aus. In der Praxis kann es durchaus möglich sein, daß Modifikationen sinnvoll sind, beispielsweise dann, wenn bestimmte Schulungen oder Seminare schon zu einem früheren Zeitpunkt durchlaufen wurden.

Konzeption einer Systemschulung
Vor dem Hintergrund einer effizienten Nutzung wissensbasierter Systeme ist die Systemschulung von besonderer Bedeutung. Während sich beispielsweise die Inhalte eines Projektmanagementseminars oder einer Team-Schulung relativ allgemeingültig gestalten lassen und für eine Viel-

Die besondere Bedeutung einer aufgabenorientierten Systemschulung

zahl unterschiedlicher Anwendungsfälle geeignet sind, muß die Systemschulung besonders sorgfältig auf die konkrete Arbeitsaufgabe der Benutzer und Funktionalität des wissensbasierten Systems abgestimmt werden. Die Entwicklung eines aufgabenorientierten Schulungskonzeptes verursacht hier einen besonderen Vorbereitungsaufwand, stellt aber gleichzeitig sicher, daß die späteren Benutzer optimal und umfassend auf ihre Aufgaben vorbereitet werden. Im folgenden soll kurz skizziert werden, wie sich in Anlehnung an das CLAUS-Konzept eine aufgabenorientierte Systemschulung entwickeln läßt.

Systemschulung nach der CLAUS-Methodik

Die CLAUS-Methodik (CNC Lernen, Arbeit Und Sprache) wurde ursprünglich für CNC-Lehrgänge entwickelt [KRO91]. Es handelt sich um eine grundsätzliche Didaktik und Methodik, die für unterschiedlichste Lerngegenstände und Zielgruppen geeignet ist. Betrachtet man traditionelle Ansätze für EDV-Schulungen, so erfolgt dort die Qualifizierung entlang einer Sachlogik. Häufig sieht dann eine Schulung so aus, daß der Schulungsleiter das "Inhaltsverzeichnis" eines Bedienerhandbuches vorträgt - teilweise sogar ohne Bezug zur später auszuübenden Tätigkeit. Im Gegensatz dazu orientieren sich die Schulungsinhalte bei CLAUS an der zu bearbeitenden Arbeitsaufgabe. Lernen wird als Tätigkeit verstanden, bei der man den Lerngegenstand durch Lernaufgaben begreifbar macht.

Die Besonderheiten der CLAUS-Methode

Das wesentliche Kennzeichen der CLAUS-Methode ist die Verwendung eines Systems von Lernaufgaben und ihrer erfolgsbestimmenden (Teil-) Aufgaben. Sie legen den Aufbau und Ablauf einer Schulung fest. Eine weitere Besonderheit hat diese Methode in bezug auf die eingesetzten Lernmittel. Neben traditionellen Lernmitteln wie Frontalunterricht, Übungseinheiten etc. werden hier Lernregeln (Verfahrensvorschrift für eine Handlung, die erlernt werden soll), das Lernen aus Fehlern und der systematische Spracheinsatz verwendet.

Analyse der Arbeitsaufgabe

Bei der Entwicklung des Lernaufgabensystems wird zunächst die Arbeitsaufgabe analysiert, die mit Hilfe des wissensbasierten Systems bearbeitet werden soll. In diesem Schritt bestimmt man die typische Bearbeitungsabfolge, ermittelt wann und wie ein wissensbasiertes System eingesetzt wird und benennt die bei der Bearbeitung jeweils erforderlichen Hilfsmittel und Methoden.

Ausgehend von den hier erarbeiteten Informationen wird dann die umfangreichste Bearbeitungsaufgabe (Gesamtlernaufgabe) konstruiert, die in der Praxis auftreten kann. Hierbei kann es erforderlich sein, neben Arbeitsabläufen, die in der Praxis vorkommen, auch zukünftige Arbeitseinheiten (wenn Arbeitssysteme neu zu entwickeln sind) zu planen. Mit der Beschreibung der Gesamtlernaufgabe verschafft man sich einen Überblick über die Komplexität der qualifikatorischen Anforderungen und stellt sicher, daß diese bei der Schulung berücksichtigt werden. Die Gesamtlernaufgabe stellt damit auch das Lernziel der gesamten Schulung dar. Das heißt, nach Abschluß der Schulung muß der Schulungsteilnehmer in der Lage sein, diese Arbeitsaufgabe zu bearbeiten.

Konstruktion der Gesamtlernaufgabe

In der Regel ist die Gesamtlernaufgabe so umfangreich, daß nicht alle Schulungsinhalte auf einmal vermittelt werden können. Daher konstruiert man ganzheitliche, gestufte Lernaufgaben, die die gleiche Bearbeitungsabfolge wie die Gesamtlernaufgabe aufweisen, aber unterschiedliche Komplexitätsgrade haben. Im Rahmen der Schulung werden die Lernaufgaben nacheinander abgearbeitet, wobei die am wenigsten komplexe am Anfang steht und die weitere Abfolge so gewählt wird, daß der Schwierigkeitsgrad schrittweise ansteigt.

Ableitung gestufter Lernaufgaben

Anhand dieser Lernaufgaben läßt sich ein erstes, vorläufiges Schulungskonzept ableiten. Für jede der gestuften Lernaufgaben werden zunächst alle denkbaren Lerninhalte (z.B. anzuwendende Methoden, Bedienung des wissensbasierten Systems, Wissensakquisition etc.) aufgelistet und dann in eine sinnvolle Abfolge gebracht. Dabei ist zu beachten, daß der Schulungsleiter den Teilnehmern nur die Inhalte vermittelt, die zur Bearbeitung der jeweiligen Lernaufgabe unbedingt erforderlich sind. Im Rahmen der Schulungsvorbereitung bestimmt man auch die erfolgsbestimmenden Teilaufgaben der jeweiligen Lernaufgabe und legt fest, wo Theorieteile oder Übungen vorzusehen sind. Die erfolgsbestimmenden Teilaufgaben zeichnen sich dadurch aus, daß von ihrer Erledigung der Erfolg der Lernaufgabe wesentlich abhängt. Insofern müssen diese Bausteine bei der Konzeption und Durchführung der Schulung besondere Sorgfalt erfahren. Darüber hinaus muß der Lernerfolg durch den Einsatz geeigneter Methoden sichergestellt (z.B. Lernre-

Entwicklung eines vorläufigen Schulungskonzeptes mit Hilfe der Lernaufgabe

geln, systematischer Spracheinsatz und Lernen aus Fehlern) werden.

Festlegen des endgül-
tigen Kursverlaufs
Der letzte Schritt bei der Konzeption der Systemschulung ist die Feinabstimmung des Kursverlaufes. Hiermit verbunden ist die Formulierung der einzelnen Teilziele der Lernaufgaben, die Auswahl geeigneter Lehrmethoden (z.B. Frontalunterricht, Gruppenübungen, Lernregeln etc.) und der Unterrichtsmaterialien, eine Abschätzung des Lernaufwandes sowie die Festlegung des zeitlichen Ablaufs der Schulung.

Die oben nur grob skizzierte Vorgehensweise hat sich bei der Erprobung als sehr effektiv erwiesen. Allerdings muß darauf hingewiesen werden, daß die Entwicklung einer entsprechenden Systemschulung eine intensive Auseinandersetzung mit den Grundlagen der CLAUS-Methodik erfordert.

5 Erfahrungen - Realisierung und Einsatz der Prototypen

Tilo Pfeifer, Pavlos Klonaris, RWTH Aachen, Lehrstuhl für Fertigungsmeßtechnik und Qualitätsmanagement, Steinbachstraße 53, 52056 Aachen

Tilo Pfeifer, Rolf Flamm, Fraunhofer-Institut für Produktionstechnologie IPT, Abteilung Meß- und Qualitätstechnik, Steinbachstraße 17, 52064 Aachen

Hans-Jürgen Warnecke, Peter Vay, Universität Stuttgart, Institut für Industrielle Fertigung und Fabrikbetrieb, Nobelstraße 12, 70569 Stuttgart

Klaus J. Zink, Martin J. Thul, Universität Kaiserslautern, Lehrstuhl für Industriebetriebslehre und Arbeitswissenschaft, Postfach 3049, 67653 Kaiserslautern

In den vorangegangenen Kapiteln 3 und 4 wurden die Teilprojekte des Forschungsvorhabens WibQuS und die in diesem Rahmen erstellten Prototypen vorgestellt. Dabei wurde deutlich, über welche Funktionalitäten die Prototypen verfügen und es wurde gezeigt, wie sich deren integratives Zusammenwirken prinzipiell realisieren läßt. Um dem Leser zu verdeutlichen, welcher Nutzen der integrative Einsatz der Teilsysteme bringen kann, werden mit dem folgenden Fallbeispiel die praktischen Anwendungsmöglichkeiten aufgezeigt. Dieses Beispiel zeigt, wie der inte-

Der praktische Nutzen des integrativen Ansatzes

Das Anwendungsbeispiel: Federkraftbremse

grierte Methodeneinsatz entlang des Produktlebenszyklus zu einem modifizierten und verbesserten Produkt führt.

Im folgenden Szenario wird eine Federkraftbremse betrachtet, die als sicherheitsrelevantes Bauteil bei unterschiedlichen, elektrisch angetriebenen Produkten Anwendung findet (Bild 5.1).

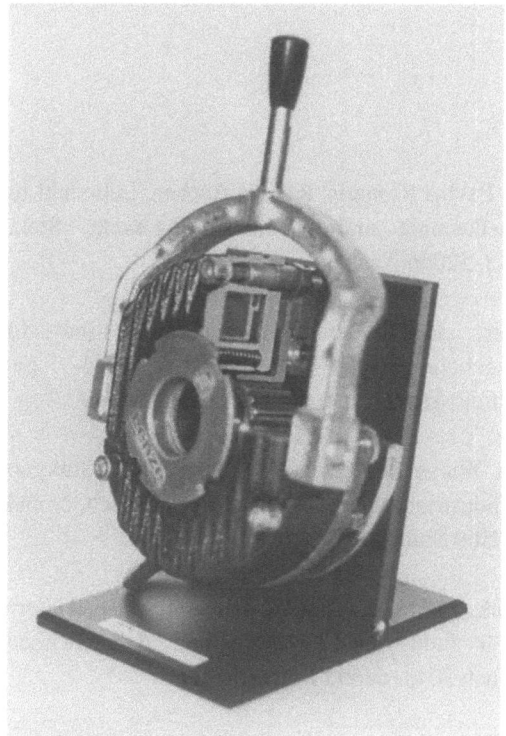

Bild 5.1: Federkraftbremse

Ihre Aufgabe besteht darin, beim Abschalten des Stromes oder bei Stromausfall eine rotierende Welle schnell und sicher zum Stillstand zu bringen. Typische Einsatzbereiche sind Aufzüge, Krananlagen, Förderbänder, Werkzeugmaschinen und Gabelstapler.

Um den präventiven Charakter der Methoden und Teilsysteme herauszustellen, setzt das Beispiel im Service-Bereich an, der aufgrund seiner besonderen Nähe zum Kunden eine Schlüsselstellung im Qualitätskreis einnimmt.

5.1 Serviceunterstützung durch WiFEA

Servicetechniker sind hochqualifizierte Mitarbeiter, die unmittelbar an der Schnittstelle zwischen Unternehmen und Kunden operieren. Die von ihnen zu verrichtenden Service- und Reparaturarbeiten lassen sich auch als Ansatzpunkt für Innovationen und Verbesserungsmaßnahmen verstehen. Daher können diese Personen einen wichtigen Beitrag für eine kontinuierliche Qualitätsverbesserung leisten.

Service als Auslöser von Innovationen und Verbesserungsmaß-nahmen

Die Situation der Servicetechniker zeichnet sich in vielen Unternehmen dadurch aus, daß sie räumlich getrennt von den übrigen Organisationseinheiten operieren müssen. Hierdurch wird der Austausch von Informationen zwischen dem Unternehmen und den Mitarbeitern im Außendienst erschwert. Darüber hinaus ist die Erschließung ihres Erfahrungs- und Kreativitätspotentials nicht unproblematisch. Es fehlt z.B. häufig eine Möglichkeit, Anregungen und Verbesserungsvorschläge, die aus dem unmittelbaren Kontakt mit Kunden resultieren und auf eine Verbesserung des Kundennutzens abzielen, den richtigen Stellen im Unternehmen zukommen zu lassen.

Räumliche Trennung erschwert Infor-mationsaustausch

Hierdurch gehen dem Unternehmen einerseits wertvolle Informationen verloren, was sich als sehr nachteilig für die Wettbewerbsfähigkeit erweisen kann. Andererseits hat diese Situation auch einen demotivierenden Einfluß auf den Kundendienstmitarbeiter, der Ideen und Anregungen zum Nutzen des Unternehmens einbringen möchte.

Folge: Wirtschaftliche Nachteile und demo-tivierte Mitarbeiter

Die oben skizzierten Defizite waren der Ausgangspunkt für die Entwicklung von WiFEA, einem wissensbasierten System für die Felddatenerfassung und -aufbereitung. Es wird wie folgt eingesetzt:

Üblicherweise tritt ein Servicetechniker dann in Aktion, wenn ein Kunde dem Unternehmen einen Instandhaltungsauftrag erteilt hat und das Unternehmen seinerseits einen lokalen Servicetechniker damit beauftragt, den Kunden vor Ort aufzusuchen (Bild 5.2).

WiFEA ein wissens-basiertes System für den Einsatz im Ser-vicebereich

Soll der Servicetechniker beispielsweise eine defekte Maschine reparieren, so läßt er sich vom Kunden zunächst den Fehlerfall beschreiben. Ausgehend von diesen Informationen untersucht er die Maschine und versucht, Maßnahmen zur Fehlerbehebung zu finden.

Bild 5.2: Servicetechniker bei der Reparatur

Reparaturvorschläge   WiFEA unterstützt den Servicemitarbeiter, indem es ihm
vom System   auf Grundlage seiner Eingaben Reparaturvorschläge unter-
                         breitet. Sind diese unverständlich oder werden genauere
                         Informationen benötigt, so besteht die Möglichkeit, sich mit
                         Hilfe der integrierten Hypertextfunktionen u.a. Ursache-
                         Wirkungs-Zusammenhänge detailliert darstellen zu lassen.
                         WiFEA ergänzt die Erfahrungen und Qualifikationen des
                         Servicetechnikers und versetzt ihn in die Lage, aufgetretene
                         Fehler schneller zu lokalisieren und wirksam zu beseitigen
                         (Bild 5.3).

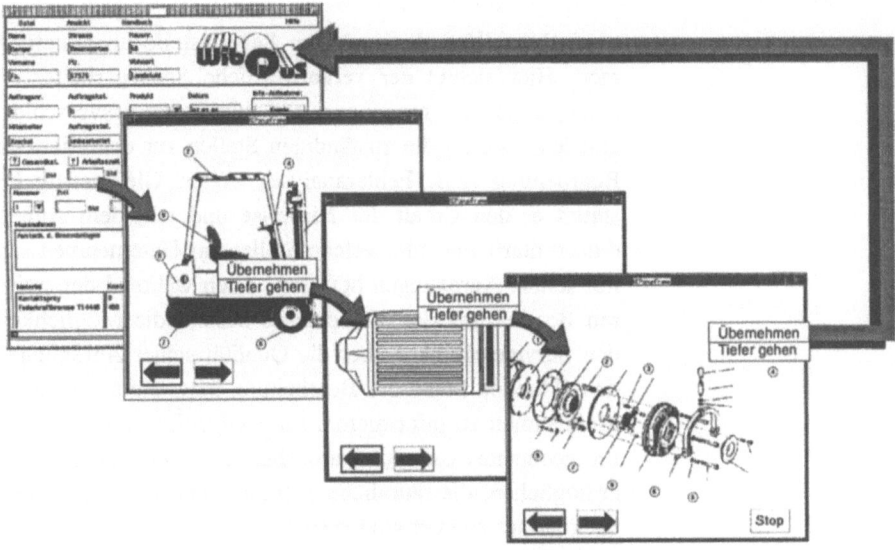

Bild 5.3: Multimediamaske von WiFEA

Des weiteren erleichtert WiFEA es dem Servicetechniker, präzise Serviceberichte zu erstellen. Es werden ständig aktualisierte Ursachen-, Symptom- und Teilebeschreibungen bereitgestellt, mit deren Hilfe sich innerhalb kürzester Zeit präzise und auswertbare Serviceberichte erstellen lassen. In Form einer erweiterten Erfassung kann der Kundendienstmitarbeiter auch Informationen erheben, die nichts mit dem Einzelfall zu tun haben, die aber in anderen Bereichen des Unternehmens dringend für die Planung, Sicherung und Lenkung der Qualität benötigt werden. Solche Sonderberichte enthalten Informationen zu Konkurrenzprodukten, Kundenwünschen oder aber zu den Einsatzbedingungen, unter denen ein Produkt genutzt wird.

Präzise und auswertbare Serviceberichte

WiFEA beinhaltet auch eine Feedbackkomponente. Bei der Reparatur eines Gabelstaplers wurde der Servicetechniker auf laute Bremsgeräusche aufmerksam (Bild 5.2). Er nimmt an, daß dies auf eine defekte Federkraftbremse zurückzuführen ist. Seine Vermutungen über mögliche Ursachen und erste Anregungen zu deren Beseitigung strukturiert und dokumentiert er unter Einsatz des Feedbacksystems. Die so gewonnenen Informationen übermittelt er zusammen mit den Service- und Sonderberichten auf elek-

Feedback unterstützen

tronischem Weg der zentralen Servicestelle im Unternehmen. Hier sichtet der verantwortliche Sachbearbeiter die eingegangenen Anregungen und Verbesserungsvorschläge und leitet sie an die zuständigen Stellen zur detaillierteren Bearbeitung (z.B. Fehleranalyse) weiter. Gleichzeitig bestätigt er den Erhalt der Hinweise und teilt dem Außendienstmitarbeiter mit, welche Stellen im Unternehmen sich mit seinen Anregungen befassen. Auch während der weiteren Bearbeitung des Vorschlages besteht die Möglichkeit, den Servicetechniker über die Qualität seiner Anregungen, den aktuellen Stand der Bearbeitung bzw. die eingeleiteten Maßnahmen zu informieren. Im Feedbacksystem sind hierfür geeignete Kommunikationshilfsmittel enthalten, die es ermöglichen, die räumliche Trennung der jeweiligen Feedbackpartner zu überwinden (Bild 5.4).

Bild 5.4: Servicetechniker in der Zentrale

Das Feedbacksystem verfolgt sowohl unternehmens- als auch mitarbeiterbezogene Zielsetzungen: Auf der einen Seite hat das Unternehmen die Möglichkeit, das bislang nicht ausreichend genutzte Potential an Erfahrungswissen und Kreativität gezielt und effektiv für Verbesserungsprozesse zu erschließen. Auf der anderen Seite wird das Engagement und die Motivation des Servicetechnikers gefördert, indem man seine Leistungen anerkennt und ihm zeigt, welchen Beitrag er zur Realisierung von Verbesserungsmaßnahmen zu leisten vermag. Darüber hinaus trägt das System zur Förderung der beruflichen Qualifikation bei. Durch Rückmeldungen bezüglich der Qualität seiner Anregungen bzw. durch die Verbreitung hiermit zusammenhängender fachspezifischer Informationen wird eine Möglichkeit der Höherqualifizierung für den Mitarbeiter geschaffen.

Kreativität und Erfahrungswissen nutzen

5.2 Fehleranalyse erkennt Ursachen durch Nutzung von Kausalwissen

Die von der Felddatenerfassung und -aufbereitung zur Verfügung gestellten Qualitätsdaten (Fehlerdaten) bilden in Verbindung mit Daten aus der Fertigung die Eingangsinformation für die wissensbasierte Fehleranalyse (CAFA). Mit Hilfe dieses Systems lassen sich, sofern die Fehlerquellen nicht bekannt sind, Fehlerbilder hinsichtlich ihrer Ursachen untersuchen. Die Ergebnisse der Fehleranalyse, die neben einer Beschreibung der Fehlerursachen auch Hinweise für entsprechende Abstellmaßnahmen umfassen, werden anschließend an die zuständige Stelle weitergeleitet. Ein "Fehlerproblem" wird bei Bedarf von der Fehleranalyse selbständig bearbeitet. Dieses kann auch von einem anderen Teilsystem (z.B. WiFEA) initiiert werden.

Fehlerursachen analysieren, Abstellmaßnahmen bestimmen

Mit Hilfe des Fehleranalysesystems (CAFA) werden langfristige Qualitätsbeobachtungen durch kontinuierliches Sammeln und Auswerten von Fehleranalysedaten wirkungsvoll unterstützt. Dies bezieht sich einerseits auf das Produktverhalten im praktischen Einsatz, andererseits auf die Wirksamkeit eingeleiteter Maßnahmen. Neben diesem großen Qualitätsregelkreis unterstützt CAFA aber auch kleine Regelkreise, wie z.B. die Analyse kurzfristig aufgetretener Fehler in der Produktion (maschinennaher Regelkreis). So

Große und kleine Regelkreise

lassen sich beispielsweise aus einer Fehlermeldung eines SPC-Systems die Fehlerart, der Fehlerort und die Fehlerursache bestimmen und kurzfristige Maßnahmen zur Beseitigung der Fehlerursache einleiten. Durch die spontane Reaktion auf Fehler wird eine unmittelbare Reduzierung der Fehlerkosten möglich.

CAFA als präventives Werkzeug

Im dargestellten Beispiel wird dem Hersteller der Federkraftbremse ein häufig auftretendes, lautes Bremsgeräusch gemeldet. Um eventuellen Kundenreklamationen vorzubeugen, leitet er entsprechende Abstellmaßnahmen ein. Zunächst startet er eine Fehleranalyse und bestimmt anhand der Informationen aus dem Service das Fehlerbild. Darüber hinaus wird mit Hilfe des wissensbasierten Ansatzes von CAFA untersucht, ob in der Vergangenheit schon einmal ein lautes Bremsgeräusch aufgetreten ist und wie reagiert wurde. Um diesen Prozeß möglichst benutzerfreundlich zu gestalten, sind in CAFA die Fehler in hierarchischen Baumstrukturen dargestellt (Bild 5.5). Hierdurch lassen sich aufgetretene Fehler sehr effizient bestimmen.

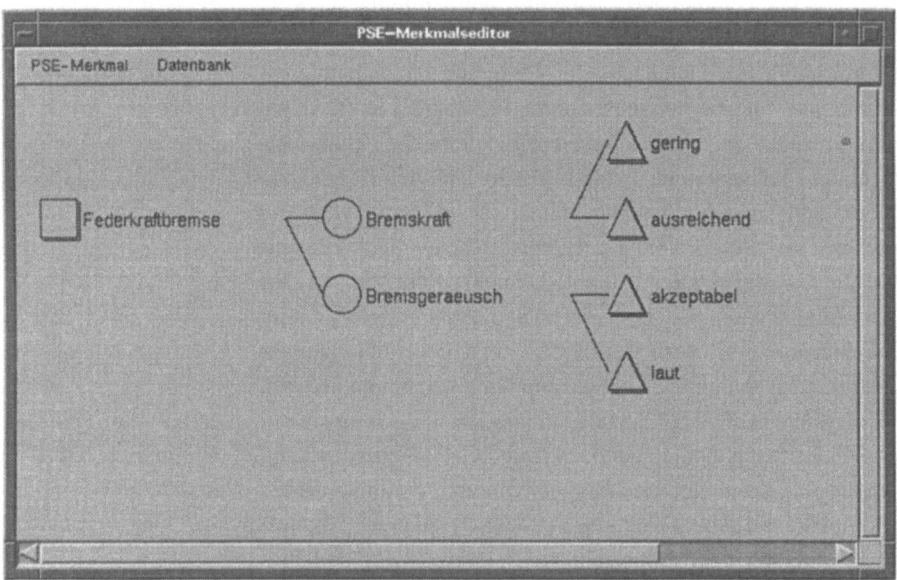

Bild 5.5: Fehlerbaum

Im vorliegenden Fall hat man bei der Erstellung der Fehler-
bäume berücksichtigt, daß ein Fehler "lautes Bremsgeräusch" prinzipiell auftreten kann. Da aber ein solches Problem in der Praxis bisher noch nicht aufgetreten ist, hat man
noch keine Fehleranalyse durchgeführt, um die Ursachen zu
bestimmen.

Fehlerbild
analysieren

Bei der Ermittlung der Fehlerursachen kommt ein weiteres Teilsystem ins Spiel: Der Kausalprozessor, mit dessen
Hilfe sich Zusammenhänge unterschiedlichster Art beschreiben lassen.

Der Kausalprozessor enthält einen Datenpool von Ursa-
che-Wirkungszusammenhängen, die aus allen Unternehmensbereichen stammen. Jeder entdeckte Zusammenhang
wird diesem System bereitgestellt und in die dort bereits
vorhandenen Strukturen eingebunden. Durch die Verknüpfung von unterschiedlichen Zusammenhängen kann der
Kausalprozessor neue Ursache-Wirkungsketten erzeugen.
Die Wissensbasis bleibt somit immer auf dem neuesten
Stand, da alle Informationen in die bestehenden Strukturen
eingebaut werden (Bild 5.6).

Der Kausalprozessor:
Informationen über
Ursache-Wirkungs-
zusammenhänge

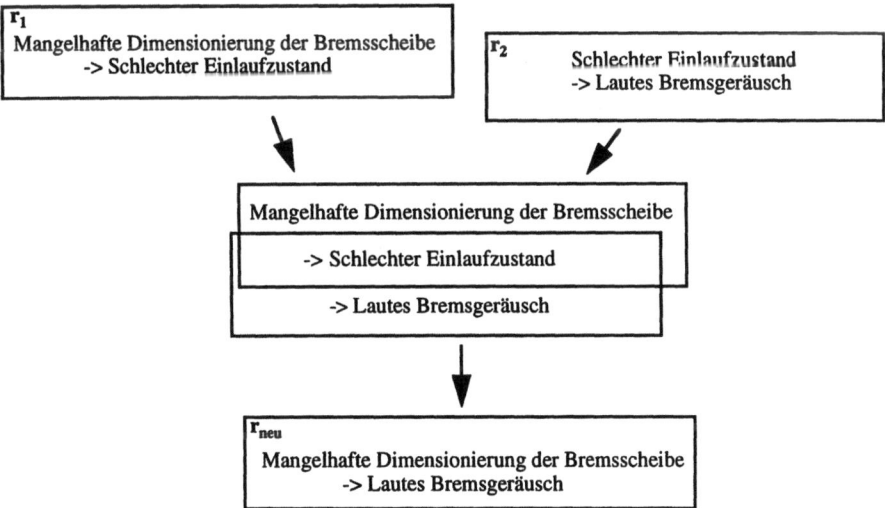

Bild 5.6: Ursache-Wirkungsketten

Fehlerursachen be-
stimmen

Die Suche nach wahrscheinlichen Ursachen wird von einer Schlußfolgerungskomponente durchgeführt, die eine Liste von möglichen Ursachen bzw. Wirkungen erzeugt. Die Wahrscheinlichkeit, daß ein bestimmter Fehler auch tatsächlich auf eine ermittelte Ursache zurückzuführen ist, wird durch die "Übergangswahrscheinlichkeit" beschrieben.

Wahrscheinlichste
Fehlerursache ermit-
teln

Für das eingangs beschriebene Fehlerbild (lautes Bremsgeräusch) übermittelt der Kausalprozessor an CAFA eine Liste mit möglichen Fehlerursachen. In diesem Fall: Mangelhafte Dimensionierung der Bremsscheibe, schlechter Einlaufzustand, Bremsbelagsorte und Lagerschaden an der Antriebswelle. Mit Hilfe des CAFA-Systems werden in einem weiteren Schritt statistische Berechnungen zur Ermittlung der wahrscheinlichsten Fehlerursache durchgeführt. In diesem Beispiel bestätigt CAFA den Servicetechniker, der die Ursache der lauten Bremsgeräusche in einer falsch dimensionierten Bremsscheibe vermutet hatte.

Geeignete Maß-
nahmen einleiten

Für die ermittelten Ursachen bestimmt CAFA mögliche fehlerbehebende Maßnahmen, bewertet sie mittels statistischer Berechnungen hinsichtlich ihrer Wirksamkeit und schlägt die am besten geeigneten vor. Die Entscheidung über die letztendlich umzusetzenden Maßnahmen trifft aber nicht CAFA, sondern ein interdisziplinäres Fehleranalyse-Team. Durch die Aufbereitung und Bereitstellung von qualitätsrelevantem (Erfahrungs-) Wissen leistet CAFA einen wichtigen Beitrag zur Vorbereitung und Durchführung des Prozesses der Entscheidungsfindung.

Aufgrund der Ergebnisse der Fehleranalyse trifft im vorliegenden Beispiel das Fehleranalyse-Team die Entscheidung, daß eine grundlegende Produktüberarbeitung erforderlich ist.

5.3   Produktgestaltung mit der QFD-Methode

dacapo wird durch
Informationen aus
anderen Systemen
unterstützt.

Auf Beschluß des Fehleranalyse-Teams wird die Entwicklungsabteilung beauftragt, die Federkraftbremse zu überarbeiten und insbesondere bei der Spezifikation der Bremsscheibe die Bremsgeräuschentwicklung zu berücksichtigen. Die Änderungskonstruktion wird durch die QFD-Methode unterstützt, wobei das System dacapo zum Einsatz kommt.

Dabei nutzt dacapo insbesondere die Informationen aus den Systemen WiFEA und CAFA.

Bei jeder Produktentwicklung entstehen in den ersten Phasen unterschiedliche Ideen für Lösungsansätze. Eine wesentliche Aufgabe im Konstruktionsprozeß ist die Auswahl der letztlich zu realisierenden Produktidee aus der Menge aller möglichen Lösungen. Hier werden methodische Hilfsmittel benötigt, die diesen Prozeß systematisch unterstützen.

Methodische Unterstützung für die Produktentwicklung

Für die Anwendung der QFD-Methode wird ein interdisziplinäres Team gegründet. Die Verteilung der Aufgaben innerhalb des Teams wird bei der konstituierenden Sitzung festgelegt (Bild 5.7).

Interdisziplinäres QFD-Team

Bild 5.7: QFD-Teamsitzung

*Effizientere
Produktentwicklung*

Zur Vorbereitung der QFD-Sitzung beschafft sich der Teamleiter die bereits vorhandenen relevanten Planungsdaten des zu modifizierenden Produktes mit Hilfe von dacapo. Da die generelle Gestalt- und Funktionsstruktur nicht unbedingt verändert werden soll, lassen sich diese Daten als Basis für die weiteren Entwicklungsaktivitäten heranziehen. Dies führt zwar zu einer Einschränkung der Lösungsmöglichkeiten, hat aber den Vorteil, daß der Entwicklungsprozeß erheblich beschleunigt werden kann.

*Wirkungsvolle Vor-
und Nachbereitung
der QFD-Sitzungen*

Die im Rahmen mehrerer Sitzungen des QFD-Teams erarbeiteten Ergebnisse fließen in das dacapo-System ein. Dort werden sie einer Plausibilitäts- und Konsistenzprüfung unterzogen, dokumentiert und archiviert. Somit unterstützt dacapo mit Hilfe wissensbasierter Methoden die effektive Vor- und Nachbereitung der QFD-Sitzungen.

*Kontinuierliche und
zügige Projektbear-
beitung vorteilhaft*

Eine Abschätzung des benötigten Ressourcenbedarfs für die Anwendung der QFD-Methode ergibt, daß für die Überarbeitung der Federkraftbremse bei einer zurückhaltenden Einschätzung insgesamt 400 Mitarbeiterstunden aufgewendet werden müssen. Eine kontinuierliche und zügige Projektbearbeitung erweist sich nach den gesammelten Erfahrungen als sinnvoll, um bei der relativ hohen Anzahl an Dokumenten die Übersicht nicht zu verlieren. Bei der Aufwandsabschätzung muß berücksichtigt werden, daß die ausgewählte Lösung vom Konstruktionsprinzip her bekannt war und nur eine geringfügige Modifikation des bestehenden Produktes erforderte. Die Anwendung der QFD-Methode während der Entwicklung eines völlig neuartigen Produktes erfordert sicherlich einen höheren Ressourcenbedarf.

*Dem hohen Aufwand
steht ein adäquater
Nutzen gegenüber*

Zum Abschluß des Projektes beurteilten die QFD-Teammitglieder die Anwendung der QFD-Methode. Die erhaltene Einschätzung verdeutlicht, daß dem hohen zu investierenden Aufwand ein adäquater Fortschritt gegenübersteht. Der hohe Ressourcenbedarf, die fehlende Kostenbetrachtung, das schwer abschätzbare Kosten-/Nutzen-Verhältnis und die notwendige Rechnerunterstützung begrenzen den wirtschaftlichen Einsatzbereich der QFD-Methode. Dem stehen Vorteile, wie die systematische Vorgehensweise und der Zwang zur Teamarbeit, die zu einer Konzentration und Dokumentation des Fachwissens führen, gegenüber. Die konsequente Berücksichtigung der Kunden-

anforderungen und die Durchgängigkeit von der Produktplanung bis zur Produktrealisierung sind weitere Merkmale
der QFD-Methode, die ihren Einsatz rechtfertigen.

Abschließend kann festgestellt werden, daß die von dacapo unterstützte QFD-Methode primär als Werkzeug zur
Problembeschreibung und nicht zur Problemlösung angesehen werden muß. Durch die Anwendung der QFD-Methode
können neue Erkenntnisse vermittelt werden, indem vorhandene Informationen während des Konstruktionprozesses
zielorientiert aufbereitet und zur Verfügung gestellt werden.
Erst durch eine Anpassung des QFD-Prozesses an die betrieblichen Bedürfnisse und die Verknüpfung mit weiteren
QM-Methoden lassen sich jedoch die Potentiale voll aus-
schöpfen. In diesem Zusammenhang ist auch die wissensbasierte Unterstützung der QFD-Methode zweckmäßig. Ein
Ersatz für Kreativität und Intuition ist die QFD-Methode
nicht, vielmehr gibt sie die Vorgehensweise bei der Entwicklung kundengerechter Produkte im Team vor.

*Die von dacapo un-
terstützte QFD-
Methode bereitet
Informationen anfor-
derungsgerecht auf*

5.4 Wissensbasierte SVM – ein Beitrag zur Produktoptimierung

Die bei der QFD-Anwendung ermittelten wichtigen Produktmerkmale bilden die Grundlage für die weitere technische Optimierung der Federkraftbremse. Im Rahmen der
Neuentwicklung steht die Optimierung der Bremsscheibe
und des Bremsbelages im Vordergrund. Das Zusammenwirken beider Bauteile beeinflußt wesentlich die zu optimie-
renden Zielgrößen Verschleißverhalten und Geräuschentwicklung. Um die Eigenschaften der Bauteile optimal aufeinander abzustimmen, werden mehrere Versuchsreihen
durchgeführt (Bild 5.8).

*Technische Optimie-
rung der Federkraft-
bremse durch Statisti-
sche Versuchsmetho-
dik (SVM)*

Da solche Versuchsreihen i.d.R. zeitaufwendig und damit
kostenintensiv sind, wird versucht, mit Hilfe der statistischen Versuchsmethodik (SVM) den Aufwand zu minimie-
ren. Die im Rahmen der SVM anfallenden Planungsaufgaben werden mit Hilfe des Softwareprototypen CaDoX bearbeitet.

*Projektbearbeitung in
Teamsitzungen unter
Einsatz von CaDoX*

Reduzierung des Ver-
suchsaufwandes
durch Abschätzung
von Zusammenhängen

Um die relevanten Ziel- und Einflußgrößen zu erfassen, wird in mehreren Teamsitzungen zunächst eine detaillierte Systemanalyse durchgeführt. Diese erfolgt auf Grundlage einer Produkt- und Prozeßbeschreibung. Neben teamorientierten Hilfsmitteln wie Brainstorming und Ishikawa-Diagramm wird CaDoX eingesetzt. Mit Hilfe des EDV-Systems werden die ermittelten bzw. abgeschätzten Korrelationen zwischen den Ziel- und Einflußgrößen, sowie die bekannten oder vermuteten Wechselwirkungen in Form graphischer Symbole in Tabellen eingetragen. Im dargestellten Beispiel wurden in dieser Projektphase allein für die Zielgröße "Geräuschentwicklung" mehr als 20 unmittelbare Einflußgrößen ermittelt. Die erfaßten Zusammenhänge werden dazu verwendet, den erforderlichen Versuchsaufwand zu reduzieren. Umfassende Versuche, bei denen jeweils alle Einflußgrößen variiert werden, stellen einen immensen Aufwand dar.

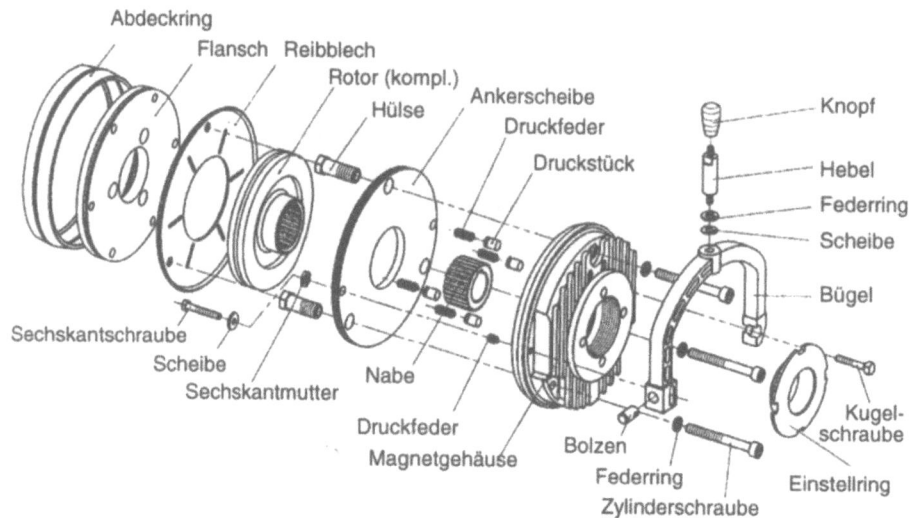

Bild 5.8: Schnittbild der Federkraftbremse

Daher werden durch das Projektteam mit Unterstützung von CaDoX die Ziel- und Einflußgrößen, die anschließend im Versuch betrachtet werden sollen, eingegrenzt. CaDoX unterstützt neben der Vor- und Nachbereitung der Teamsitzungen auch die Auswahl und Erstellung geeigneter Versuchspläne aufgrund festgelegter Randbedingungen. Die Randbedingungen sind im betrachteten Beispiel die Anzahl der zu untersuchenden Einflußgrößen, die Anzahl der Faktorstufen auf denen die Einflußgrößen variiert werden und die bekannten oder vermuteten Zusammenhänge. Die endgültige Auswahl eines Versuchsplans bleibt dem Programmanwender oder dem Projektteam vorbehalten.

Ermittlung geeigneter Versuchspläne durch CaDoX

Im vorliegenden Fall wird das Bremsgeräusch von Einflußgrößen wie Oberflächenrauheit, Form- und Lagetoleranzen, Planlauf, Rechtwinkligkeit, Eigenschwingungsverhalten etc. beeinflußt. Um die weiteren Betrachtungen zu vereinfachen, insbesondere bei der XSPC, beschränkt sich dieses Fallbeispiel auf die Merkmale "Oberflächenrauheit" und "Rechtwinkligkeit".

Auf Grundlage der Versuchspläne werden die Versuche systematisch durchgeführt und ausgewertet (Bild 5.9). Die Interpretation der Versuchsergebnisse zeigt u.a., daß die vom Servicetechniker beobachtete Geräuschentwicklung vor allem von der Oberflächenrauheit und der Rechtwinkligkeit der Bremsscheibe abhängt. Die bei der Versuchsdurchführung gewonnenen Erkenntnisse führten zu einer technischen Veränderung der Federkraftbremse. Diese Informationen werden zurück an den Servicetechniker gemeldet.

Technische Verbesserung der Federkraftbremse

5.5 Erweiterte Statistische Prozessregelung (XSPC)

Zur Sicherstellung der Produktqualität soll nun der Herstellungsprozeß der Bremsscheibe mit der Erweiterten Statistischen Prozeßregelung (Extended Statistical Process Controll XSPC) überwacht werden. Mit der klassischen SPC ließen sich bisher nur Prozesse überwachen und regeln, deren Qualität anhand eines Merkmals des erzeugten Produktes beurteilt werden kann. Dadurch war das Einsatzspektrum sehr eingeschränkt.

Grenzen der klassische SPC

Bild 5.9: Prüfstand

Erweiterte SPC be-
rücksichtigt Abhän-
gigkeiten zwischen
Merkmalen

Um die Bremsgeräuschentwicklung wirkungsvoll zu reduzieren, dürfen die Merkmale "Oberflächenrauheit" und
"Rechtwinkligkeit" nicht isoliert voneinander betrachtet
werden. Das eigentlich interessierende Qualitätsmerkmal
"Bremsgeräusch" läßt sich erst durch die gemeinsame Betrachtung beider Merkmale beurteilen. Die gemeinsame
Überwachung mehrerer Merkmale ist nun mit der Erweiterten Statistischen Prozeßregelung möglich.

XSPC erlaubt größere
Toleranzbereiche

Werden im Produktionsprozeß die Merkmale unabhängig
voneinander überwacht, ist es erforderlich, die Toleranzgrenzen sehr eng zu ziehen. Dies ist darauf zurückzuführen,
daß die Toleranzgrenzen des einen Merkmals so festgelegt
werden müssen, daß auch bei einer extremen Ausprägung
des anderen Merkmals eine minimale Bremsgeräuschentwicklung erreicht wird (Bild 5.10).

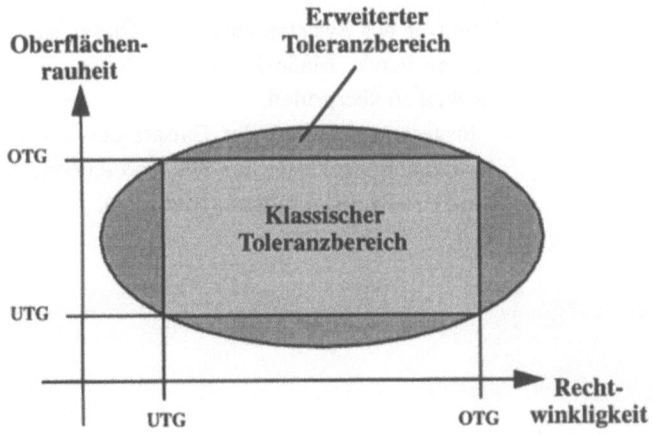

Bild 5.10: Toleranzgrenzen – klassisch und erweitert

Betrachtet man die Merkmale dagegen gemeinsam, ist es möglich, die jeweilige Lage der korrelierenden Merkmale zu berücksichtigen. Die dabei auftretenden Kompensationseffekte erlauben es, die Toleranzen in bestimmten Grenzen auszuweiten.

Mit Hilfe der 3-dimensionalen Darstellung können Prozeßveränderungen in beiden Dimensionen auf einen Blick erkannt werden. Zudem analysiert die Interpretationskomponente die Prozeßverläufe und weist den Benutzer frühzeitig auf Prozeßveränderungen hin. *Effektive Prozeßüberwachung*

Der entscheidende Vorteil des XSPC-Systems ergibt sich jedoch durch die Integration in das WibQuS-Gesamtsystem. Ohne den Einsatz einer Fehleranalysekomponente muß der Prozeß beim Auftreten eines schwerwiegenden Fehlers angehalten und eine intensive und aufwendige Fehleranalyse mit allen am Prozeß beteiligten Personen durchgeführt werden. Dies verursacht in der Praxis erhebliche Ausfallzeiten und Fehlerkosten. *Erweiterte Funktionalität durch Integration*

Wird bei Anwendung des XSPC-Systems ein Fehler erkannt, so wird eine Anfrage mit allen benötigten Zusatzinformationen über den Quality Trader an das Fehleranalysesystem geschickt. Dieses bearbeitet die Anfrage und bestimmt mit Unterstützung des Kausalprozessors die Fehlerursache und legt geeignete Abstellmaßnahmen fest. Die Ergebnisse werden dem XSPC-System übermittelt und dem

Benutzer des Systems angezeigt. Dieser ist so in der Lage entsprechende Maßnahmen einzuleiten und deren Wirksamkeit zu überprüfen.

Insgesamt erweitert der Einsatz des XSPC-Systems das Anwendungsspektrum der SPC und unterstützt die Analyse von Prozeßveränderungen (Bild 5.11).

Bild 5.11: Fertigung einer Komponente

5.6   Integration der Teilsysteme

Effektiver Informationsaustausch

Die vorangegangenen Ausführungen haben gezeigt, wie ausgehend von den Anregungen des Servicetechnikers eine Produktmodifikation veranlaßt wird. Verschiedene wissensbasierte Systeme unterstützen den Entwicklungsprozeß in verschiedenen Phasen wirkungsvoll und tragen wesentlich dazu bei, die Entwicklungszeit zu verkürzen. Dies ist nicht zuletzt darauf zurückzuführen, daß vorhandene qualitätsrelevante Informationen zwischen den Teilsystemen effektiv ausgetauscht und mehrfach genutzt werden. Der hierfür erforderliche Informationsaustausch wird durch den Quality Trader realisiert. Die Funktionsweise dieses Systems soll im folgenden skizziert werden.

Ein Teilsystem kann benötigte Informationen, über die es nicht verfügt, über den Quality Trader anfordern. Das Teilsystem richtet eine entsprechende Anfrage an den Quality Trader, die dort in eine Datenbankanfrage (SQL-Statement) umgesetzt wird. Der Quality Trader verfügt über Informationen, ob und ggf. wo die angeforderten Information zu finden sind. Existieren entsprechende Informationsquellen, so beschafft der Quality Trader die gewünschten Informationen und leitet sie umgehend an das anfragende Teilsystem weiter. Der Vorteil dieser Vorgehensweise liegt darin, daß die einzelnen Teilsysteme nicht wissen müssen, wo die einzelnen Informationen verfügbar sind und mit welchen spezifischen Datenbankabfragen sie dort abgerufen werden können. Durch diesen Ansatz können verschiedenste, räumlich verteilte Datenbanksysteme einfach miteinander verknüpft werden.

Welcher Nutzen für das Qualitätsmanagement durch WibQuS erzielt werden kann und wie die Systeme weiterentwickelt werden sollen, wird im nächsten Kapitel beschrieben.

Nutzung verteilter Informationen

6 Ausblick

Walter Eversheim, Markus Müller, Fraunhofer-Institut für Produktionstechnologie IPT, Abteilung Planung und Organisation, Steinbachstraße 17, 52064 Aachen

Tilo Pfeifer, Rolf Flamm, Fraunhofer-Institut für Produktionstechnologie IPT, Abteilung Meß- und Qualitätstechnik, Steinbachstraße 17, 52064 Aachen

6.1 Ergebnisse - Nutzen für das Qualitätsmanagement

Kundenerwartungen müssen durchgängig im gesamten Produktlebenszyklus berücksichtigt werden.

Die Unternehmen sind gefordert, die Produkte unter Nutzung aller Optimierungspotentiale zu verbessern, da nur so eine langfristige Konkurrenzfähigkeit gewährleistet ist. In diesem Zusammenhang stellt es einen entscheidenden Wettbewerbsfaktor dar, die Kundenerwartungen zu erfüllen. Die konsequente Umsetzung von Kundenwünschen hat folglich bei allen Fragestellungen höchste Priorität. Zunächst ist hierfür eine sorgfältige Untersuchung der Kundenerwartungen notwendig. Anschließend gilt es, die erhaltenen Informationen durchgängig bei Entscheidungsfindungen während des Produktlebenszyklus zu berücksichtigen.

Aufgrund der steigenden Komplexität und Variantenanzahl der Produkte und des zunehmenden Datenaufkommens bezüglich der Kundenanforderungen ergibt sich eine Fülle zu verarbeitender Informationen. Diese müssen kurzfristig verfügbar sein, da Zeit einen bedeutenden Wettbewerbsfaktor darstellt. Die Spezialisierung der Abteilungen dezentralisiert die Unternehmensaktivitäten und führt zu Distanzen, deren Überbrückung hohe Anforderungen an die Informationsübertragung stellt. Die Verdichtung und rechtzeitige Bereitstellung des benötigten Wissens wird schwieriger und kann durch den Einsatz wissensbasierter Systeme erleichtert werden.

Steigende Produktkomplexität und Dezentralisierung von Unternehmensaktivitäten stellen hohe Anforderungen an die Informationsübertragung

Ein erfolgreiches Qualitätsmanagement basiert in erster Linie auf einem geeigneten Informationsmanagement. Der Erfolg wichtiger Werkzeuge im Qualitätsmanagement, wie z.B. Quality Function Deployment (QFD) in der Qualitätsplanung oder Statistische Prozeßregelung (SPC) in der Prozeßüberwachung, steht in direktem Zusammenhang mit der Qualität und der Vollständigkeit der eingebrachten Informationen. Hierbei erleichtern "intelligente" wissensbasierte Informationssysteme das Verstehen der Methode und führen durch eine gezielte Informationsbereitstellung zu besseren Resultaten.

Wissensbasierte Informationssysteme unterstützen ein erfolgreiches Qualitätsmanagement

Bei herkömmlichen CAx-Systemen werden dem Menschen Überlegungen und Gedankengänge häufig abgenommen. Der Erfolg moderner Qualitätsmanagementmethoden beruht jedoch unter anderem auf erfolgreicher Teamarbeit. Aufgabeninhalte müssen früh Personen, Teams oder einem Rechner nach detaillierter betrieblicher Analyse sinnvoll zugeteilt werden. Der Benutzer des technischen Systems darf dabei nicht nur Automatisierungslücken bearbeiten. Die Nutzung wissensbasierter Systeme soll den Menschen nicht ersetzen, sondern hilft, Informationen systematisch zu verarbeiten und gibt Ideen, die es erleichtern, Daten sinnvoll zu nutzen. Das Know-how verschiedener Fachbereiche wird zusammengeführt und anderen Unternehmensbereichen zur Verfügung gestellt. Die Entscheidungsfindung bei bestimmten Problemstellungen wird den beteiligten Personen nicht abgenommen, sondern die Sachlage wird transparenter dargestellt.

Kein technisches System kann den Menschen vollständig ersetzen

Die realisierten wissensbasierten Teilsysteme ermöglichen einen erfolgreichen Einsatz von Qualitätsmanagementmethoden

Die Anwendung der Qualitätsmanagementmethoden wird durch die realisierten Teilsysteme wirkungsvoll unterstützt. Wissensbasierte Systeme reduzieren den oft mit hohem Aufwand verbundenen Einsatz derartiger Methoden. Gleichzeitig sind die Ergebnisse durch einen großen Umfang an bereitgestellten Informationen besonders aussagekräftig und werden durch die systematisierte Auswertung übersichtlicher dargestellt. Die Vorbereitung des Einsatzes der Qualitätsmanagementmethoden wird durch die Bereitstellung bereits vorhandener Informationen unterstützt. Eine ebenfalls wissensbasierte Auswertung der aktuellen Ergebnisse ermöglicht eine ständige Überprüfung der Zusammenhänge, z.B. mittels Algorithmen, und gewährleistet, daß alle betroffenen Personen informiert sind.

6.2   Autonomie versus Integration

Der Quality Trader: Ein zukunftsweisendes Lösungskonzept zum Informationsaustausch in verteilten Umgebungen

Die Schnittstelle zwischen den verteilten Systemen, die jeweils eine bestimmte Qualitätsmanagementmethode unterstützen, stellt der Quality Trader dar. Die verteilte Architektur des Quality Trader Konzeptes orientiert sich nicht an hierarchischen Strukturen, sondern unterstützt vielmehr ein geschäftsprozeßorientiertes Qualitätsmanagement. Die Informationsmodellierung erfolgt angepaßt an die Aufgaben bzw. Prozesse, die mit geordneten Informationsflüssen durch die einzelnen Teilsysteme unterstützt werden sollen. Die jeweiligen Teilsysteme sind für die Sammlung, Verwaltung und Aufbereitung von Informationen verantwortlich. Weiterhin wird in den Teilsystemen entschieden, welche Informationen sie nach außen zur Verfügung stellen. Die Einbindung des Konzeptes in bestehende Software- und Hardwarelösungen wird durch die Nutzung von Standardkonzepten wie SQL-Datenbanken und durch das Internet-Protokoll erleichtert. Der Quality Trader kennt die verfügbaren Informationen und deren Struktur. Durch diese zentrale Instanz wird der Kommunikationsaufwand reduziert und die Suche nach Informationen beschleunigt.

Autonome Teilsysteme erlauben eine problemlose Einführung einzelner Lösungen

Der modulare Aufbau des wissensbasierten Gesamtsystems gestattet jederzeit einen stufenweisen Ausbau. Die Autonomie der einzelnen Teilsysteme erlaubt eine problemlose Einführung einzelner Lösungen und eine Erweiterung um zusätzliche Lösungen. Das Quality Trader Konzept ermöglicht die Aufnahme mit systemweit verwendeten Datenstrukturen, wobei die Standardisierung es vereinfacht, neue Informationen technisch anzukoppeln und einzubetten. Die sprachliche Standardisierung wurde durch eine begriffliche Übereinkunft auf Prozeßebene realisiert. Vor diesem Hintergrund stehen alle vom Quality Trader angebotenen Kommunikations- und Suchmechanismen sofort zur Verfügung.

6.3 Ausblick - Was liegt vor uns?

Bei der Konzeption der einzelnen wissensbasierten Systeme und deren Integration stand die mittelfristige Umsetzbarkeit der Ergebnisse in praktische Anwendungen im Vordergrund. Durch die Entwicklung von Softwareprototypen, die wesentliche Teile des konzeptionell vorgesehenen Umfangs abdecken, besteht die Basis für die schnelle Entwicklung marktreifer Produkte durch die Softwareindustrie.

Die Ergebnisse der Grundlagenforschung bereiten bereits mittelfristig den Weg zur Anwendung

Die Konzepte der einzelnen Teilsysteme sehen neben dem integrierten Einsatz auch eine autonome Anwendung eines jeden Teilsystems vor. Damit besteht für Softwarehäuser, die ein marktreifes Softwareprodukt realisieren wollen, die Möglichkeit der sequentiellen Erstellung einzelner Teilmodule. Diese können unabhängig voneinander auf dem Markt angeboten werden. Die Stärke des Gesamtkonzeptes kommt aber erst dann zum Tragen, wenn auch das Integrationskonzept realisiert wird. Idealerweise sollten in diese Integration möglichst viele Qualitätsmanagementmethoden einbezogen werden.

Realisierung von Teilsystemen als marktfähige Produkte kann schon jetzt beginnen

Durch die vorliegenden Softwareprototypen werden wichtige Qualitätsmanagementmethoden unterstützt. Das modulare Konzept erlaubt eine Erweiterung um zusätzliche Teilmodule, die neue Methoden unterstützen. Wird ein neues Modul ergänzt, so können aufgrund des flexiblen Trader-Konzeptes auf einfache Art und Weise zusätzliche Anfragerelationen, die dem Informationsaustausch zwischen den Teilsystemen dienen, integriert werden. Der erforderliche Anpassungsaufwand für die anderen Teilsysteme kann auf ein Minimum reduziert werden.

Neue Methoden sind problemlos integrierbar

Unternehmen werden bei der Einführung ausgewählter Methoden unterstützt

Die Einführung neuer Qualitätsmanagementmethoden in einem Unternehmen kann durch die einzelnen Teilsysteme unterstützt werden. Jedes Teilsystem kann um ein Schulungsmodul zur Vermittlung unterschiedlichen Wissens, wie z.B. Wissen zur Anwendung der Methode oder zur Anwendung des Systems, ergänzt werden.

Das Konzept zur Informationsvermittlung: Vielfältige Kommunikationsprobleme der betrieblichen Praxis bei heterogenen Systemen werden lösbar

Viele datentechnische Kommunikationsprobleme in der betrieblichen Praxis sind auf den Einsatz heterogener Systeme zurückzuführen. Ein wechselseitiger Informationsaustausch bei herkömmlichen Systemen ist in den seltensten Fällen problemlos realisierbar. Dies hat die Konsequenz, daß vielfach Daten manuell übertragen werden müssen oder in anderen Bereichen erst gar nicht zur Verfügung stehen. Das entwickelte Trader-Konzept zur Informationsvermittlung schafft die Basis zur Überwindung solcher Defizite. Ein Einsatz heterogener Systeme stellt somit kein Hindernis mehr dar. Das entwickelte Produkt- und Prozeßmodell bildet eine ausbaufähige Grundlage für den Informationsaustausch unterschiedlicher Systeme.

Die Systemeinführung muß Ansätze zur Mitarbeiterbeteiligung und Qualifizierungskonzepte berücksichtigen

Die Rolle der Softwareergonomie muß neu überdacht werden. Wurde diese in vielen Fällen – entgegen ihrer eigentlichen Intention - mit der Gestaltung von Benutzerschnittstellen gleichgesetzt, so müssen ihre Aufgaben zukünftig wesentlich stärker vor dem Hintergrund der Realisierung menschengerechter Arbeit gesehen werden. Das heißt, neben eher technischen Fragestellungen, die beispielsweise die Gestaltung von Bildschirmmasken betreffen, sind zukünftig noch stärker organisatorische (z.B. Ansätze zur Mitarbeiterbeteiligung) und personelle Fragestellungen (z.B. Qualifizierungskonzepte) aufzugreifen.

Softwarequalität sollte daran gemessen werden, wie gut der Benutzer unterstützt wird

Vor dem oben skizzierten Hintergrund kann sich auch die Gewichtung von Qualitätskriterien für Softwaresysteme ändern. Ergonomisch gestaltete Bildschirmmasken und einwandfreie Funktionalität sind Grundvoraussetzungen, die jedes Softwaresystem erfüllen muß. Ein Wettbewerbsvorteil für Softwareanbieter läßt sich durch die Erfüllung dieser Anforderungen jedoch nicht erzielen, da sie als "Minimalanforderungen" anzusehen sind, denen auf jeden Fall zu entsprechen ist. Entscheidend für die Konkurrenzfähigkeit von Softwareprodukten ist, wie gut ein Softwaresystem den Arbeitenden bei seinen Arbeitsaufgaben unterstützt und wie es sich in betriebliche Abläufe integrieren läßt. In diesem

Zusammenhang gewinnen dann auch Serviceleistungen, wie zielgerichtete Qualifizierung der Betroffenen und ganzheitliche Evaluation rechnerunterstützter Arbeitssysteme, zunehmend an Bedeutung.

7 Literatur

[AND74]   **Anderson, V.; Mc Lean, R.:** *Design of Experiment.* Marcel Dekker, Inc., New York, 1974

[AKA92]   **Akao, Y.:** *QFD - Quality Function Deployment.* Wie die Japaner Kundenwünsche in Qualitätsprodukte umsetzen, Landsberg/Lech: Verlag moderne Industrie, 1992

[AUG88]   **Auge, J. A.:** *Automatisierung der Off-line-Programmierung von Koordinatenmeßgeräten.* Aachen, 1988

[BAI89]   **Baitsch, C.; Katz, C.; Spinas, P.; Ulich, E.:** Computerunterstützte Büroarbeit, ein Leitfaden für Organisation und Gestaltung, Zürich 1989

[BLÄ87]   **Bläsing, P.:** Die rechnerunterstützte Prüfplanung. Stuttgart, 1987

[BOU94]   **Bourgonjon, R.:** zitiert in Gibbs, W.: *Software: Chronisch mangelhaft.* Spektrum der Wissensschaft 12, 1994, S. 56-63

[BOU93]   **Bourdon, R.; Ehrenstein G. W.:** *Prozeßrobustheit beim Spritzgießen optimieren.* QZ 38 (1993) 2, Carl Hanser Verlag, München, 1993

[BRO89]   **Brown, J.R.; Cunningham, S.:** Programming the Users Interface, Principles and Examples, New York, 1989

[BOX78]   **Box, G.E.P.; Hunter, W.G.; Hunter, J.S.:** *Statistics for Experimenters - An Introduction to Design, Data Analysis and Model Building.* John Wiley & Sons, New York (USA), 1978

[CAT93]   **Cattell, R.G.G.:** *The Object Database Standard: ODMG-93.* Morgan-Kaufmann, 1993

[DGQ87]   **DGQ-Schrift Nr. 14-20:** *Rechnerunterstützung in der Qualitätssicherung.* Beuth, Berlin, 1987

[DIN81a]   **n.n.:** *DIN 66234 Teil 3, Bildschirmarbeitsplätze - Gruppierung und Formatierung von Daten.* Berlin 1981

[DIN81b]   **n.n.:** *Beiblatt 1 zu DIN 66234 Teil 3, Bildschirmarbeitsplätze - Gruppierung und Formatierung von Daten - Hinweise und Beispiele.* Berlin, 1981

[DIN81c]   **n.n.:** *DIN 66234 Teil 5, Bildschirmarbeitsplätze - Codierung von Informationen.* Farbkombinationen, Berlin, 1981

[DIN88]   **n.n.:** *DIN 66234 Teil 8, Bildschirmarbeitsplätze - Grundsätze ergonomischer Dialoggestaltung.* Berlin, 1988

[DIN89]   **n.n.:** *DIN 66234 Teil X, Bildschirmarbeitsplätze - Funktionen zur Dialogsteuerung.* Entwurf 12/1989

[DRE93]   **Dreyer, H.; Malig, H.-J.:** *Statistische Versuchsmethodik.* 2. Auflage, Q-DAS GmbH, Birkenau, 1993

[DRU91]   **Drucker, P.F.:** *So funktioniert die Fabrik von morgen.* Harvard Manager 1991, S. 8-17

[DUN93]   **Dunckel, H.; Volpert, W.; Zölch, M.; Kreuter, U.; Pleiss, C.; Hennes, K.:** Kontrastive Aufgabenanalyse im Büro - Der KABA-Leitfaden, Grundlagen und Manual, Stuttgart, Zürich, 1993

[EVE95]   **Eversheim, W.; Bochtler, W.; Laufenberg, L.:** *Simultaneous Engineering.* Von der Strategie zur Realisierung, Erfahrung aus der Industrie für die Industrie, Springer-Verlag, Berlin, Heidelberg, 1995

[FIS35]   **Fisher, R.A.:** *The Design of Experiments.* Oliver & Boyd, Edinburgh, 1935

[FLA94]   **Flamm, R.:** *Statistische Versuchsmethodik zur Produkt- und Prozeßoptimierung.* VDI Berichte, Nr. 1106, Wege zum erfolgreichen Qualitätsmanagement in der Produktentwicklung, 1994

[FRI93]   **Frieling, E.; Facaoaru, C.; Benedix, J.; Pfaus, H.; Sonntag, K.**: Das Tätigkeits-Analyse-Inventar (TAI) - Theorie Auswertung Praxis - Handbuch und Verfahren, Landsberg, 1993

[GIM91]   **Gimpel, B.**: *Qualitätsgerechte Optimierung von Fertigungsprozessen.* Dissertation RWTH Aachen, VDI-Verlag, Düsseldorf, 1991

[GIM93]   **Gimpel, B.**: *Optimierung durch Versuchsmethodik.* Produktionsautomatisierung 3, 1993

[HAC86]   **Hacker, W.**: *Arbeitspsychologie.* Berlin (Ost), 1986

[HAR87]   **Hart, H.; Lotze, W.; Woschni, E. G.**: *Meßgenauigkeit.* VEB Verlag Technik, Berlin, 1987

[HAR89]   **Harmon, P.; King, D.**: *Expertensysteme in der Praxis.* 3. Aufl., München, Wien, 1989, S. 220 ff.

[HAR94]   **Hartung, S.**: *Methoden des Qualitätsmanagements für die Produktplanung und -entwicklung.* Shaker-Verlag, Aachen, 1994

[HEC86]   **Heckerman, D.**: *Probabilistic Interpretations for MYCIN's Certainty Factors.* In Uncertainty in Artificial Intelligence, ed. L.N.Kanal and J.F.Lemmer, Amsterdam, North-Holland (1986), pp. 167-196

[ISO90a]   **n.n.**: *ISO/IEC 10027: Information Technology - Information Resource Dictionary System (IRDS) - Framework.* ISO/IEC International Standard, 1990

[ISO90b]   **n.n.**: *ISO 9241 Part 10: Ergonomic Dialogue Design Criteria.* Version 3, Committe Draft, December 1990

[ISO93]   **n.n.**: *ISO CD 10303 - 47: Product Data Representation and Exchange - Part 47*

[JEUS92]   **Jeusfeld, M.A.**: *Änderungskontrolle in deduktiven Objektbanken.* Infix-Verlag, St. Augustin, 1992

[JGJ95]   **Jarke, M.; Gallersdörfer, R.; Jeusfeld, M.A.; Staudt, M.; Eherer, S.**: *ConceptBase - a deductive object base for meta data management.* In: *Journal of Intelligent Information Systems*, 4, 2, 1995, pp. 167-192

[JJS93]   **Jarke, M.; Jeusfeld, M.A.; Szczurko, P.**: *Three aspects of intelligent cooperation in the quality cycle.* In: *International Journal of Intelligent and Cooperative Information Systems*, 2, 4, 1993, pp. 355-374

[KEM92]   **Kempf, M.; Wahl, V.**: *Fehlerdiagnose und Fehlermöglichkeits- und -einflußanalyse.* In: Informatik Forschung und Entwicklung (1992) 7: S. 203-209, Springer Verlag 1992

[KIN94]   **King, B.**: *Quality Function Deployment.* Doppelt so schnell wie die Konkurrenz. St. Gallen: gfmt 1994

[KÖC90]   **Köchling, A:** *Gestaltungswerkzeug Checkliste Bildschirmergonomie.* Wiesbaden, 1990

[KRO91]   **Krogoll, T.**: *CNC mit CLAUS.* Aufgabenorientiertes Lernen für die Arbeit, Köln, 1991

[KÜH93]   **Kühlmeyer, M.**: *Statistische Versuchsplanung.* In: Leist, R.; Scharnagel, A. (Hrsg.): *Qualitätsmanagement.* WEKA Fachverlag für technische Führungskräfte GmbH, Augsburg, 1993

[LEI93]   **Leitner, K.; Lüders, E.; Greiner, B.; Ducki, A.; Niedermeier, R.; Volpert, W.**: *Analyse psychischer Anforderungen und Belastungen in der Büroarbeit.* Das RHIA/VERA-Büro-Verfahren - Handbuch, Göttingen, 1993

[LOT94]   **Lotze, W.**: *High-Speed Scanning auf Koordinatenmeßgeräten – neue Philosophie durch messende Taster und neue Auswerteverfahren.* Tagungsband des Chemnitzer Fachseminars FMT, Chemnitz, 1994

[MAR93]   **Martin, J.**: *Principles of Object-Oriented Analysis and Design.* Prentice Hall, Engelwood Cliffs, 1992

[MAS94]   **Masing, W.**: *Handbuch Qualitätsmanagement.* Carl Hanser Verlag, München, 1994

[MBJK90]   **Mylopoulos, J.; Borgida, A.; Jarke, M.; Koubarakis, M.**: *Telos - a language for representing knowledge about information systems.* In: *ACM Transactions on Information Systems*, 8, 4, 1990, pp. 325-362

[MEC87]   **Mecklenburg-Weiss, R.**: *Systemkonzept zur anwenderneutralen Prüfplanerstellung auf einem Kleinrechner.* Aachen, 1987

[MON91]   **Montgomery, D. C.:** *Design and Analysis of Experiments 3rd.*; John Wiley & Sons, New York (USA), 1991

[OES81]   **Oesterreich, R.:** *Handlungsregulation und Kontrolle.* München, 1981

[OES92]   **Oesterreich, R.:** *Die Überprüfung bedingungsbezogener Arbeitsanalyseverfahren.* In: Zeitschrift für Arbeitswissenschaft, Nr. 3, 46. Jg. (1992), S. 139 - 144

[OPP92]   **Oppermann, R.; Murchner, B.; Reiterer, H.; Koch, M.:** *Software-ergonomische Evaluation - Der Leitfaden EVADIS II, 2.* neu bearbeitete und erweiterte Aufl., Berlin, New York, 1992

[ORE 93]   **Orendi, G.:** *Systemkonzept für die phasenneutrale Fehlerbehandlung als Voraussetzung für den Einsatz präventiver Qualitätssicherungsverfahren.* Dissertation, RWTH Aachen, 1993

[PLR95]   **Peters, P.; Löb, U.; Rodriguez-Pardo, A.:** *A task-oriented graphical interface to federated databases.* In: *Proc. 3rd Intl. Conf. International Society for Decision Support Systems (ISDSS'95),* Hong Kong, Juni 1995, pp. 223-231

[PEA86]   **Pearl, J.:** *Fusion, Propagation, and Structuring in Belief Networks.* In: Artificial Intelligence (1986) 29: pp. 241-288

[PEA88]   **Pearl, J.:** *Probabilistic reasoning in intelligent systems - Networks of plausible inference.* San Mateo, California, Morgan Kaufmann 1988

[PET91]   **Petersen, H.:** *Grundlagen der Statistik und der statistischen Versuchsplanung - Band 2: Grundlagen der statistischen Versuchsplanung.* ecomed, Landsberg / Lech, 1991

[PFE 91]   **Pfeifer, T.; Grob, R.; Schmid, R.:** *Expertensystem für die SPC - Wissensbasierte Verfahren verbessern die Aussagesicherheit der statistischen Prozeßregelung.* QZ 36 (1991) 7, Carl Hanser Verlag, München, S. 432 ff.

[PFE92]   **Pfeifer, T.; Flamm, R.; Gimpel, B.:** *Fehlerverhütung vor Produktionsbeginn durch Verfahren der statistischen Versuchsmethodik.* Forschungskuratorium Maschinenbau (FKM), Frankfurt am Main, 1992

[PFE93a]   **Pfeifer, T.; Flamm, R.; Gimpel, B.**: *Fehler mit Verfahren der statistischen Versuchsmethodik verhüten*. QZ 38 (1993) 2, Carl Hanser Verlag, München, S. 109-113

[PFE93b]   **Pfeifer, T.**: *Qualitätsmanagement: Strategien, Methoden, Techniken*. Carl Hanser Verlag, München, 1993

[PFE 95]   **Pfeifer, T.; Grob, R.; Klonaris, P.**: *Teamgestützte Erfassung von Erfahrungswissen zur Fehleranalyse*. In: Richter, M. u. Maurer, F. (Hrsg.): Expertensysteme 95 - Beiträge zur 3. Deutschen Expertensystemtagung (XPS-95), 1.-3. März 1995, Kaiserslautern, Infix Verlag, St. Augustin, 1995

[RET75]   **Retzlaff, G.; Rust, G.; Waibel, J.**: *Statistische Versuchsplanung - Planung naturwissenschaftlicher Experimente und ihre Auswertung mit statistischen Methoden*. Verlag Chemie, Weinheim, 1975

[RÖD95]   **Röder, R.**: *Adaptionsfähige intelligente Koordinatenmessung*. Abschlußbericht BMFT-Verbundprojekt, 1995

[SCH88]   **Schmelzer, H.J., Buttermilch, K.-H.**: *Reduzierung der Entwicklungszeiten in der Produktentwicklung als ganzheitliches Problem*. Hrsg. v. Brockhoff, K., Picot, A., Urban, Ch., In: Zeitmanagement in Forschung und Entwicklung, ZfbF-Sonderheft 23/1988, S. 43-73

[SCH93]   **Schuler, H.**: *Organisationspsychologie*. Bern, Göttingen, Toronto, Seattle 1993

[SCM92]   **Schmidt, S.R.; Launsby, R.G.**: *Understanding Industrial Designed Experiments*. 3rd ed., Air Academy Press, Colorado Springs, Colorado (USA), 1992

[SHE86]   **Scheffler, E.**: *Einführung in die Praxis der statistischen Versuchsplanung*. 2. Auflage, VEB Deutscher Verlag für Grundstoffindustrie, Leipzig, 1986

[SIE90]   **Siemens/Nixdorf (Hrsg.)**: Styleguide Richtlinien zur Gestaltung von Benutzeroberflächen, München 1990

[SL90]   **Seth, A.P.; Larson, J.A.**: *Federated database systems for managing distributed, heterogeneous, and autonomous databases*. In: *ACM Computing Surveys*, 22, 3, 1990, pp. 183-236

[SMI86]   **Smith, S.L., Mosier, J.:** Guidelines for Designing User Interface Software, MITRE, Bedford, 1986

[STO94]   **Stockinger, K.:** *Datenfluß aus dem Feld.* Hrsg. Masing W., In: Handbuch Qualitätsmanagement, Carl Hanser Verlag, München, 1994

[SZT93]   **Szczurko P.; Thul M.:** *Organisatorische und technische Integration qualitätssichernder Methoden im Projekt WibQuS.* VDI/VDE-GMA Tagung, Qualitätssicherung mit Wissensbasierten Systemen, Köln, 23./24. März 1993, VDI-Berichte 1039, S. 115-126

[TAG86]   **Taguchi, G.:** *Introduction To Quality Engineering.* Asian Productivity Organisation; Tokyo (Japan), 1986

[THU95]   **Thul, M.J.:** Effiziente Prozeßinnovationen durch partizipatives Projektmanagement, In: Zink, K.J. (Hrsg.): Erfolgreiche Konzepte zur Gruppenarbeit - aus Erfahrung lernen, Neuwied, Kriftel, Berlin, 1995, S. 253-270

[ULI94]   **Ulich, E.:** Arbeitspsychologie, 3. Aufl., Zürich, Stuttgart, 1994

[ULI95]   **Ulich, E.:** Ganzheitliche Arbeitsgestaltung, In: FB/IE, Nr. 1, 44. Jg. (1995), S. 4-8

[WHE89]   **Wheeler, D.J.:** *Tables of Screening Designs.* SPC Press Inc., Knoxville, Tennessee (USA), 1989

[WHE90]   **Wheeler, D.J.:** *Understanding Industrial Experimentation.* 2nd ed., SPC Press Inc., Knoxville, Tennessee (USA), 1990

[WEC93]   **Weckenmann, A.; Eitzert, H.; Weber, H.:** *Koordinatenmeßtechnik funktionsorientiert auswerten.* Microtechnik, 2/1993

[ZEL90]   **Zeller, P.:** *Automatisierte Prüfplanerstellung und Prüfzeichnungsgenerierung.* Aachen, 1990

[ZIN84]   **Zink, K.J.:** *Zur Notwendigkeit eines sozio-technologischen Ansatzes.* In: Zink, K.J. (Hrsg.): Sozio-technologische Systemgestaltung als Zukunftsaufgabe, München, 1984, S. 25-49

[ZIN90a]   **Zink, K.J.; Hauer, R.**: *Arbeitswissenschaftlich relevante Aspekte bei der Entwicklung und Einführung von Expertensystemen.* In: Bullinger, H.J. (Hrsg.): Produktionsmanagement im Spannungsfeld zwischen Markt und Technologie, Hochschulgruppe Arbeits- und Betriebsorganisation, Forschungsbericht 3, München, 1990a, S. 227-274

[ZIN90b]   **Zink, K.J., Putz, J.**: *Mitarbeiterbeteiligung in Form von Kleingruppen bei der Entwicklung und Einführung von CIM-Komponenten.* In: Schallock (Hrsg.): Handbuch der humanen CIM-Gestaltung, IPK Berlin, 1990, Band III, S. 80-107

[ZIN93a]   **Zink, K.J., Ritter, A., Thul, M.J.**: *Kleingruppenunterstützte Prozeßinnovationen - Leitfaden für Projektleiter und Projektkoordinatoren.* Bremerhaven, 1993

[ZIN93b]   **Zink, K.J., Ritter, A., Thul, M.J.**: *Mitarbeiterbeteiligung bei Prozeßinnovationen - Verknüpfbarkeit von Wirtschaftlichkeit und Humanisierung der Arbeit bei der Einführung neuer Technologien.* Bremerhaven, 1993

8 Sachwortregister

Das diesem Bericht zugrundeliegende Vorhaben wurde mit Mitteln des Bundesministeriums für Bildung, Wissenschaft, Forschung und Technologie unter den angegebenen Förderkennzeichen gefördert.

Federführer & "**Fehleranalyse**" (Förderkennz.: 02QF3003/9)
WZL-MTQ Aachen, Lehrstuhl für Fertigungsmeßtechnik und Qualitätsmanagement
Prof. Dr.-Ing. Prof. h.c. Dr. h.c. T. Pfeifer, Tel.: 0241/807412

"**Quality Function Deployment**" (Förderkennz.: 02QF3001/3)
FhG-IPT Aachen, Abteilung Planung und Organisation
Prof. Dr.-Ing. Dr. h.c. Dipl.-Wirt.Ing W. Eversheim, Tel.: 0241/8904107

"**Statistische Versuchsmethodik**" (Förderkennz.: 02QF3008/2)
FhG-IPT Aachen, Abteilung Meß- und Qualitätstechnik
Prof. Dr.-Ing. Prof. h.c. Dr. h.c. T. Pfeifer, Tel.: 0241/8904107

"**Quality Trader**" (Förderkennz.: 02QF3004/1)
Informatik V Aachen
Prof. Dr. rer. pol. M. Jarke, Tel.: 0241/8021501

"**Prüfplanung**" (Förderkennz.: 02QF3005/4)
TU Dresden, Lehrstuhl für Fertigungsmeßtechnik und Qualitätssicherung
Prof. Dr.-Ing. H. Weise, Tel.: 0351/4634355

"**Felddatenerfassung und -aufbereitung**" (Förderkennz.: 02QF3006/7)
FBK Kaiserslautern, Lehrstuhl für Fertigungstechnik und Betriebsorganisation
Prof. Dr.-Ing. G. Warnecke, Tel.: 0631/2054284

"**Soziotechnologische Systemgestaltung**" (Förderkennz.: 02QF3002/6)
LIA Kaiserslautern, Lehrstuhl für Industriebetriebslehre und Arbeitswissenschaft
Prof. Dr.-Ing. habil. K. J. Zink
Tel.: 0631/2053737

"**Erweiterte SPC, Kausalprozessor**" (Förderkennz.: 02QF3007/0)
IFF Stuttgart, Institut für Industrielle Fertigung und Fabrikbetrieb
Prof. Dr. h.c. mult. Dr.-Ing. H.-J. Warnecke, Tel.: 0711/9701100

Die Verantwortung für den Inhalt dieser Veröffentlichung liegt bei den Autoren.

Autoren

Prof. Dr.-Ing.
Dr. h.c. Dipl.-Wirt.Ing. Walter Eversheim
Fraunhofer-Institut für Produktionstechnologie IPT
Abteilung Planung und Organisation
Steinbachstraße 17
52074 Aachen

Jahrgang 1937, studierte Maschinenbau an der TH Aachen und absolvierte hier ein wirtschaftswissenschaftliches Aufbaustudium. Nach seiner Promotion war er Oberingenieur am Laboratorium für Werkzeugmaschinen und Betriebslehre (WZL) der TH Aachen. Von 1969 bis 1973 folgten leitende Tätigkeiten in namhaften Großunternehmen. Seit 1973 ist er Inhaber des Lehrstuhls für Produktionssystematik am WZL der TH Aachen, ab 1980 Leiter der Abteilung Planung und Organisation am Fraunhofer-Institut für Produktionstechnologie (IPT), Aachen, seit 1989 Mitglied des Direktoriums des Instituts für Technologie-Management, Univ. St. Gallen, und seit 1990 Direktor des Forschungsinstituts für Rationalisierung (FIR), Aachen. 1992 Verleihung der Ehrendoktorwürde der Universität Trondheim, Norwegen, und Honorarprofessor der Tian-Jing-Universität, China.

Dr.-Ing. Rolf Flamm
Fraunhofer-Institut für Produktionstechnologie IPT
Abteilung Meß- und Qualitätstechnik
Steinbachstraße 17
52074 Aachen

Jahrgang 1963, studierte Maschinenbau mit dem Schwerpunkt Verfahrenstechnik an der RWTH Aachen. Er war von 1990 bis 1995 wissenschaftlicher Mitarbeiter der Abteilung Meß- und Qualitätstechnik am Fraunhofer-Institut für Produktionstechnologie (IPT) in Aachen. Nach seiner Promotion ist er seit 1995 bei der Firma ReSound Sonar in leitender Position in den Bereichen Qualitätsmanagement und Produktion tätig.

Dipl.-Inform. Robert Grob

RWTH Aachen
Lehrstuhl für Fertigungsmeßtechnik und Qualitätsmanagement
Steinbachstr. 53
52056 Aachen

Jahrgang 1961, studierte Informatik an der RWTH Aachen. Seit 1988 ist er wissenschaftlicher Mitarbeiter am Laboratorium für Werkzeugmaschinen und Betriebslehre (WZL) und leitet seit 1992 die Gruppe Qualitätsmanagement. Darüberhinaus ist er seit 1991 Obmann des Fachausschusses "Qualitätssicherung mit wissensbasierten Systemen" der VDI/VDE-Gesellschaft für Meß- und Automatisierungstechnik (GMA).

Prof. Dr. rer. pol. Matthias Jarke

RWTH Aachen
Lehrstuhl für Informatik V (Informationssysteme)
Ahornstr. 55
52056 Aachen

Jahrgang 1952, ist Inhaber des Lehrstuhls für Informationssysteme an der RWTH Aachen. Sein Forschungsinteresse gilt der kooperativen Unterstützung des Change Management in Organisationen durch verteilte Informationssysteme. Er war bzw. ist wissenschaftlicher Koordinator dreier ESPRIT-Projekte (DAIDA, NATURE und CREWS), die sich vor allem mit Modellierungs- und Repositoryfragen befassen. Prof. Jarke ist Vizepräsident der internationalen Wirtschaftsinformatik-Gesellschaft AIS und Herausgeber der Fachzeitschrift Information Systems.

Dr. rer. nat. Manfred Jeusfeld

RWTH Aachen
Lehrstuhl für Informatik V (Informationssysteme)
Ahornstr. 55
52056 Aachen

Jahrgang 1960, ist seit 1992 wissenschaftlicher Assistent am Lehrstuhl für Informationssysteme der RWTH Aachen. Zuvor promovierte er an der Universität Passau über deduktive Objektbanken. Er befaßt sich mit verteilten Informationssystemen und deren Anwendung in kooperativen Umgebungen. Im Jahre 1995 übernahm er eine Gastprofesur an der Hong Kong University of Science and Technology und initiierte dort ein Forschungsprojekt über elektronische Märkte.

Dipl. Math. Michael Kempf

Universität Stuttgart
Fraunhofer-Institut für Produktionstechnik und Automatisierung
Nobelstraße 12
70569 Stuttgart

Jahrgang 1955, studierte Mathematik an der Universität Stuttgart. Seit Ende 1986 ist er wissenschaftlicher Mitarbeiter am Fraunhofer-Institut für Produktionstechnik und Automatisierung in Stuttgart. Seine Hauptarbeitsgebiete sind wissensbasierte und statistische Methoden in der Qualitätssicherung sowie Datenmodelle für das Qualitätsmanagement.

Dipl.-Ing. Pavlos Klonaris

RWTH Aachen
Lehrstuhl für Fertigungsmeßtechnik und Qualitätsmanagement
Steinbachstr. 53
52056 Aachen

Jahrgang 1965, studierte Maschinenbau mit dem Schwerpunkt Fertigungstechnik an der RWTH Aachen. Seit 1993 ist er am Laboratorium für Werkzeugmaschinen und Betriebslehre (WZL) in der Gruppe Qualitätsmangement als wissenschaftlicher Mitarbeiter tätig.

Dipl.-Wirtsch.-Ing. Volker Knickel

Universität Kaiserslautern
Lehrstuhl für Fertigungstechnik und Betriebsorganisation (FBK)
Postfach 3049
67653 Kaiserslautern

Jahrgang 1965, studierte Wirtschaftsingenieurwesen an der Universität Kaiserslautern und ist dort seit 1992 wissenschaftlicher Mitarbeiter am Lehrstuhl für Fertigungstechnik und Betriebsorganisation - FBK.

Dr.-Ing. Dipl.-Phys. Falk Mikosch

Forschungszentrum Karlsruhe GmbH
Projektträger für Fertigungstechnik und Qualitätssicherung
Postfach 3640
76021 Karlsruhe

Jahrgang 1945, studierte Physik an der Universität Karlsruhe und erhielt 1972 sein Diplom. Seit 1972 ist er Mitarbeiter des Forschungszentrums Karlsruhe GmbH, wo er zunächst in einem Forschungsprojekt zur Entwicklung eines Neutralteilcheninjektors für Fusionsexperimente mitarbeitete. 1975 promovierte er an der Fakultät für Maschinenbau der Universität Karlsruhe und arbeitete seitdem in einer Vielzahl von Forschungsprojekten auf dem Gebiet der angewandten Gasdynamik und bei der Entwicklung neuer Fertigungstechnologien für extrem kleine mechanische Bauelemente und für neue Materialien. 1985 wurde er Referent des Vorstandes und war u. a. verantwortlich für die Koordination der Datenverarbeitung und der Baumaßnahmen im Forschungszentrum Karlsruhe. Er initiierte den neuen Arbeitsschwerpunkt Mikrosystemtechnik und baute ihn auf. Seit 1991 ist er bei der Projektträgerschaft Fertigungstechnik und Qualitätssicherung im Forschungszentrum. Er ist Leiter der Abteilung, die für Projekte auf dem Gebiet der Grundlagenforschung, der Normung und der Einführung von Qualitätsmanagementsystemen, der Informationstechnik und Logistik für die Produktion und neuer Produktionsverfahren zuständig ist. Seine Abteilung übernimmt außerdem des Projektmanagement für europäische Projekte. Von 1992 bis 1995 war er als Projektmanager verantwortlich für das ESPRIT-Projekt InterRob.

Dipl.-Ing. Markus Müller

Fraunhofer-Institut für Produktionstechnologie IPT
Abteilung Planung und Organisation
Steinbachstraße 17
52074 Aachen

Jahrgang 1968, studierte Maschinenbau an der TH Aachen. Seit 1994 ist er wissenschaftlicher Mitarbeiter der Abteilung Planung und Organisation am IPT in Aachen, seit 1995 Mitglied des Wissenschaftlich Technischen Beirates der Fraunhofer Gesellschaft.

Dipl.-Ing. Dirk Munzig
Institut für Produktionstechnik
Mommsenstr. 13
01069 Dresden

Jahrgang 1963, studierte Werkzeugmaschinen und Fertigungstechnik an der TU Dresden. Heute ist er wissenschaftlicher Mitarbeiter an der Professur Fertigungsmeßtechnik und Qualitätssicherung.

Dipl.-Inform. Peter Peters
RWTH Aachen
Informatik V
Ahornstr. 55
52056 Aachen

Jahrgang 1965, ist seit dem 1.1.93 Mitglied des Graduiertenkollegs 'Informatik und Technik' der RWTH Aachen. Er promoviert am Lehrstuhl für Informatik V im Bereich des innerbetrieblichen Informationsmanagements. In dieser Eigenschaft hat er sich in der Forschergruppe WibQuS mit der Modellierung und Analyse von Informationsflüssen in verteilten Informationssystemen befaßt.

Prof. Dr.-Ing. Dr. h.c. Prof. h.c. Tilo Pfeifer
RWTH Aachen
Lehrstuhl für Fertigungsmeßtechnik und Qualitätsmanagement
Steinbachstr. 53
52056 Aachen

Jahrgang 1939, war nach dem Studium der Elektrotechnik und seiner Dissertation an der RWTH Aachen in leitender Funktion in einem Unternehmen der Elektronikbranche tätig. Nach seiner Habilitation wurde er 1972 als Professor für das Lehr- und Forschungsgebiet Meßtechnik für die automatisierte Fertigung an die RWTH Aachen berufen. Zur Zeit leitet er den Lehrstuhl für Fertigungsmeßtechnik und Qualitätsmanagement am Laboratorium für Werkzeugmaschinen und Betriebslehre (WZL) und die Abteilung Meß- und Qualitätstechnik des Fraunhofer-Instituts für Produktionstechnologie (IPT). Er ist Mitglied des Direktoriums des IPT, Vorstandsmitglied der VDI/VDE-Gesellschaft Meß- und Automatisierungstechnik (GMA) und Vorsitzender des wissenschaftlichen Beirats der Deutschen Gesellschaft für Qualität e. V. (DGQ).

Dipl.-Ing. Stefan Scherr

Forschungszentrum Karlsruhe GmbH
Projektträger für Fertigungstechnik und Qualitätssicherung
Postfach 3640
76021 Karlsruhe

Jahrgang 1963, studierte Maschinenbau an der TH Karlsruhe. Im Anschluß war er zwei Jahre in der Betriebsmittelkonstruktion der Michelin Reifenwerke in Karlsruhe tätig. Seit 1991 arbeitet er als Projektingenieur beim Projektträger Fertigungstechnik und Qualitätssicherung des Forschungszentrums Karlsruhe Technik und Umwelt. Hier betreut er zahlreiche nationale und internationale Projekte im Bereich Produktionstechnik und koordiniert die Arbeiten der Forschergruppen zur Qualitätssicherung des Bundesministerium für Bildung, Wissenschaft, Forschung und Technologie (BMBF).

Dipl.-Inform. Peter Szczurko

RWTH Aachen
Lehrstuhl für Informatik V (Informationssysteme)
Ahornstr. 55
52056 Aachen

Jahrgang 1964, ist seit 1991 wissenschaftlicher Mitarbeiter am Lehrstuhl für Informatik V. Sein Interesse gilt der Erarbeitung und Einbettung konzeptueller Modelle zur Unterstützung von Arbeitsprozessen in betrieblichen Umfeldern. Seit 1995 arbeitet er als Vertreter der Regionalgruppensprecher im Präsidium der Gesellschaft für Informatik e.V. (GI) im Bereich Öffentlichkeitsarbeit.

Dipl.-Wirtsch.-Ing. Martin J. Thul

Universität Kaiserslautern
Lehrstuhl für Industriebetriebslehre und Arbeitswissenschaft
Postfach 3049
67653 Kaiserslautern

Jahrgang 1962, studierte Wirtschaftsingenieurwesen an der Universität Kaiserslautern. Seit 1991 ist er wissenschaftlicher Mitarbeiter am Lehrstuhl für Industriebetriebslehre und Arbeitswissenschaft der Universität Kaiserslautern.

Dipl.-Inform. Peter Vay

Universität Stuttgart
Fraunhofer-Institut für Produktionstechnik und Automatisierung
Nobelstraße 12
70569 Stuttgart

Jahrgang 1961, studierte Informatik an der Technischen Universität München. Seit 1993 arbeitet er als wissenschaftlicher Mitarbeiter am Fraunhofer-Institut für Produktionstechnik und Automatisierung in Stuttgart. Seine Tätigkeitsschwerpunkte sind Methoden des Qualitätsmanagements, sowie Qualitätsmanagementsysteme in Dienstleistungsunternehmen.

Prof. Dr.-Ing. Dr. h.c. Dr. E.h. Hans-Jürgen Warnecke

Universität Stuttgart
Fraunhofer-Institut für Produktionstechnik und Automatisierung
Nobelstraße 12
70569 Stuttgart

Jahrgang 1934, war nach dem Studium des Maschinenbaus an der TH Braunschweig erst Forschungsingenieur, dann Oberingenieur und Leiter des Versuchsfeldes am Institut für Werkzeugmaschinen und Fertigungstechnik. 1963 Promotion zum Dr.-Ing. Von 1965 - 1970 Direktor der Hauptabteilung „Zentrale Fertigungsvorbereitung" der Rollei-Werke Franke & Heidecke in Braunschweig. Seit 1971 ist er ordentlicher Professor und Inhaber des Lehrstuhls für industrielle Fertigung und Fabrikbetrieb der Universität Stuttgart sowie Leiter des Fraunhofer-Instituts für Produktionstechnik und Automatisierung (IPA). Seit Oktober 1993 ist Warnecke Präsident der Fraunhofer-Gesellschaft zur Förderung der angewandten Forschung e.V. in München und seit Januar 1995 Präsident des Vereins Deutscher Ingenieure in Düsseldorf. Warnecke erhielt eine Reihe von Ehrungen, so die Ehrendoktorwürde der Universitäten Magdeburg, Ljubljana und Timisoara sowie das Verdienstkreuz 1. Klasse des Verdienstordens der Bundesrepublik Deutschland. Er ist Mitglied in verschiedenen Kuratorien und Beiräten in Wissenschaft und Wirtschaft.

Prof. Dr.-Ing. Günter Warnecke
Universität Kaiserslautern
Lehrstuhl für Fertigungstechnik und Betriebsorganisation (FBK)
Postfach 3049
67653 Kaiserslautern

Jahrgang 1937, studierte Maschinenbau/Fertigungstechnik an der
TH Hannover. Er war wissenschaftlicher Mitarbeiter und Oberingenieur am Institut für Fertigungstechnik und Spanende Werkzeugmaschinen in Hannover, wo er auch promovierte. Nach verschiedenen Industrietätigkeiten ist er seit 1980 Inhaber des Lehrstuhls für Fertigungstechnik und Betriebsorganisation an der
Universität Kaiserslautern.

Prof. Dr.-Ing. habil. Hartmut Weise
Institut für Produktionstechnik
Mommsenstr. 13
01069 Dresden

Jahrgang 1953, studierte Informationstechnik an der TU Dresden.
Anschließend arbeitete er als Wissenschaftlicher Assistent am
Bereich Fertigungsmeßtechnik und Qualitätssicherung. Nach einer
4jährigen Tätigkeit als Entwicklungsingenieur bei Carl Zeiss Jena,
kehrte er als wissenschaftlicher Mitarbeiter an die TU Dresden
zurück, wo er seit 1993 Inhaber der Professur Fertigungsmeßtechnik und Qualitätssicherung ist.

Dipl.-Ing. Michael M. Wengler
Fraunhofer-Institut für Produktionstechnologie IPT
Abteilung Planung und Organisation
Steinbachstraße 17
52074 Aachen

Jahrgang 1963, studierte Maschinenbau an der TH Aachen. Seit
1992 ist er wissenschaftlicher Mitarbeiter der Abteilung Planung
und Organisation am Fraunhofer-Institut für Produktionstechnologie (IPT) in Aachen.

Prof. Dr. habil. Klaus J. Zink
Universität Kaiserslautern
Lehrstuhl für Industriebetriebslehre und Arbeitswissenschaft
Postfach 3049
67653 Kaiserslautern

Jahrgang 1947, studierte Technische Betriebswirtschaft an der Universität Karlsruhe. Er war dann wissenschaftlicher Assistent am Institut für Fertigungswirtschaft und Arbeitswissenschaft der Universität Karlsruhe. 1975 promovierte er zum Dr.rer.pol.; für seine Dissertation wurde er mit dem "Fritz-Giese-Preis" der Gesellschaft für Arbeitswissenschaft ausgezeichnet. 1978 folgte seine Habilitation an der Fakultät für Wirtschaftswissenschaften der Universität Karlsruhe (TH). Nach einer Lehrstuhlvertretung für Betriebswirtschaftslehre/Arbeitswissenschaft an der Universität Kaiserslautern (1979) und einer Professur an der Bergischen Universität Wuppertal (1979/80) ist Prof. Zink seit 1980 ordentlicher Professor an der Universität Kaiserslautern (Lehrstuhl für Industriebetriebslehre und Arbeitswissenschaft). Neben seiner Tätigkeit in der Lehre steht er zwei Forschungsinstituten mit den Themenschwerpunkten "Technologie und Arbeit" und "Qualitätsmanagement" vor. Neben seiner Tätigkeit als Berater für ausgewählte Unternehmen und der Mitgliedschaft in nationalen und internationalen Gremien vertritt er seit 1992 Deutschland in der Jury für den Europäischen Qualitätspreis (European Quality Award).

Springer-Verlag und Umwelt

Als internationaler wissenschaftlicher Verlag sind wir uns unserer besonderen Verpflichtung der Umwelt gegenüber bewußt und beziehen umweltorientierte Grundsätze in Unternehmensentscheidungen mit ein.

Von unseren Geschäftspartnern (Druckereien, Papierfabriken, Verpackungsherstellern usw.) verlangen wir, daß sie sowohl beim Herstellungsprozeß selbst als auch beim Einsatz der zur Verwendung kommenden Materialien ökologische Gesichtspunkte berücksichtigen.

Das für dieses Buch verwendete Papier ist aus chlorfrei bzw. chlorarm hergestelltem Zellstoff gefertigt und im pH-Wert neutral.